感谢温州大学侨特色著作出版资助项目、
温州大学法学院对本书出版的资助。

温州大学 华侨华人研究系列丛书

涉侨民事纠纷裁判要旨实证研究

任江 著

中国社会科学出版社

图书在版编目（CIP）数据

涉侨民事纠纷裁判要旨实证研究／任江著 . —北京：中国社会科学出版社，2022.11

（温州大学华侨华人研究系列丛书）

ISBN 978-7-5227-1129-4

Ⅰ.①涉… Ⅱ.①任… Ⅲ.①华侨事务—民事纠纷—审判—研究—中国 Ⅳ.①D922.154

中国版本图书馆 CIP 数据核字（2022）第 231427 号

出 版 人	赵剑英
责任编辑	张　林
特约编辑	宋英杰
责任校对	季　静
责任印制	戴　宽
出　　版	中国社会科学出版社
社　　址	北京鼓楼西大街甲 158 号
邮　　编	100720
网　　址	http://www.csspw.cn
发 行 部	010-84083685
门 市 部	010-84029450
经　　销	新华书店及其他书店
印　　刷	北京明恒达印务有限公司
装　　订	廊坊市广阳区广增装订厂
版　　次	2022 年 11 月第 1 版
印　　次	2022 年 11 月第 1 次印刷
开　　本	710×1000　1/16
印　　张	17
插　　页	2
字　　数	272 千字
定　　价	96.00 元

凡购买中国社会科学出版社图书，如有质量问题请与本社营销中心联系调换
电话：010-84083683
版权所有　侵权必究

前　　言

华侨、归侨、侨眷、港澳台同胞及其眷属是我国社会主义现代化事业发展中不可或缺的参与者、贡献者。改革开放以来，我国侨务工作取得了巨大的进展，涉侨条款入宪、《归侨侨眷权益保护法》及其实施办法相继出台，使我国涉侨法律制度不断完善。这些具体制度在司法实践中呈现着怎样的运转状态，涉侨法律纠纷尤其是与日常生活密切相关的民事纠纷具有哪些特点，已经成为我国未来提升涉侨法律制度建设水平的基础性问题。

温州是全国闻名的侨乡，侨务工作经验丰富。温州大学法学院与瓯海区仙岩街道党工委、党建联盟，联合启动了博士驻村计划，为侨乡提供法律服务。我们在长期的工作实践中深刻感受到侨主体在海外联系方面所具有的特殊优势，并为其所在地的经济文化及社会发展所作出的重要贡献。但略显遗憾的是，我国学界当前对侨主体权益保障研究多数集中于立法与政策层面，缺乏基于司法实践现状的实证分析。如何从实践中明确侨主体的利益诉求，使其主体特殊性得到重视，从而切实提高侨主体合法民事权益保障程度，成为本书意欲解决的主要问题。

因此，本书以华侨、归侨、侨眷、港澳台同胞及其眷属的民事纠纷为主要研究对象，对涉侨主体民事纠纷案件进行实证研究。我们在"北大法意"数据库中检索相关涉侨民事纠纷案件多达43650件，在将以上案例全部查阅后，根据涉诉利益的具体类型，对检索到的案例进行类型化分析，总结出涉侨民事纠纷案件主要集中于房屋买卖与租赁、劳动、婚姻、继承与侵权责任等领域，进而选取其中典型案例，最后从法律适用、法理分析、裁判启示、涉侨保护等方面进行分析，探讨司法实践中侨主体民事权益保障的法律风险与防范对策。此外，本书对援引的裁判文书作了必要的文字修正,但总体保持了裁判文书的原始文本内容,以求客观反映司法实践状况。

全书21万余字,任江负责全书的撰写,邵杨琦、向昕妍、朴泰隆、武昀晖、李欣岩参与第三、四、五、六、七章的案例收集与初筛。在本书的写作过程中,要感谢团队成员的默契配合和相互鼓励。温州大学2021级法学硕士研究生王成涛、李文璐、麻艳婷、王君鹏同学协助完成了本书的后期校对勘误。本书作为温州大学华侨华人研究系列丛书之一,从立项到最后的出版,均获得了温州大学人文社会科学处、温州大学法学院的大力支持,在此对表示感谢。同时,要尤其感谢中国社会科学出版社张林编辑对本书的策划和细致的校对。

涉侨主体作为联系中国与世界的桥梁,展示中国形象的窗口,保障其合法民事权益对于凝聚侨心、汇聚侨力、促进我国侨务事业发展、增强中国与世界的联系具有重要意义。我们希望能够从涉侨主体民事纠纷案件中,发现当前侨务法律工作有待完善之处,以期对保障侨主体合法民事权益、完善我国侨务法律体系有所裨益。

任　江
2021年4月25日写于温州大学法学院办公室

目　录

第一章　涉侨身份确认 ………………………………………… (1)
　第一节　侨主体概念界定 …………………………………… (1)
　第二节　侨主体民事权利保障的价值定位和制度评析 …… (4)

第二章　涉侨房屋买卖与租赁纠纷 …………………………… (9)
　第一节　房屋买卖纠纷 ……………………………………… (9)
　第二节　房屋租赁纠纷 ……………………………………… (19)
　第三节　涉侨不动产买卖与租赁法律风险防范与应对 …… (29)
　第四节　本章典型案例裁判文书 …………………………… (32)

第三章　涉侨劳动纠纷 ………………………………………… (68)
　第一节　人事争议 …………………………………………… (68)
　第二节　劳动争议 …………………………………………… (74)
　第三节　劳动、劳务合同纠纷 ……………………………… (80)
　第四节　福利待遇与职业损害赔偿 ………………………… (87)
　第五节　涉侨劳动关系法律风险防范与应对 ……………… (94)
　第六节　本章典型案例裁判文书 …………………………… (96)

第四章　涉侨离婚纠纷 ………………………………………… (113)
　第一节　侨主体身份确认 …………………………………… (113)
　第二节　离婚管辖适用 ……………………………………… (119)
　第三节　分居两地离婚判决 ………………………………… (125)
　第四节　离婚共同财产分割 ………………………………… (129)

第五节　子女抚养权纠纷 ……………………………………（134）
　　第六节　涉侨离婚纠纷中的应注意事项 ……………………（139）
　　第七节　本章典型案例裁判文书 ……………………………（143）

第五章　涉侨继承纠纷 …………………………………………（172）
　　第一节　华侨侨眷产权认定 …………………………………（172）
　　第二节　遗产分配 ……………………………………………（175）
　　第三节　养子女继承权 ………………………………………（180）
　　第四节　政策性房产继承问题 ………………………………（186）
　　第五节　涉侨继承纠纷中的应注意事项 ……………………（191）
　　第六节　本章典型案例裁判文书 ……………………………（193）

第六章　涉侨侵权纠纷 …………………………………………（202）
　　第一节　生命健康权、身体权纠纷 …………………………（202）
　　第二节　交通损害赔偿纠纷 …………………………………（208）
　　第三节　名誉权纠纷 …………………………………………（215）
　　第四节　侵害集体经济组织成员权益纠纷 …………………（220）
　　第五节　财产损害赔偿纠纷 …………………………………（226）
　　第六节　涉侨侵权纠纷维权法律要点提示 …………………（229）
　　第七节　本章典型案例裁判文书 ……………………………（230）

第七章　涉侨民事纠纷大数据报告 ……………………………（241）

参考文献 …………………………………………………………（263）

第一章

涉侨身份确认

身份确认是处理涉侨案件、维护侨民权益的基础，中华全国归国华侨联合会编写的《涉侨法律政策指南》《归侨侨眷权益保护法》以及《归侨侨眷权益保护法实施办法》中都有对侨民身份的确认标准。华侨、外籍华人的身份由政府侨务部门依据相关规定，在为华人华侨办理具体事务时确定。归侨、侨眷的身份则由其常住户口所在地的县级以上地方政府侨务部门依据本人申请进行审核。

第一节 侨主体概念界定

一 华侨

华侨是指定居在国外的中国公民。

（1）"定居"是指中国公民已取得住在国长期或者永久居留权，并已在住在国连续居留两年，两年内累计居留不少于18个月。

（2）中国公民虽未取得住在国长期或永久居留权，但已取得住在国连续5年以上（含5年）合法居留资格，5年内在住在国累计居留不少于30个月，视为华侨。

（3）中国公民出国留学（包括公派和自费）在外学习期间，或因公务出国（包括外派劳务人员）在外工作期间，均不视为华侨。

二 归侨

归侨是指回国定居的华侨。

"回国定居"是指华侨放弃原住在国长期、永久或合法居留权并依法办理回国落户手续。

外籍华人经批准恢复或取得中国国籍并依法办理来中国落户手续的,视为归侨。

三 侨眷

侨眷是指华侨、归侨在国内的眷属。

侨眷包括华侨、归侨的配偶,父母,子女及其配偶,兄弟姐妹,祖父母、外祖父母,孙子女、外孙子女,以及与华侨、归侨有长期扶养关系的其他亲属。

外籍华人在中国境内的具有中国国籍的眷属视为侨眷,其范围同上。①有学者提出,"华侨的法律概念有三层含义,一是从国籍角度而言,华侨必定是中国国籍,国籍不同是华侨与外籍华人的本质区别;二是定居地而言,定居在港澳台不属于华侨;三是所谓定居是指在国外已取得长期或永久居留权并事实上在国外居住。"② 与华侨不同,归侨身份需在明确其华侨身份的基础上,满足回国定居这一特定条件。侨眷则并非要有海外经历,而是华侨、归侨在国内的眷属。华侨、归侨、侨眷在本书中统称为"侨主体",其主体特殊性在于其与海内外的紧密联系。

因华侨、归侨、侨眷三类主体含义不同,其适用法律上也存在差别。华侨具有中国国籍,与华人不同,依据"属人原则"当其合法权益受到损害时可以适用我国法律进行保护。归侨与侨眷定居在国内,除涉外案件,在法律适用上不存在争议。在实体法层面,华侨不属于《归侨侨眷权益保护法》的适用范围,但其作为"归侨""侨眷"概念产生的前提,也应制定特别法予以保护。

国务院侨办颁布的《关于界定华侨外籍华人归侨侨眷身份的规定》明确界定了华侨、归侨、侨眷的身份,三类主体的含义各有不同,在不

---

① 参见国务院侨办《关于界定华侨外籍华人归侨侨眷身份的规定》(2009年),中华全国归国华侨联合会《涉侨法律指南》(2020年)的相关表述。

② 参见韩宝江、赵科源《大国抉择》,《中国经济周刊》2011年第1期。

同的法律法规中具有不同的法律地位，但在"涉侨"这一层面上存在交集。且在不同时期，华侨华人的主体构成、权利构成、关系构成各有不同。[①] 中国海外移民的历史可以追溯至几百上千年前，移民目的也从初期的维持生计为主到后来的商业投资为主。对华侨、归侨、侨眷的身份界定随着时代发展日益受到重视。

四 港澳台同胞及其眷属

港澳台同胞及其眷属是指居住在中国香港特别行政区、澳门特别行政区、台湾地区的中国同胞及其在内地的眷属。包括配偶，父母，子女及其配偶，兄弟姐妹，祖父母、外祖父母，孙子女、外孙子女，以及同港澳台同胞有长期扶养关系的其他亲属。

港澳台同胞及其眷属是巩固和发展最广泛的爱国统一战线、实现中华民族伟大复兴的中国梦中不可或缺的一环。习近平总书记针对港澳台经济发展面临的困境作出了决策部署，坚持把尊重、维护和照顾港澳台同胞及其眷属的利益作为重要原则。与港澳台同胞分享发展机遇，既是增强港澳台同胞民族认同感的有效手段，也是加快我国经济发展的助推力量。

本书所提及的主体包括港澳台同胞及其眷属，主要有以下两点原因：第一，立法目的层面，对于华侨、归侨、侨眷的民事权益保障进行特别规定是为了保障其出入境进行民事活动的便利，由于内陆与港澳台地区存在着部分制度上的差异，港澳台同胞从主体身份上看也有进行特殊保护的必要。第二，政策实施层面，实践中已有各级政府在制定行政法规时，将港澳台同胞的权益保障参照适用华侨、归侨、侨眷等主体有关规定。如《国务院侨务办公室、劳动人事部、财政部关于归侨、侨眷职工因私事出境的假期、工资等问题的规定》第九条明确指出，港澳台同胞眷属职工可以比照本规定办理。

[①] 叶氢：《从华侨华人结构变迁看中国对外侨务政策变化》，《法政学刊》2012 年第 4 期。

第二节 侨主体民事权利保障的价值定位和制度评析

世界各地的华侨、归侨、侨眷、港澳台同胞及其眷属是中国改革发展的见证者、参与者，与全国各地的中国人民一样，为实现中华民族伟大复兴的中国梦做出了重要贡献。华侨、归侨、侨眷、港澳台同胞及其眷属作为推动中国与世界交流的"桥梁"，传承中华民族优良传统，积极支持中国的改革开放事业与国内经济发展，在增进中国与世界各国的友好交往，促进中国和平统一大业的进程中发挥重要作用。

改革开放后，全国各地迅速崛起了诸多新侨乡，上百万海外华侨、归侨、侨眷以及港澳台同胞及其眷属，分布在全世界各个国家和地区，一代又一代的侨胞侨民，不仅是连接中国和世界的"桥梁"，更是让世界看见中国的"窗口"。然而在当前的侨务工作中，多以社会学、民俗学领域的研究为主，法学领域的研究成果较少，侨主体民事权利的保障应当作为新时代侨务工作的重点内容，充分运用法律手段维护侨主体合法权益。

一 侨主体民事权利保障的价值定位

侨主体民事权利保障是我国社会经济与侨务工作发展下的必然产物，具有鲜明的时代特色，对于实现国家战略目标、完善侨务法律体系、维护涉侨主体权益具有重要价值。

（一）侨主体民事权利保障是实现国家战略所需

在经济全球化的时代背景下，对外开放是大势所趋，但中国面临的外部环境日趋复杂。中国是全世界最大的贸易国之一，无论是出口还是进口总量均位于世界前列，这与中国巨大的市场规模和不断发展的生产力密切相关，也是中国对外开放不断深化的体现。当今世界，少数国家无视全球发展规则与经济秩序，试图采取去全球化手段，阻碍全球化体系的稳定与发展。但绝大多数国家与中国一样，坚定维护多边贸易体制，积极参与世贸组织改革，顺应经济全球化的时代趋势。

2020年新冠肺炎疫情席卷全球，导致经济下行压力增大，国际环境存在不稳定性，面对复杂多变的外部环境，中国始终坚定不移地扩大对外开放。2020年的政府工作报告中提出，要推进更高水平的对外开放，稳定外贸外资基本盘。面对世界百年未有之大变局，中国提出深化供给侧结构性改革，充分发挥国内市场规模大的优势，开发国内需求潜力，构建以国内大循环为主体，国内国际双循环相互促进的新发展格局。

在加速构建新发展格局的背景下，我们更需要凝聚力量，团结全国各族人民以及海内外中华儿女，切实维护华侨、归侨、侨眷、港澳台同胞及其眷属的合法权益，凝侨心、聚侨力。作为中国与世界连接的桥梁与窗口，海内外侨胞在国内国际双循环格局下将发挥日益重要的作用。我国侨主体具有人数多、分布广的特点，改革开放以来华人华侨在世界各地留下中国印记，秉持着勤劳勇敢的传统美德，为中国乃至世界的经济发展贡献出一分力量。侨主体民事权利保障体现了国家对侨务工作的支持与重视，是实现国家对外开放新战略所需，也是开创我国侨务工作新局面，落实"凝聚侨心侨力同园共享中国梦"的需要。

（二）侨主体民事权利保障是完善侨务法律体系所要

涉侨法律体系的构建一直是我国法制建设中的重要一环。1949年中华人民共和国成立以来，我国侨务立法工作经过几个阶段的完善发展形成了具有鲜明中国特色与时代特色的法律体系。从发展历程上看，我国侨务立法经历了从特殊优待到平等保护，从政策到立法，从自上而下到央地相结合，从以经济立法为主到兼顾社会立法的变化。[①] 近些年，我国涉侨法律法规数量有所增加，从全国人大颁布的《归侨侨眷权益保护法》到各地的地方性法规，形成一个相互连接、彼此呼应的法律体系。

随着经济的发展与世界局势的变化，1990年颁布、2000年和2009年分别修正的《归侨侨眷权益保护法》和2004年颁布的《归侨侨眷权益保护法实施办法》难以适应复杂多变的侨务工作以及与日俱增的维权诉求。各地也纷纷依据实际情况制定相关地方性法规。早在1992年，广东省侨务办公室、广东省民政厅就联合印发《关于做好鳏寡孤独年老归侨生活困难照顾的通知》，提出对鳏寡孤独、年迈体衰、丧失劳动能力、无依无靠且无经济来源而未列入五保户的归侨进行登记，对生活困难的鳏寡孤

---

① 肖琼露：《我国侨务立法的演进与发展》，《现代法治研究》2018年第1期。

独归侨权益进行切实保障，该通知后被国务院侨办、民政部转发，号召各地落实侨主体权益保障工作。2015年，广东省再次率先颁布《广东省华侨权益保护条例》，开启了侨胞权益保护省级地方性立法的先河。① 随后福建、上海、浙江等地也纷纷出台华侨权益保护条例。2018年浙江省人大发布《浙江省华侨权益保护条例》，鼓励华侨发挥自身优势，积极参与和服务国家对外开放的发展战略，在合作交流和民间友好往来中，发挥桥梁和纽带作用。2021年1月1日起，《海南省华侨权益保护条例》正式实施，该条例除了对侨主体的教育、劳动、社会福利、动产与不动产的所有权归属等基本权利作了规定，还基于海南省自由贸易港建设的特殊背景，对华侨的投资创业保护作了特别规定。该条例鼓励和支持华侨参与海南自由贸易港建设，鼓励华侨发挥联通海内外的独特优势，为华侨回国创业、就业提供支持。

侨主体民事权利保障是完善侨务法律体系所需。从中央层面来看，应当与时俱进，进一步修正《归侨侨眷权益保护法》及其实施办法。从地方层面来看，各地应当结合本地侨务工作实际情况，明确涉侨主体利益诉求，制定相应的地方性法规和地方政府规章。

（三）侨主体民事权利保障是涉侨主体维护权益所盼

侨务工作涉及领域十分广泛，通常包含外交、海关、公安、社会保障等各个方面，侨主体权利诉求也日益增加，保障侨主体民事权利应当坚持平等保护与适当照顾相结合的原则。平等保护是我国宪法中平等原则的体现，适当照顾则是从侨主体的特殊性和我国统战工作的大局出发。

民事权利影响侨主体日常生活的方方面面，本书选取其中较为典型的五类民事纠纷进行分析。房屋买卖与租赁纠纷影响侨主体的财产权益与居住利益，劳动纠纷涉及劳动权的实现和社会价值的创造，离婚纠纷对侨主体身份关系的转变和共同财产的分割有着重要影响，继承纠纷中又出现华侨侨眷产权认定等问题，侵权纠纷更是包含侵害生命健康权、身体权、名誉权、财产权益等各类人身财产权益的侵害行为。

切实保障民事权利是侨主体所盼，只有将保障侨主体民事权益落到

---

① 朱羿锟：《国家利益视阈下海外侨胞法律地位重构》，《现代法学》2019年第41卷第4期。

实处，才能凝聚侨心、汇聚侨力，充分发挥侨主体的桥梁和纽带作用。

二 侨主体民事权利保障的制度评析

改革开放以来，华侨、归侨、侨眷、港澳台同胞及其眷属数量不断增多，影响日益增强。随着中央与地方不断出台保护侨主体合法权益的法律法规，我国涉侨法律制度也日趋完善。

（一）涉侨法律视野的全球化

随着更高水平对外开放工作的推进，中国与世界的联系更加紧密，华侨、归侨、侨眷、港澳台同胞及其眷属等侨主体作为联系中国与世界的桥梁，也发挥着日益重要的作用。华侨、归侨、侨眷与港澳台同胞及其眷属，虽身处不同地区，但有中华文化作为精神纽带，都是爱国统一战线中的成员，是实现中华民族伟大复兴的重要力量。涉侨权益保护法律制度的形成与完善也体现出法律视野的全球化。与国内居民相比，侨主体对国内法律制度以及诸多社会规范的熟悉度不够高，因此，改革开放以来，我国《宪法》《国籍法》《选举法》《公益事业捐赠法》等相关法律中均对侨主体合法权益进行了明确规定，以《归侨侨眷权益保护法》为代表的特别法更是立法者意识到侨主体的特殊性，从生活、工作等各方面维护侨主体的合法权益。

（二）制度设计的特色化

在我国涉侨法律制度的建构中，体现出具有中国特色的中央与地方相结合的法律体系。国家出台《归侨侨眷权益保护法》后，地方各省市纷纷出台归侨侨眷权益保护实施办法。广东省以《广东省华侨权益保护条例》开创制定涉侨地方性法规的先河，随后南京、上海、湖北、福建、浙江等地结合本地区的实际情况，相继出台华侨权益保护条例。我国涉侨法律制度在维护侨主体合法权益这一精神的指导下，充分结合各地的实际情况，旨在掌握侨主体权益诉求，切实解决侨主体所面临的法律困境。

综上所述，侨主体的民事权益保障在我国当前的侨务工作中应得到足够重视，其对落实国家发展战略、完善侨务法律体系、实现侨民合理期盼具有重要价值。

为了更加全面地了解侨主体的法律诉求及各地侨务工作中遇到的法

律问题,切实保障侨主体的民事权益,笔者在"北大法意"数据库中进行检索,检索关键词为"华侨",检索区域为全局检索,案件类型为民事案件,截至2021年3月13日,符合筛选条件的案件总数为43650件。[①] 对检索案件进行筛选分析后发现,侨主体民事权利诉求主要集中于房屋买卖与租赁、劳动、婚姻、继承与侵权纠纷领域,本书将对这几类纠纷分章论述。

---

① 案件制式报告见第七章。

第二章

涉侨房屋买卖与租赁纠纷

房屋是人们进行生产生活的物质基础，在房屋上产生的各种权利义务关系与人们的切身利益息息相关。随着我国房屋买卖和房屋租赁市场的繁荣，房屋使用和流转中的风险也日渐体现，关于房屋买卖与租赁的纠纷更是层出不穷。对于华侨等特殊主体而言，房屋买卖与租赁纠纷在涉侨法律案件中占据着重大比例，因此需要对该类法律案件进行归纳和总结，了解不同主体之间的利益冲突以及各自的诉求。通过分析一些典型案例的司法裁判文书，从而厘清涉侨房屋买卖与租赁纠纷的特殊性以及背后蕴含的法律问题，并探索出该类案件的法律风险防范和应对措施，为华侨等特殊主体的相关权益提供现实保障，进一步推动房屋买卖与租赁市场的良性发展。

第一节 房屋买卖纠纷

房屋买卖纠纷是指在房屋买卖合同的订立、履行过程中合同当事人出现了无法调和的矛盾，需要诉诸法律予以解决的问题。处理房屋买卖纠纷的法律依据主要是《城市房地产管理法》《土地管理法》《合同法》《物权法》《城市房地产开发经营管理条例》、最高人民法院《关于审理商品房买卖合同纠纷案件适用法律若干问题的解释》等相关规定。[①]

[①] 我国《民法总则》《合同法》《物权法》《侵权责任法》《婚姻法》《继承法》均随着《民法典》的颁行实施而废止。但由于《民法典》施行不久，大量案件均发生在其实施前。为与判决书保持一致，本书仍沿用民事部门法行文。

境外个人、港澳台地区居民和华侨大多都是房屋买卖纠纷中的买受人，其作为跨境特殊主体在实践中会存在各式各样的纠纷和争议，通过对典型案例的梳理和总结来厘清该类案件的特殊之处，为切实保障特殊主体的购房利益提供法律上的援助。

一 典型案例

案例一 原告谢某某与被告天津 A 房地产开发有限公司房屋买卖纠纷案

（一）案件主要事实

2011 年 6 月 3 日原告谢某某（华侨）与被告天津 A 房地产开发有限公司签订天津市商品房买卖合同，约定原告购买被告开发的坐落于天津市河西区江西路与合肥道交口××中心×××室房屋，设计用途为酒店式公寓，建筑面积 117.21 平方米，房屋总价款为 2680349 元，双方约定原告采用分期付款的方式支付房款。2012 年 12 月 6 日被告向原告发出催款函，要求原告在 5 日内按合同约定交纳剩余房款并支付违约金，原告收到上述函件后没有交纳房款。2012 年 12 月 17 日被告向原告发函通知原告解除合同，原告收到上述函件。2013 年 7 月 3 日天津 A 房地产开发有限公司诉谢某某房屋买卖合同纠纷一案，在法院立案受理后，天津 A 房地产开发有限公司申请撤诉，法院依法予以准许。

（二）本案争议焦点

原告系华侨，无中国身份证和户籍，持中国驻法大使馆签发的护照并欲以此购买被告开发的房屋。原告认为被告在签订合同时告知其可以购房并办理产权证，而在合同履行过程中又告知其无法办理该房屋产权证，故原告未给付尾款 536069 元，此行为并未违约。原告主张解除原、被告于 2011 年 6 月 3 日签订的《天津市商品房买卖合同》，并要求被告返还原告购房款 2226030.64 元及赔偿原告已付房款利息 522625 元。被告则认为原告仅履行了前三期付款义务，现尚有 536069 元房款未给付，此行为严重违反了合同约定，因此被告要求解除双方签订的商品房买卖合同，且要求原告按照总房款的 10% 承担违约责任。被告协助原告办理撤销该商品房买卖合同的备案手续，所需费用由原告承担。另外，被告根据国家规定为该房屋买卖行为支出了 1340.17 元印花税，该税费不退还，需原告承担。

法院经审理认为：原、被告签订的天津市商品房买卖合同系各方当事人真实意思表示，内容不违反法律规定，该合同有效。当事人有争议的案件焦点为：（1）原告在天津市是否有购买诉争房屋的资格。根据原告提供的天津市国土资源和房屋管理局发布的津国土房市（2011）87号《天津市关于进一步加强境外机构境外个人港澳台地区居民和华侨在我市购房管理的通知》的规定，港澳台地区居民和华侨因生活需要，可以在本市购买自住的住房一套。但本案诉争房屋系酒店式公寓，不属于自住的住房，故在2011年6月3日原、被告签订房屋买卖合同时，原告并无资格购买诉争房屋。（2）双方签订的商品房买卖合同是否应该继续履行。根据上述问题，该合同虽有效，但无法实际履行，且现原、被告均同意解除合同，故法院予以准许。合同解除后，尚未履行的，终止履行；已经履行的，当事人可以要求恢复原状、采取其他补救措施，并有权要求赔偿损失，故对于原告主张被告返还已支付房款及按照同期银行贷款利率给付已付款利息的诉讼请求，以及被告要求原告协助办理撤销诉争房屋的商品房买卖合同备案手续的诉讼请求法本院予以支持。（3）原告未交齐全部房款的行为是否属于违约。法院认为原告未交齐全部房款，应当属于行使抗辩权，不属于违约行为，故对于被告要求原告给付违约金的诉讼请求，法院不予支持。（4）印花税的损失应由谁来承担？诉争房屋合同未能履行，并非原告的原因，原告对印花税的损失并无过错，被告此项诉讼请求无事实依据和法律依据，故法院不予支持。

综上所述，本案的争议焦点如下：（1）原告在天津市是否有购买诉争房屋的资格。（2）双方签订的商品房买卖合同是否应该继续履行。（3）原告未交齐全部房款的行为是否属于违约。（4）印花税的损失应由谁来承担？

（三）裁判要旨

当事人协商一致，可以解除合同。由于政策规定，当事人并无资格购买诉争房屋，双方的购房合同无法实际履行，且现双方当事人均同意解除合同，故应当予以解除。合同解除后，尚未履行的，终止履行；已经履行的，当事人可以要求恢复原状、采取其他补救措施，并有权要求赔偿损失，因此双方当事人应当按照法律规定行使权利、承担义务，减少双方的损失。当事人为了保护自身利益在符合法律规定的情况下行使抗辩权不存在违约，对于合同解除也不存在过错，无须承担违约责任。

案例二　原告叶某某与被告祁某房屋买卖纠纷案

（一）案件主要事实

2018年5月8日，吴某代被告祁某（甲方、出售人）与原告叶某某（乙方、买受人）、三千石公司（丙方、居间人）签订《房地产买卖居间协议》，同时甲乙方签订了《房地产买卖协议》作为该《房地产买卖居间协议》的附件，并约定了房屋买卖的相关内容。其中，原告是以香港居民的身份购买诉争房屋的。2018年5月8日到6月29日，原告按照协议约定，向被告支付了定金人民币30万元以及预付购房款170万元，共计200万元。2018年7月2日，上海市出台《关于进一步加强境外个人、港澳台居民购房审核的操作细则》（以下简称《细则》），2018年7月14日，三千石公司业务员通过微信将上述《细则》规定告知了原告夫妇，并于2018年7月中下旬告知被告该情况。此后在2018年8月时，原、被告及三千石公司三方协商解除合同，原告要求解除合同全部退还200万元，祁某方同意解除合同，但无法返还已付的200万元，故原告与被告双方同意由三千石公司寻找下一任买家，并用新买家所付款项归还原告的已付款200万元。但在三千石公司另寻买家过程中，原告又提出欲继续购买诉争房屋。2018年10月28日，原告微信告知三千石公司业务员，表示要和被告商量一下解约事宜。2018年11月11日，原告委托律师通知被告解除居间协议，并要求其退还收取的购房款人民币200万元整。双方产生纠纷，无法调解，2018年12月中旬，叶某某诉至法院。审理中祁某提出反诉。

（二）本案争议焦点

原告认为其积极履行房屋买卖合同，但由于上海市青浦区境外人购房条件发生变化，原告不再具有购房资格，无法购买被告的房屋，故通过中介及时通知了被告，欲与被告协商解除合同。但是被告已经挪用收到的200万元，没有能力退还欠款，被告甚至给原告发律师函要求继续履行买卖合同，否则原告需赔偿房屋总价款20%的违约金。原告认为应当确认《房地产买卖居间协议》及其附件《房地产买卖协议》于2018年

11月12日解除并请求被告返还已付房款200万元。被告同意解除《房地产买卖居间协议》及其附件《房地产买卖协议》，但认为解除时间应为原告起诉日即2018年12月18日。因为被告在收到原告发送的律师函后，原告仍通过中介向被告表示仍想继续购买诉争房屋，在被告收到原告起诉状之前，被告一直在等待原告继续履行合同。被告认为由于原告不履行合同，被告重新出售房屋的价格低于出售给原告的价格，存在的经济损失应该由原告承担。故被告不同意归还已收房款200万元，并请求原告支付违约金510万元。

法院审理认为，当事人签署的上述两份协议系真实意思的表示，未有欺诈或隐瞒的故意，未违反法律法规强制性规定，应为合法有效，当事人均应依照合同约定行使权利、履行义务。当事人有争议的案件焦点为：（1）《房地产买卖居间协议》及其附件《房地产买卖协议》是否应当解除。本案中房地产买卖协议最终不能按时按约履行，是上海市不动产管理部门针对港澳居民在沪购房政策的变化所致，不可归责于买卖双方当事人。现诉争房屋已经另行出售，买卖双方均要求解除房地产买卖协议，法院予以准许。（2）上述两份协议解除的时间是什么。法院认为协议解除的时间并不影响其解除的法律后果，故与本案无关。（3）原告是否存在违约。因政策变化导致房地产买卖协议最终不能按时按约履行，不可归责于买卖双方当事人，双方当事人互不承担违约责任。（4）原告是否隐瞒限购置换房屋。在买卖过程中及此后微信沟通中可见，被告知晓且接受原告置换购房并按约定期限签订合同支付首付款项。双方于2018年5月签订协议，即约定于2018年10月网签《上海市房地产买卖合同》、于2018年年底前办理产权过户，该约定明显为叶某某预留了相当长的时间。（5）双方的权利义务与责任承担应如何分配。协议解除后，被告因本协议收取的款项200万元理应予以返还。被告与案外人杨某某买卖诉争房屋所涉转让价款、税费分担等均是两者间自由自愿协商的结果，该手买卖价格与本案买卖价格之间的差价以及其他交易必要的公证费、评估费等支出，与本案纠纷之间没有必要的联系，会同相关律师费、机票费等一并要求原告承担没有相应的事实和法律依据，法院不予支持。但原告在2018年7月细则出台、明知自己不符合购房条件的情况下、在已提出解除合同后又提出要继续购房，意图找第三方包装作假来购房但最终又未果，导致交易反复、时间拖延，给予出卖方不现实的期待，产生不必要的人物力支出损失，对此法院酌情确定原告给予被告补偿10万元。

综上所述，本案的争议焦点如下：（1）《房地产买卖居间协议》及其附件《房地产买卖协议》是否应当解除。（2）上述两份协议解除的时间是什么。（3）原告是否存在违约。（4）原告是否隐瞒限购置换房屋。（5）双方的权利义务与责任承担应如何分配。

（三）裁判要旨

合同成立以后客观情况发生了当事人在订立合同时无法预见的、非不可抗力造成的不属于商业风险的重大变化，继续履行合同对于一方当事人明显不公平或者不能实现合同目的，当事人请求人民法院变更或者解除合同的，人民法院应当根据公平原则，并结合案件的实际情况确定是否变更或者解除。因不可归责于双方当事人的原因解除合同的，当事人互不承担违约责任，但如客观存在损失的，可根据公平原则来分担。

二　相关法律条文解读

（一）适用法律

（1）《合同法》第八条：依法成立的合同，对当事人具有法律约束力。当事人应当按照约定履行自己的义务，不得擅自变更或者解除合同。依法成立的合同，受法律保护。①

（2）《合同法》第九十三条第一款：当事人协商一致，可以解除合同。②

（3）《合同法》第九十四条：有下列情形之一的，当事人可以解除合同：

（一）因不可抗力致使不能实现合同目的；

（二）在履行期限届满之前，当事人一方明确表示或者以自己的行为表明不履行主要债务；

---

① 现《民法典》第四百六十五条：依法成立的合同，受法律保护。依法成立的合同，仅对当事人具有法律约束力，但是法律另有规定的除外。

② 现《民法典》第五百六十二条第1款。

（三）当事人一方迟延履行主要债务，经催告后在合理期限内仍未履行；

（四）当事人一方迟延履行债务或者有其他违约行为致使不能实现合同目的；

（五）法律规定的其他情形。①

（4）《合同法》第九十七条：合同解除后，尚未履行的，终止履行；已经履行的，根据履行情况和合同性质，当事人可以要求恢复原状、采取其他补救措施，并有权要求赔偿损失。②

（5）《最高人民法院关于适用〈中华人民共和国合同法〉若干问题的解释（二）》第二十六条：合同成立以后客观情况发生了当事人在订立合同时无法预见的、非不可抗力造成的不属于商业风险的重大变化，继续履行合同对于一方当事人明显不公平或者不能实现合同目的，当事人请求人民法院变更或者解除合同的，人民法院应当根据公平原则，并结合案的实际情况确定是否变更或者解除。③

（二）立法目的与法理基础

合同法的制定是为保护合同当事人的合法权益，维护社会经济秩序，促进社会主义现代化建设。《合同法》旨在规范当事人在订立合同和履行过程中的行为，实现交易规则的统一和完善，为当事人主张相应的权利义务提供法律依据，保证合同的正常运行，使得当事人的权利义务保持对等，且不损害社会其他利益。

《最高人民法院关于适用〈中华人民共和国合同法〉若干问题的解释

---

① 现《民法典》第五百六十三条。

② 现《民法典》第五百六十六条：合同解除后，尚未履行的，终止履行；已经履行的，根据履行情况和合同性质，当事人可以请求恢复原状或者采取其他补救措施，并有权请求赔偿损失。合同因违约解除的，解除权人可以请求违约方承担违约责任，但是当事人另有约定的除外。主合同解除后，担保人对债务人应当承担的民事责任仍应当承担担保责任，但是担保合同另有约定的除外。

③ 现《民法典》第五百三十三条，合同成立后，合同的基础条件发生了当事人在订立合同时无法预见的，不属于商业风险的重大变化，继续履行合同对于当事人一方明显不公平的，受不利影响的当事人可以与对方重新协商；在合理期限内协商不成的，当事人可以请求人民法院或仲裁机构变更或解除合同，人民法院或仲裁机构应当结合案件实际情况根据公平原则变更或解除合同。

(二)》根据《合同法》的规定,对人民法院适用合同法的有关问题作出解释,以便正确审理合同纠纷案件。该解释主要涉及合同法的五大问题,共计30个条文,主要针对合同的订立、合同的效力、合同的履行、合同的权利义务终止、违约责任作了解释。该解释第二十六条规定了情势变更条款,以解决合同成立后社会环境发生重大变化造成的显失公平问题。大陆法系的绝大多数国家都已在其民法典或合同法中对情势变更原则有所规定,并被判例所运用。该原则在我国的司法实践中也得到了审慎、严格的适用,对于实际问题的解决意义重大。"契约必须遵守"是一项古老的原则,因此情势变更原则的适用有着严格的限制,其中适用的前提条件是必须有情势发生变更的客观事实。在德国法上,"情势"主要有以下几类:(1)货币贬值;(2)法律变动与行政行为;(3)天灾;(4)经济环境的变化。本节案例二中,上海市出台了《关于进一步加强境外个人、港澳台居民购房审核的操作细则》,该细则的规定直接使得案件当事人丧失了购房资格,导致合同无法继续履行,从而引发纠纷。该政策变化是在当事人合同订立后发生的客观事实,不可归责于当事人,当事人也无法预见,且继续维持合同效力会产生显失公平的法律后果,因此符合适用情势变更原则的条件,应当解除合同,并根据公平原则处理实际情况。这一立法理念同样延续到我国之前的《民法典》中。

(三)相关法律文件

(1)《天津市关于进一步加强境外机构境外个人港澳台地区居民和华侨在我市购房管理的通知》

该通知是由天津市国土资源和房屋管理局于2011年3月4日发布并实施的地方规范性文件,旨在贯彻落实住建部《关于进一步规范境外机构和个人购房管理的通知》(建房〔2010〕186号)要求,进一步加强境外机构、境外个人、港澳台地区居民和华侨在天津市购房(含新建商品房、二手房)管理。主要有以下三方面内容:境外机构购房管理、境外个人购房管理、港澳台地区居民和华侨购房管理。境外个人购房的条件为:境外个人取得《外国人居留许可》(天津市出入境管理局核发)累计期限超过一年的,可以在本市购买自住的住房一套。港澳台地区居民和华侨购房条件为:港澳台地区居民和华侨因生活需要,可以在本市购买自住的住房一套。

(2)《关于进一步加强境外个人、港澳台居民购房审核的操作细则》

此文件为上海市 2018 年 7 月 2 日出台的限购政策，具体规定如下：境外个人、港澳台居民在本市有合法稳定就业、纳税记录、名下无住房的，可在本市购买一套用于自住的住房，在申请办理购房合同备案、交易登记时，除了应当按照规定提交房展交易审核材料外，还应当提交以下材料供查验：①至购房之日已连续满一年的本市劳动合同及对应的个税或社保缴纳证明，补缴的不予认可；②本人国籍所在国（或地区）居住、缴税、就业等使（领）馆或地区办事机构证明；③境外个人、港澳台居民（包括配偶及共同生活的未成年子女）名下在本市无住房，购房用于自住的书面承诺。

三　裁判启示

涉及境外个人、港澳台地区居民和侨民的房屋买卖合同纠纷既有普通合同纠纷的共性，又有因主体的特殊所带来的个性。在案例一和案例二中，原告和被告的房屋买卖合同均面临房屋买受人是否违约、合同是否应当解除以及解除后当事人的责任应如何分配等问题，这都是作为合同履行过程涉及的共性法律纠纷问题，可依据《民法典》合同编的相关条文并结合具体案件事实进行处理。而其个性则体现在房屋买卖合同中特殊主体会受到特别的法规或政策的调整，该类法规或政策将作为证据直接影响法官的裁判。在案例一中，原告欲购买的诉争房屋的设计用途为酒店式公寓，但根据《天津市关于进一步加强境外机构境外个人港澳台地区居民和华侨在我市购房管理的通知》的规定，原告仅可因生活需要在天津市购买自住的住房一套，无法购买酒店式公寓，因此原告欲购买的诉争房屋无法办理产权证，合同无法继续履行。在案例二中，原告欲以香港居民身份购买诉争房屋，但在其房屋买卖合同订立之前，上海市已实施了限购政策，原告由于不具备"至购房之日已连续满一年的本市劳动合同及对应的个税或社保缴纳证明，补缴的不予认可"的条件而丧失了购房资格，合同无法继续履行。

上述两个案件在法律事实、当事人主张和法院裁判上有一定的相似之处。买受人均因为当地的相关购房政策变化导致不具备购房资格，致使房屋买卖合同无法继续履行，买受人主张解除合同并要求出卖人返还已付房款。而出卖人虽同意解除合同，但认为买受人存在违约行为，拒绝返还已收房款并要求其承担相应的违约责任，双方无法调解由此引发了纠纷。法院在裁判中，首先确认了合同是合法有效的，应当予以履行；其次尊重当事人已达成的合意并考虑了买受人无相应购房资格的事实，对当事人主张解除房屋买卖合同予以认可；最后认为合同的解除是由于法规或政策的限制而非买受人原因造成的，买受人对于合同的解除不承担违约责任，双方当事人应当依照合同解除的相关规定享有权利、承担义务，并按公平原则分担相应的损失。

值得注意的是，在案例二中，买受人在与出卖人协商解除房屋买卖合同后，在明知自己已经不具备购房资格的情况下，又告知出卖人会继续履行合同、购买诉争房屋，并假意磋商、故意拖延交易时间，给出卖人带来了不现实的期待，造成出卖人一定的财产损失，因此法院酌情判处买受人赔偿被告 10 万元。特殊主体并不必然给予特殊保护，特殊主体的身份不能作为其在法律交往中的保护伞。作为民法世界中平等主体的一方，境外个人、港澳台地区居民和华侨应当对自己的行为负责，依法享有权利和承担义务。

将类似案件进行归纳总结后可以发现，各市出台的涉境外个人、港澳台地区居民和华侨购房文件对于认定事实和适用法律都有着至关重要的影响，双方当事人因订立合同前不了解相关的文件所导致合同无法履行的现象比比皆是。不论何方胜诉，房屋买卖合同的双方当事人都遭受了不必要的损失，时间、金钱、精力等被大量的浪费，双方当事人最初订立合同的目的也无法实现。因此，为了维护交易安全、保障交易顺利进行，规范侨主体房屋买卖合同已确有必要。

四 涉侨保护要点

该类房屋买卖合同纠纷中的买受人大多都是境外个人、港澳台地区居民和华侨，其作为跨境特殊主体在房屋买卖合同中经常遇到纠纷，一般是因为当地出台的针对该类特殊主体的限购政策的具体规定致使买受人丧失购房资格，已成立生效的房屋买卖合同无法实际履行的问题。各市的限购政策出台时间不一致、内容规定不一致，且各地的经济发展状况和购房管理有所差别，其限购政策也不可能统一。因此，房屋买卖合同的当事人在签订合同时应当更加谨慎，在知悉当地关于境外个人、港澳台地区居民和华侨的限购政策或购房操作细则的前提下再进行磋商。各地也应对其出台的各项标准和政策积极宣传，发挥应有的社会效应，保障该类侨主体的权益。

第二节　房屋租赁纠纷

房屋租赁纠纷是指签订房屋租赁合同的双方当事人在权利和义务上所产生的争执，房屋租赁纠纷包括公有房屋的租赁纠纷和私有房屋的租赁纠纷。公有房屋的租赁纠纷由来已久，而且早就存在了，主要是一些历史或政策的原因导致的。私有房屋的租赁纠纷主要体现在经济上的纠纷如租金、押金、占用费等问题。处理房屋租赁纠纷的法律依据主要是《民法典》《城市房地产管理法》《土地管理法》《合同法》《物权法》《最高人民法院关于审理城镇房屋租赁合同纠纷案件具体应用法律若干问题的解释》等相关规定。

在公有房的房屋租赁中，特殊主体方通常以家庭为单位与公有房的出租单位签订房屋租赁合同并约定租金和租赁期限等相关事项。实践中的问题在于，若干年后的侨主体年事已高，生活艰辛，但却面临唯一的住房被收回的困境。在私有房的房屋租赁中，承租人通常会以特殊主体方出租人的私有房产权获得有瑕疵作为抗辩，质疑特殊主体出于历史原因享有的私有房屋产权，通过否认其为产权人进而达到否认房屋租赁关系之目的，由此引发了房屋租赁合同是否有效以及房租和房屋占用费是否该承担的问题。

一　典型案例

案例一　广州市海珠区房屋安全和物业×所、广州市 A 物业管理有限公司与黄某强、第三人 黄某玉房屋租赁纠纷案

（一）案件主要事实

2007 年 6 月 1 日，被告（乙方、承租人）与原告广州市 A 物业管理有限公司（甲方、出租人）签订了一份《广州市直管房（住宅）租赁合

同》，订明：（第一条）甲方同意将坐落在海珠区江南大道中路得胜岗2号601、602部位的房地产出租给乙方，作住宅用途，其中使用面积43.50平方米；（第二条）租赁期限、租金情况如下：2008年5月1日至2011年5月31日，月租金额为313.60元；（第二十条）乙方同意并确认下列事项：本人或共同居住的人员没有自有产权房屋，如有虚假，甲方有权解除本合同并收回房屋；签订本合同后，本人或配偶获得了自有产权房屋的，保证在获得自有产权房屋之日起3个月内解除本合同并将房屋交回给甲方，逾期不交回的，视为乙方违约等。被告与第三人系兄妹关系，涉案房屋系以原告和第三人的父亲黄某的名义续租，之后由黄某夫妇、第三人及被告共同居住使用。因黄某夫妻迁走，故被告于1982年9月9日申请更改租户名称，房管部门同意由1982年10月1日起租户名称变更为被告。之后被告也搬出上述房屋，上述房屋由第三人一直使用至今。

（二）本案争议焦点

原告广州市海珠区房屋安全和物业×所认为其与被告签订的《广州市直管房（住宅）租赁合同》已于2011年5月31日期满，被告至今未办理续租手续。原告广州市海珠区房屋安全和物业×所先后在2014年5月12日和2014年7月7日向被告发出《通知》，通知其到被告广州市A物业管理有限公司办理退房手续，但被告至今仍未按通知要求办理。另外经查明被告与其妻子名下共有2处自有产权房屋。因此，被告广州市海珠区房屋安全和物业×所主张根据《广东省公有房产管理条例》第十一条规定以及《广州市直管房（住宅）租赁合同》第二十条之约定，要求解除该租赁合同并收回房屋，并要求被告和第三人按照313.60元/月的标准缴纳从2014年7月1日起至交付房屋之日止的占用费。被告不同意原告的诉讼请求，其认为《广州市直管房（住宅）租赁合同》从主体法律地位和内容上来看，实质是行政合同，应当着重考虑其签订的历史背景和过往原因。这种签订公有房关系的存在，是我国长期以来实行公有房保障制度必然产生的客观实际情况，具有十分特殊的国情需要。按市政府房管有关部门对签订该租赁合同的相关规定，签订人并不是仅仅代表其个人行使租赁合同的权责，同时，也包括了家庭共同申请人共同履行租赁合同的权责。作为家庭共同申请人的第三人黄某玉是一个归国华侨，同时也是一个孤寡老人，现涉案租赁房屋是其唯一的栖身房屋。根据《归侨眷权益保护法》《老年人权益保障法》以及《广东省老年人权益保护条例》等有关法规，其应当得到特别照顾和保护。

法院审理认为，涉案《广州市直管房（住宅）租赁合同》是合同当事人的真实意思表示，其内容没有违反法律法规的强制性规定，应为有效合同，对当事人均具有法律约束力。当事人有争议的事实为：（1）第三人黄某玉在涉案房屋租赁合同中居于什么法律地位。从户籍档案资料看，第三人黄某玉的户籍是和黄某夫妻同时迁入涉案房屋，被告的户籍迁入时间则要晚于第三人黄某玉的户籍迁入时间。因此，涉案房屋是由被告和第三人共同承租使用，被告仅是作为租户代表签订租赁合同。（2）原告广州市海珠区房屋安全和物业×所主张解除租赁合同并要求限期腾空交付房屋的请求是否应当得到支持。综合考虑第三人黄某玉在涉案租赁房屋居住的历史情况及生活现状，鉴于涉案租赁房屋包括601房和602房，而被告已有自有产权房屋，且被告已不在该房屋居住，故被告和第三人应将602房交还给原告，上述601房则仍由第三人黄某玉承租使用为宜。（3）原告广州市海珠区房屋安全和物业×所主张的房屋占用费是否应当得到支持。原告要求被告按照313.60元/月的标准支付2014年7月1日起的房屋使用费，法院予以支持，但该房屋使用费计至上述602房交还之日止为宜。

综上所述，本案的争议焦点如下：（1）第三人黄某玉在涉案房屋租赁合同中居于什么法律地位。（2）原告广州市海珠区房屋安全和物业×所主张解除租赁合同并要求限期腾空交付房屋的请求是否应当得到支持。（3）原告广州市海珠区房屋安全和物业×所主张的房屋占用费是否应当得到支持。

（三）裁判要旨

处理纠纷应当以经过法院举证质证认定的事实为依据，以法律为准绳。在查清事实的基础上，根据法律、行政规章、地方性法规规定处理。当事人在行使权利、履行义务的过程中应遵循诚实信用原则，按照约定全面履行自己的义务，根据合同的性质、目的和交易习惯履行通知、协助、保密等义务。若当事人一方不履行合同义务或者履行合同义务不符合约定的，应当承担继续履行、采取补救措施或者赔偿损失等违约责任。

案例二　广州市房屋安全管理所与刘某某、莫某某房屋租赁纠纷案

（一）案件主要事实

2000年9月18日，广州市机关用房管理所（甲方、现原告）与被告刘某某（乙方）签订《广州市房地产租赁合同》，将原广州市房地产管理局移交其管理的直管公房出租给被告刘某某，双方约定了涉案房屋、租赁期限和租金等事项，并在合同附件二中登记乙方家属为刘某某与莫某某。合同签订后，原告依约将上述房屋交给被告刘某某使用。合同期满后（2005年6月30日），原告与被告刘某某没有续签诉争房屋租赁合同，被告刘某某继续使用涉案房屋并每月向原告缴纳租金。后由于被告刘某某移居国外，实际上该房屋一直由被告莫某某居住。2019年9月10日原告经调查发现被告莫某某拥有自有产权房屋。同日，原告向被告刘某某户发出《通知》，告知其租赁合同已于2005年6月30日到期。为规范直管房管理，原告要求被告自收到该通知之日起5日内到原告处办理续租手续，如逾期仍未办理，原告将视为被告自动放弃承租权，原告将解除与被告有关前述承租房屋的租赁关系，并依法收回该房屋。被告莫某某于同日签收上述《通知》，但被告刘某某没有按原告发出的《通知》与原告办理续租手续。原告遂向法院提起诉讼。

（二）本案争议焦点

原告认为被告刘某某虽未续签房屋租赁合同，但其一直使用案涉房屋并交租行为构成了不定期租赁关系，原告有权随时解除租赁关系。根据《广东省公有房产管理办法》第一条"住宅分配的对象，主要是无房户、危房户、拥挤户以及按政策应优先照顾的住户"的规定，刘某某已旅居国外，不再符合上述条件，故原告请求解除与被告刘某某之间的租赁关系。再者，根据《广东省公有房产管理办法》第十三条"单位或个人承租公房，应经房管部门或产权单位同意，办理租赁手续，订立租约，发给租用证明后，才得迁入住、用"的规定，被告莫某某占住了该房屋，未与原告签订房屋租赁合同，违反了公房管理的规定，原告随时有权要求被告交还并腾空房屋。且被告莫某某已有自有产权房屋，亦不符合公房出租对象的条件，应立即腾空房屋交还原告。被告莫某某则认为，一方面被告刘某某是华侨，按照政策，其有权在国内租赁房屋，即使是解

除合同或加租金也应当与被告刘某某进行协商，而非仅是公告送达本案起诉状，在被告刘某某没有回国之前应该维持长期租赁关系；另一方面本案房屋有历史的特殊性，其本来属于被告莫某某的父亲租赁的由政府分配的房屋，被告莫某某有权作为其父亲的同住人续租涉案房屋。被告莫某某虽然有单位分配的福利房，但房子太高又没有电梯，其年事已高，为了生活方便，希望还能继续续租涉案房屋。

法院经审理认为，原告与被告刘某某签订的《广州市房地产租赁合同》是双方当事人的真实意思表示，没有违反法律、行政法规的禁止性规定，为有效合同。当事人有争议的案件焦点为：（1）原告是否可以请求解除与被告刘某某之间的不定期租赁关系。按约定，双方当事人的租赁合同已于2005年6月30日届满。依《合同法》第二百三十六条关于不定期租赁合同的规定，原告与被告刘某某从2005年6月30日起并没有续签合同，被告继续使用涉案房屋并交租，原告收取租金且未提异议，双方一直按原租赁合同的有关内容履行，因此双方形成不定期租赁关系。原告于2019年9月10日发出《通知》，要求被告刘某某办理涉案房屋续租手续，但被告刘某某没有与原告办理涉案房屋续租手续。故原告请求解除与被告刘某某双方的不定期租赁关系应当予以支持。（2）被告是否满足继续租赁诉争房屋的条件。该问题属于公有房屋管理部门的职能范畴，不属于人民法院民事案件处理范围。被告莫某某应向公有房屋管理部门提出，其上述抗辩法院不予接纳。（3）房屋占用费的计算标准如何确定。依本案事实，被告刘某某已交租至2019年12月止。被告刘某某应按2019年12月所缴月租金标准支付2020年1月的租金187.70元给原告。自2020年2月起被告刘某某根据合同第6.2条约定以2019年12月所缴月租金总额187.70元的100%（即375.4元）向原告支付每月房屋占用费至交还房屋之日止。由于被告莫某某非租赁合同相对方，原告要求被告莫某某共同承担房屋占用费没有法律依据，法院不予采纳。

综上所述，本案的争议焦点如下：（1）原告是否可以请求解除与被告刘某某之间的不定期租赁关系。（2）被告是否满足继续租赁诉争房屋的条件。（3）房屋占用费的计算标准如何确定。

（三）裁判要旨

根据《合同法》第二百三十六条的规定，租赁期间届满，承租人继续使用租赁物，出租人没有提出异议的，原租赁合同继续有效，但租赁期限为不定期。对于不定期房屋租赁合同而言，当事人可以随时解除合同，但出租人应当给承租人预留合理期限以腾空搬出租赁房屋，承租人也应承担相应的房屋占用费。

案例三 凌某琪与黄某德等房屋租赁合同纠纷案

（一）案件主要事实

涉案房屋系中华人民共和国成立前自置，产证户名凌某川（原告父亲），其于中华人民共和国成立前去往台湾。该房屋于1958年改造，改造建筑面积242.38平方米，自留建筑面积31.73平方米，改造时凌某美（与凌某川系堂兄妹）一家7口在涉案房屋内居住。1988年起，凌某川、原告凌某琪（现美国籍）开始向有关政府部门要求对涉案房屋落实华侨政策，增划自留房，后凌某川获得一处建筑面积57.59平方米的自留房。凌某川去世后，涉案房屋（建筑面积87.52平方米）登记所有权人为凌某琪、凌某某（凌某川之子），产证登记日期为1996年4月8日。1994年7月12日，原告凌某琪与凌某美、被告黄某德（凌某美之子）签订房屋租赁合同，约定了房屋租赁的相关事项。合同签订后，凌某美、被告黄某德未向原告凌某琪支付过租金。2003年，涉案房屋涉及危房改造工程，因属私房，故由被告黄某德出资41000余元进行改造。现涉案房屋及东侧另12.56平方米公房由被告黄某德、被告李某、被告黄某居住使用。

（二）本案争议焦点

原告凌某琪认为其与三被告签订的房屋租赁合同已经解除，三被告无权继续居住在涉案房屋，要求被告黄某德、李某、黄某立即迁出涉案房屋，并支付1994年1月1日至2004年1月1日租金9600元以及2004年1月1日至实际迁让之日止的租金及房屋使用费。被告则认为原告凌某琪系中华人民共和国成立前去台人员，并不具有华侨身份，不应适用中办发（84）44号文件，且其在国内没有居住人口，不具备资格也无权向政府提出增划自留房的要求。故原告凌某琪以欺诈的方式取得了增划面积的产权，其与被告签订的房屋租赁合同为无效合同。

法院经审理认为：本案为房屋租赁合同纠纷，在双方当事人内部，其签订的租赁合同系双方真实意思表示，不存在合同法规定的应认定合同无效的情形，合法有效。当事人有争议的案件焦点为：（1）原告凌某琪是否具有华侨身份，其取得涉案房屋产权是否合法。原告凌某琪的华侨身份可在1959年《华侨、港澳台同胞登记表》中证实。根据原告凌某琪所提供的房屋所有权证及三被告提供的涉案房屋产权登记档案，可以证实原告凌某琪系涉案房屋产权人之一。此外，根据最高人民法院《关于复查历史案件中处理私人房产有关事项的通知》的相关规定，涉及私房因社会主义改造遗留问题，落实华侨、港澳台胞私房政策问题，应由当地落实私房政策部门办理，故三被告的抗辩意见不属于法院审查范围。（2）双方签订的房屋租赁合同是否已经解除。根据该房屋租赁协议书，涉案房屋的租期为10年，2003年12月31日租期届满。鉴于双方在租期届满后未再签订书面租赁合同，且被告黄某德仍居住在涉案房屋内，故应视为双方就涉案房屋成立不定期租赁关系。不定期租赁合同，出租人可以随时解除合同，但应当在合理期限之前通知承租人。现原告凌某琪于2015年2月10日诉至法院，主张要求被告黄某德、李某、黄某腾让房屋，已包含解除合同之意思表示，法院于2015年2月27日向三被告送达诉状副本，故认定双方就涉案房屋的不定期租赁关系于2015年2月27日解除。现原告凌某琪主张要求三被告腾让上述房屋，该诉请于法有据，法院予以支持。（3）原告凌某琪主张的租金及房屋使用费是否应当得到支持。被告黄某德作为承租人，应按约支付租金；合同解除后逾期腾让房屋的，亦应支付房屋使用费。鉴于被告黄某德自1994年1月1日起至2015年2月27日未向原告凌某琪支付过涉案房屋租金，故法院支持原告凌某琪主张上述期间租金20320元（计21年2个月）及自2015年2月28日起至实际迁让之日止的房屋使用费（按每月80元计算）。

综上所述，本案的争议焦点如下：（1）原告凌某琪是否具有华侨身份，其取得涉案房屋产权是否合法。（2）双方签订的房屋租赁合同是否已经解除。（3）原告凌某琪主张的租金及房屋使用费是否应当得到支持。

（三）裁判要旨

当事人应当按照约定全面履行自己的义务。当事人应当遵循诚实信用原则，根据合同的性质、目的和交易习惯履行通知、协助、保密等义务。当房屋租赁合同有效的情况下，当事人理应遵守法律的规定和合同的约定履行义务，同时法院应当兼顾双方利益，维护租赁秩序。对于历史遗留问题，应在不违反现行法律强制性规范基础上，充分考虑历史背景，基于社会主义核心价值观，诚信原则，妥善平衡当事人间的权益冲突，更加注重社会效果与法律效果的统一，尤其要避免客观损害侨主体合法合情权益。

二 相关法律条文解读

（一）适用法律

（1）《合同法》第八条：依法成立的合同，对当事人具有法律约束力。当事人应当按照约定履行自己的义务，不得擅自变更或者解除合同。依法成立的合同，受法律保护。①

（2）《合同法》第四十四条：依法成立的合同，自成立时生效。法律、行政法规规定应当办理批准、登记等手续生效的，依照其规定。②

（3）《合同法》第六十条：当事人应当按照约定全面履行自己的义务。当事人应当遵循诚实信用原则，根据合同的性质、目的和交易习惯履行通知、协助、保密等义务。③

（4）《合同法》第九十六条：当事人一方依照本法第九十三条第二款、第九十四条的规定主张解除合同的，应当通知对方。合同自通知到达对方时解除。对方有异议的，可以请求人民法院或者仲裁机构确认解除合同的效力。法律、行政法规规定解除合同应当办理批准、登记等手

---

① 现《民法典》第四百六十五条：依法成立的合同，受法律保护。依法成立的合同，仅对当事人具有法律约束力，但是法律另有规定的除外。

② 现《民法典》第五百零二条：依法成立的合同，自成立时生效，但是法律另有规定或者当事人另有约定的除外。依照法律、行政法规的规定，合同应当办理批准等手续的，依照其规定。未办理批准等手续影响合同生效的，不影响合同中履行报批等义务条款以及相关条款的效力。应当办理申请批准等手续的当事人未履行义务的，对方可以请求其承担违反该义务的责任。依照法律、行政法规的规定，合同的变更、转让、解除等情形应当办理批准等手续的，适用前款规定。

③ 现《民法典》第五百零九条：当事人应当按照约定全面履行自己的义务。当事人应当遵循诚信原则，根据合同的性质、目的和交易习惯履行通知、协助、保密等义务。当事人在履行合同过程中，应当避免浪费资源、污染环境和破坏生态。

续的，依照其规定。①

（5）《合同法》第一百零七条：当事人一方不履行合同义务或者履行合同义务不符合约定的，应当承担继续履行、采取补救措施或者赔偿损失等违约责任。②

（6）《合同法》第二百一十二条：租赁合同是出租人将租赁物交付承租人使用、收益，承租人支付租金的合同。③

（7）《合同法》第二百三十二条：当事人对租赁期限没有约定或者约定不明确，依照本法第六十一条的规定仍不能确定的，视为不定期租赁。当事人可以随时解除合同，但出租人解除合同应当在合理期限之前通知承租人。④

（8）《合同法》第二百三十六条：租赁期间届满，承租人继续使用租赁物，出租人没有提出异议的，原租赁合同继续有效，但租赁期限为不定期。⑤

（二）立法目的与法理基础

《合同法》是调整平等主体之间的交易关系的法律，它主要规范合同的订立、合同的履行、变更、转让、终止、违反合同的责任及各类有名合同等问题。根据《合同法》的规定，其立法目的是保护合同当事人的合法权益，维护社会经济秩序，促进社会主义现代化建设。因此《合同法》对于解决合同纠纷、维护合同当事人的合法权益、维护正常的交易秩序等方面具有重大意义。

（三）相关法律文件

（1）《关于复查历史案件中处理私人房产有关事项的通知》

该文件是由最高人民法院和城乡建设环境保护部制定并由最高人民

---

① 现《民法典》第五百六十五条：当事人一方依法主张解除合同的，应当通知对方。合同自通知到达对方时解除；通知载明债务人在一定期限内不履行债务则合同自动解除，债务人在该期限内未履行债务的，合同自通知载明的期限届满时解除。对方对解除合同有异议的，任何一方当事人均可以请求人民法院或者仲裁机构确认解除行为的效力。当事人一方未通知对方，直接以提起诉讼或者申请仲裁的方式依法主张解除合同，人民法院或者仲裁机构确认该主张的，合同自起诉状副本或者仲裁申请书副本送达对方时解除。

② 现《民法典》第五百七十七条。
③ 现《民法典》第七百零三条。
④ 现《民法典》第七百三十条。
⑤ 现《民法典》第七百三十四条。

法院于 1987 年 10 月 22 日颁布的，旨在统一认识，做好历史老案中涉及的落实私房政策的工作。文件中指明，人民法院在审理房屋案件中，遇到有关落实私房政策的案件，如私房因社会主义改造遗留问题，"文化大革命"期间被挤占、没收的私人房产问题，中华人民共和国成立初期代管的房产问题，落实华侨、港澳台胞私房政策问题等，应移送当地落实私房政策部门办理。目前该文件已废止。

（2）《广东省城镇华侨房屋租赁规定》

该规定于 1994 年 11 月 17 日广东省第八届人民代表大会常务委员会第十一次会议通过并于 1994 年 11 月 27 日公布、1995 年 3 月 1 日起施行。其中，第一条规定："为加强城镇华侨房屋的租赁管理，维护租赁双方的合法权益，根据国家法律、法规有关规定，结合广东省实际，制定本规定。"该规定共有 14 条，详细规定了房屋租赁双方的权利和义务，细化了城镇华侨房屋的租赁管理，并规定了香港、澳门和台湾同胞在广东省行政区域内城镇的房屋租赁也适用本规定。

（3）《广东省公有房产管理办法》

该办法由广东省人民政府 1983 年 1 月 8 日颁布并实施，1997 年 12 月 31 日作第一次修改，2002 年 5 月 28 日作第二次修改。该办法涉及总则、产权和产籍、租赁使用、修缮养护、奖励和处罚、附则共 6 章内容，以加强公有房产的管理。其中第三章"租赁使用"中规定，住宅分配的对象，主要是无房户、危房户、拥挤户以及按政策应优先照顾的住户，各单位对住宅分配要实行民主分房，接受群众监督。单位和个人租用的公房，不需使用时，应退回给房管部门或产权单位另行安排，不得转让、转租、分租，不得擅自改变使用性质，不得私自调换。承租户因情况变化，原租房屋有宽余的，房管部门或产权单位应对其租用房屋进行调整，或收回宽余部分。

三 裁判启示

相关法院在处理上述三个案例的纠纷时，都认可了双方签订的房屋租赁合同的效力，只要是合同当事人的真实意思表示，且内容没有违反法律法规的强制性规定，合同即为有效，合同当事人应当遵循诚实信用原则，按照约定全面履行自己的义务。显然，根据法律的规定，这三个案件中的房屋租赁合同都构成了不定期租赁关系，出租人可以随时解除合同，但应在合理期限之前通知承租人。法院通常会根据《合同法》第八条、第六十条、第二百三十二条、第二百三十六条判令双方的房屋租赁合同解除，并对租金和房屋占用费等金钱给付予以确定。

通过检索大量的案例并进行整合后，可以对华侨等特殊主体在该类纠纷中主张的诉求进行如下分类：（一）侨主体主张继续租用涉案的公有房屋；（二）侨主体主体主张解除与承租人之间关于其私有房屋的租赁关系；（三）侨主体主体主张因生活困难寻求特别照顾。对于前两类诉求，法院通常根据（《民法典》）的有关规定进行说理分析，结果往往是确认不定期房屋租赁合同予以解除。对于最后一类诉求，法院的审理意见是该请求属于其他管理部门的职能范畴，不属于人民法院民事案件的处理范围。但在案例二中，涉案房屋共有 601 房和 602 房两间，原告主张解除房屋租赁合同并收回两间房屋，法院通过综合考虑华侨当事人在涉案租赁房屋居住的历史情况及生活困难的现状，判令同意解除 602 房的房屋租赁合同并归还 602 房，不同意解除 601 房的房屋租赁合同，即 601 房仍由华侨当事人承租使用为宜。这里就体现了法院在审理涉侨等特殊主体的房屋租赁纠纷时，尊重历史，面对现实，兼顾双方的利益，维护特殊主体的权益。

四 涉侨保护要点

目前侨主体的房屋租赁纠纷在实践中大量存在，但是从前文有关房屋租赁的涉侨文件可以看出，上述案例中出现的规范房屋租赁合同的文件出台时间都较为久远，在解决当今社会出现的房屋租赁纠纷时不可避免地会出现一定的不足。因此，有关部门应当加快相关法律法规和文件的制定，为侨主体房屋租赁纠纷的解决提供依据，保障涉侨等特殊主体的切身利益。

第三节 涉侨不动产买卖与租赁法律风险防范与应对

房屋作为不动产，在空间上的特定性、恒定性，在时间上的耐久性，在价值上的昂贵性、保值增值性以及其在经营流转中的风险性，使人们日益重视全面了解、熟悉、掌握有关房屋的法律制度和法律知识。为保障华侨等特殊主体在不动产买卖与租赁过程中的权益，应当以前文中讨论的典型案例为参考，并以不动产买卖与租赁合同的法律风险来源为基础，归纳总结涉侨不动产买卖与租赁中出现的各种法律风险，探索针对相关法律风险防范与应对的具体措施，防患于未然，保证侨主体利益的最大化。

一　涉侨不动产买卖合同与租赁合同的法律风险

对风险进行控制的前提是对风险的识别和解析，前文中通过相关案例的分析，一方面可以总结出不动产买卖合同与租赁合同在合同的签订、履行中的共性风险来源，另一方面也可以看到在涉侨等特殊主体的不动产买卖合同与租赁合同中所体现的个性化风险来源。

（一）不动产买卖合同与租赁合同的风险来源

1. 合同订立时的法律风险

（1）对合同主体的合法性、适当性审查不当，可能会影响合同履行的质量，甚至会出现合同因合同主体违反法律法规的强制性规定而被认定为无效的情形；

（2）合同形式不符合法律规定，进而产生一定的法律风险；

（3）合同用语不明确，容易发生歧义和误解，导致合同难以履行或引起争议；

（4）合同解决争议条款约定不当。

2. 合同履行时的法律风险

（1）合同在履行过程中会出现一些不能确定的因素，导致双方可能对合同进行变更；

（2）在合同履行过程中出现合同法定解除事由，致使合同无法继续履行，合同目的不能实现；

（3）其他可能违约的情形，对当事人的实际履行带来风险。

（二）涉侨不动产买卖合同与租赁合同的特殊风险来源

1. 当事人的身份认定问题

当华侨等特殊身份在不动产买卖与租赁合同中居于关键要件的地位

时，当事人是否具有华侨等特殊身份，常常是对方当事人进行抗辩的切入点。因此，当事人对自己的侨主体身份应当具备有效证据予以证明，防止对方当事人进行恶意的主体资格审查。

2. 相关法律法规、政策产生的影响

由于华侨等主体身份的特殊性，有关部门会出台相应的法规、政策以调整涉侨不动产买卖与租赁合同的双方权利和义务关系，比如前文中提到的《关于复查历史案件中处理私人房产有关事项的通知》《天津市关于进一步加强境外机构境外个人港澳台地区居民和华侨在我市购房管理的通知》《广东省城镇华侨房屋租赁规定》等。侨主体在签订不动产买卖与租赁合同之前应当细致研究自己是否具备相应的资格以行使权利，防止出现在签订合同后才发现自己不具备相应资格致使合同无法履行的风险出现。

二 涉侨不动产买卖与租赁法律风险防范与应对

涉侨不动产买卖与租赁的潜在法律风险不容小觑，如果不能有效地进行防范与应对，可能会导致当事人的自身权益受到损害，甚至面临法律纠纷。因此，面对涉侨不动产买卖与租赁法律风险这项综合的法律和实践问题，就需要多方主体的共同作用，以便发挥良好的效果。

（一）寻求第三方的专业服务

侨主体在签订房屋买卖与租赁合同时最好寻求房屋中介机构的服务，以便更加准确、全面地了解不动产相关事项，并实现风险的转移。在签订合同时以及发生纠纷后应当积极寻求律师的法律服务，听取专业意见，降低相关法律风险。

（二）多元化纠纷解决机制

由于不动产的特殊性质和历史背景，法院在进行侨主体不动产买卖与租赁案件的审理和裁判时应当运用多元化纠纷解决机制，兼顾双方的利益诉求，既要维护华侨等特殊主体的民事利益，又不能使其特殊身份成为规避法律责任的保护伞。

（三）制定相关的法律法规、政策等

有关部门应当结合当地的涉侨历史问题和发展现状，加快制定相关法律法规和政策，以调整不动产买卖与租赁双方当事人之间的权利义务关系，切实保障侨主体在进行不动产买卖与租赁活动中的权益。同样重要的是，应当做好侨主体普法教育，发挥该类法律法规和政策应有的社会效应。

（四）相关政府部门提供福利保障

当地相关政府部门应当认真落实侨务政策，建立健全为侨主体公共服务体系，保障海外侨胞和归侨侨眷合法权益。对于生活困难、无房屋居住的华侨，在符合规定条件的情况下给予一定的福利保障，体现政府对华侨等特殊主体的关心和重视。

第四节　本章典型案例裁判文书

一　王某职与关某监房屋买卖合同纠纷

广东省珠海市中级人民法院

民事判决书

（2016）粤 04 民终 2653 号

上诉人（一审被告）：王某职，男，汉族，1965 年 5 月 9 日出生，住广东省丰顺县。

委托诉讼代理人：徐海，广东广信君达律师事务所律师。

被上诉人（一审原告）：关某监，男，汉族，1947 年 2 月 14 日出生，住珠海市香洲区，美国华侨。

委托代理人：侯星，广东常成律师事务所律师。

被上诉人（一审被告）：关某显，男，汉族，1963 年 10 月 1 日出生，住广东省珠海市金湾区。

被上诉人（一审被告）：张某桥，男，1947 年 1 月 8 日出生，汉族，住广东省珠海市金湾区。

被上诉人（一审第三人）：潘某青，女，汉族，1984 年 3 月 25 日出生，住广东省珠海市香洲区。

一审被告：珠海 A 建材发展有限公司。住所地：珠海市临港工业区南水化工专区。

法定代表人：冯某新，董事长。

上诉人王某职因与被上诉人关某监、被上诉人关某显、被上诉人张某桥、被上诉人潘某青以及一审被告珠海 A 建材发展有限公司（以下简称 A 公司）房屋买卖合同纠纷一案，不服广东省珠海市金湾区人民法院作出的（2015）珠金法平民四初字第 394 号民事判决，向本院提出上诉。本院受理后，依法组成合议庭进行了审理，现已审理终结。

关某监向一审法院提出以下诉讼请求：（1）王某职与关某显于 2012 年 12 月 19 日签订的房屋（权益）转让协议书无效；（2）王某职、张某桥、关某显共同赔偿关某监租金损失 85.2 万元（自 2013 年 6 月 24 日暂计起至 2015 年 10 月 24 日止）；（3）王某职、张某桥、关某显、A 公司承担本案诉讼费。

一审法院经审理查明：2007 年 7 月 26 日，关某监以林某蔚、刘某田为被告起诉至珠海市金湾区人民法院，请求判令林某蔚、刘某田腾退由关某监投资兴建以曾某九名义报建的位于珠海市南水镇××村××公路旁占地面积为 200 平方米、建筑面积为 1438 平方米的房屋给关某监。2010 年 3 月 5 日，珠海市金湾区人民法院作出（2007）金民一初字第 351 号民事判决书，该判决确认，位于珠海市南水镇××村××公路旁、占地面积为 200 平方米、建筑面积为 1438 平方米、土地使用者为案外人曾某九的七层建筑物实际使用人为关某监，并判决林某蔚、刘某田腾退上述房屋。该判决另查明，上述建筑物的用地类型为自留地。上述判决于 2010 年 6 月 1 日发生法律效力，并于 2012 年执行完毕。

2012 年 3 月 17 日，关某监委托广东常成律师事务所，指派该所的刘新及潘某青律师为其委托代理人，代理（2007）金民一初字第 351 号民事判决申请执行一案，代理权限为可独立以关某监的名义办理如下全部事项：（1）代为申请、承认、放弃或者变更执行请求；（2）代为参加执行听证、进行执行和解；（3）参与评估、拍卖等执行活动；（4）代签相关法律文书；（5）代收执行款项、物品等；（6）代为处理执行标的物和受领执行标的物。委托合同有效期限自签订之日起至本案本执行截止（判决、裁定、调解、案外和解、撤诉、执行和解、执行调解等）。

王某职提交的一份 2012 年 3 月 17 日《授权委托书》显示，关某监于 2012 年 3 月 17 日出具了一份《授权委托书》，受托人为关某显，委托内容为："我拟出售（2007）金民一初字第 351 号民事判决书注明的南水房屋，以上受托人均可独立以我的名义办理如下全部事项：（1）到相关国土部门领取上述房屋的证件资料及办理有关手续；（2）代为与买家商榷出售上述房屋的买卖合同及相关文件资料；（3）申报、缴纳上述房屋买卖过程中的相关税费；（4）办理上述房屋更名过户手续并签署相关文件资料；（5）办理上述房屋的交楼手续；（6）办理上述房屋水电煤气电话有线电视及物业管理等事宜的更名；（7）代开户籍资料证明、新旧地址证明；（8）代为办理出售上述房地产过程中的其他所有相关事宜。委托期限从委托书签署之日至办完上述事宜止。庭审中，王某职出示了该《授权委托书》的原件，并确认与关某显签订《房屋（权益）转让协议书》时，关某显出示的委托书就是该《授权委托书》。关某监在庭审中称从未出具过该《授权委托书》，亦未授权过关某显处分涉案房屋，《授权委托书》上签字与关某监本人的签名明显不同。关某显在庭审质证阶段对该《授权委托书》提出异议，称其从未见过，并称关某监仅在2006年和2007年委托过关某显处理涉案房屋。

2012年10月29日，潘某青以转委托权人的身份出具《委托书》一份，内容为委托张某桥、罗某定办理如下全部事项：（1）到相关国土部门领取上述房屋的证件资料及办理有关手续；（2）代为与买家商榷出售上述房屋的买卖合同及相关文件资料；（3）申报、缴纳上述房屋买卖过程中的相关税费；（4）办理上述房屋更名过户手续并签署相关文件资料；（5）办理上述房屋的交楼手续；（6）办理上述房屋水电煤气电话有线电视及物业管理等事宜的更名；（7）代开户籍资料证明、新旧地址证明；（8）代为办理出售上述房地产过程中的其他所有相关事宜。委托期限自委托书签署之日起六个月内。庭审中，潘某青称《委托书》原件仅有一份且一直保留在律师事务所，并未交予张某桥或罗某定，其两人持有的是复印件。

2012年11月5日，张某桥以转委托权人的身份出具《委托书》一份，委托书的委托人为关某监，受委托人（转委托权人）为张某桥，代理人为关某显，委托内容与上述2012年10月29日潘某青以转委托权人身份出具的《委托书》内容一模一样，委托期限自委托书签署之日至办完上述事宜止。张某桥在庭审中称该《委托书》是潘某青起草的。关某监及潘某青在庭审中均认为，张某桥没有转委托权，另外潘某青在庭审中称对上述张某桥转委托给关某显的《委托书》不知情。

2012年12月19日，关某显以关某监代理人身份与王某职签订《房屋（权益）转让协议书》，内容为：出让方（甲方）：关某监，甲方代理人：关某显，甲方担保人（乙方）：关某显、珠海市有利线圈电子有限公司、恒基电子有限公司，受让方（丙方）：王某职。根据法律、法规和有关规定，转让方和受让方在平等、自愿、协商一致的基础上达成以下协议：一、甲方将甲方投资兴建的位于珠海市××水镇××村××路旁占地面积为200平方米，建筑面积为1438平方米的房屋（地上房屋所有权、使用权及土地使用权等所有权利）转让给丙方。二、该综合楼房产现状：楼坯房、未装修，未办理建设验收及房产证，有以曾某九名义报建的建设用地许可证，证号：用地集92字26号。三、该房用途为商住楼；该栋楼建筑层数为柒层，地下零层。四、本房屋（权益）转让款共计金额100万元整。签订本协议之日前支付定金20万元整；签订协议之日支付转让款40万元；余款于甲方将房屋移交给丙方并将所有该房屋的相关证件原件移交给丙方之日起两个月内付清。五、该房屋须在签订本协议之日交付。交付前甲方负责对房屋内部清场。六、交付文件包括但不限于：（1）甲方拥有该房屋权益的民事判决书；（2）建设用地许可证；（3）与曾某九的协议；（4）甲方授权乙方处理该房屋的授权书；（5）甲方的身份证明复印件（如护照）；（6）乙方的身份证复印件；（7）（2007）金民一初字第351号《民事判决书》甲方提交的证据原件；（8）向政府等相关部门交纳相关费用的凭证。合同还约定了其他条款。关某显在甲方代表人处及乙方处签名，珠海市有利线圈电子有限公司在乙方处加盖公章，王某职在丙方处签字并捺印，见证人敖某在见证人处签名。王某职在2012年12月至2013年1月，共支付关某显转让款95万元，支付张某桥酬金及办理房产相关手续费5万元，合计100万元。

2013年1月30日，珠海市南水镇金龙经济联合社出具一份《证明》，证明内容为：兹有我辖区南水镇金龙村南港路旁房屋一栋共7层，占地面积200平方米，建筑面积为1438平方米，其产权现属王某职所有。

2013年6月23日，王某职将涉案房屋出租给A公司。租赁物共七层，包括62个房间和20个客厅，建筑面积约1600平方米，楼房前空地约300平方米，楼后院约200平方米，用途为居住民用。房屋配套设施包含空调82台，安装、敷设电表、闭路电视线到每套房门口，配置水路增压泵和楼顶储水箱,提供阳台内、部分房间内晾挂衣物条件。租赁期限自2013年6月24日起至2018年6月24日止。合同押金为6万元整,每月租金为3万元整,租金每隔两年上涨10%。合同附件为房屋所有权属证明(珠海市南水镇金龙经济联合社出具的《证明》)、王某职身份证复印件、林某(王某职代表人)身份证复印件、房屋资产清单。

在一审法院审理过程中,王某职申请证人敖某出庭作证。敖某在庭审作证时,对各方当事人多次询问关某显与王某职签约时是否有授权,证人敖某第一次回答"我有见过关某监书面授权文件",第二次回答"我没有保证其他东西,我也没有去核实关某显是否有权",第三次回答"我确实看过有委托书,只记得是关某监直接委托关某显的,具体哪一份我忘了",第四次回答"当时有两份委托书,有一份关某监授权关某显的,张某桥还提供过一份由潘某青授权给张某桥的委托书",第五次回答"除了看到关某监授权关某显的委托书外,还看过潘某青转委托给张某桥,张某桥转委托给关某显这两份委托书"。

关于房屋价值。(2007)金民一初字第351号判决书查明,合同约定涉案房屋建筑安装工程总造价约为1185000元,1994年11月完成合同总造价的80%计950000元,承建方电白县建筑工程公司珠海分公司曾于1996年致函林某毅称只收取了50余万元工程预付款,尚欠工程款45万元。关某监在庭审中陈述,除了(2007)金民一初字第351号判决书查明的工程总造价约为1185000元,涉案房屋买地还花了20万元,向城建办和国土所共计缴纳41万余元的费用。王某职在一审庭审中陈述,根据其向关某显了解,关某监总投资约45万元,2006年曾以45万元向外出售,而王某职受让房产权益总计支付了170万元。关某显在庭审中陈述,2006年关某监称能收回40万即可,到了2012年又变成要求收回150万元。张某桥在庭审中陈述,买地和建造一共花了70多万元,交给城建办和国土所共计17多万元。

一审法院认为:

关某监系美国华侨,故本案属于涉外纠纷,应当依照《中华人民共和国涉外民事关系法律适用法》选择解决本案争议的准据法。本案案由为房屋买卖合同纠纷,争议标的物为不动产,根据《中华人民共和国涉外民事关系法律适用法》第四十一条"当事人可以协议选择合同适用的法律。当事人没有选择的,适用履行义务最能体现该合同特征的一方当事人经常居所地法律或者其他与该合同有最密切联系的法律"的规定及关某监根据《中华人民共和国民事诉讼法》提起本案诉讼,涉案房屋所在地法律,即中国大陆地区的相关法律是与本案《房屋(权益)转让协议书》有最密切联系的法律,本案应适用包括《中华人民共和国合同法》在内的中国大陆地区的相关法律。

关于合同效力。王某职提交《房屋(权益)转让协议书》及 2012 年 3 月 17 日关某监委托关某显的《授权委托书》,以证明王某职合法取得房产权益(包含地上房屋所有权、使用权及土地使用权等)。《中华人民共和国土地管理法》第八条第二款规定,农村和城市郊区的土地,除由法律规定属于国家所有的以外,属于农民集体所有;宅基地和自留地、自留山,属于农民集体所有。第六十三条规定,农民集体所有的土地使用权不得出让、转让或者出租用于非农业建设。本案中,涉案房屋土地为农民集体所有的土地,因此,无论《房屋(权益)转让协议书》是否系关某监与王某职在自愿的基础上达成合意并签订的,因该协议违反法律的禁止性规定而归于无效,关某监诉请确认《房屋(权益)转让协议书》无效,符合法律的规定,一审法院予以支持。《中华人民共和国合同法》第五十八条规定,合同无效后,因该合同取得的财产应当予以返还。故关某监请求 A 公司及王某职返还房屋,依据充分,一审法院予以支持。

关于关某监主张的租金损失。《中华人民共和国合同法》第五十六条规定,无效的合同或者被撤销的合同自始没有法律约束力。第五十八条规定,合同无效后,有过错的一方应当赔偿对方因此所受到的损失,双方都有过错的,应当各自承担相应的责任。本案纠纷因关某显代理关某监与王某职签订《房屋(权益)转让协议书》而起。王某职在庭审中称关某显在签订合同过程中出具了一份 2012 年 3 月 17 日关某监直接委托关某显的《授权委托书》,对该《授权委托书》关某监及关某显在庭审中均不予认可,王某职亦承认在整个交易过程中均无向关某监本人核实过委托情况、房屋售价等关键信息,且王某职明知(2007)金民一初字第 351 号民事判决书的内容,明知涉案房屋土地为农民集体所有的土地仍主动购买,因此,对于涉案房屋的买卖行为,王某职具有一定过错。关某显认可向王某职出售房屋的行为,并称得到关某监的合法授权,但未向一审法院提交相关的授权委托书，关某监亦未予追认，故一审法院认定，关某显代理关某监出售房屋为无权代理，是造成涉案房屋买卖行为发生的另一方面过错。关某监系生效判决确认的房屋使用人，涉案房屋于2013年6月23日起被王某职出租给A公司使用，该行为妨害了关某监实现占有房屋的目的，因此，王某职及关某显应赔偿关某监无法占有房屋造成的损失。关某监主张按王某职与A公司签订的《房屋租赁合同》租金标准计算损失。一审法院认为，从（2007）金民一初字第351号民事判决书及《房屋（权益）转让协议书》可知，关某监出资建成的房屋是毛坯房，王某职购买房屋后对房屋进行了改造、加装，赋予了房屋更高的价值，即《房屋租赁合同》的租金标准包含了王某职对房屋的改造、加装价值，认定占用损失时应当予以相应扣除，故关某监损失按涉案房屋作为毛坯房的出租标准计算为宜。综合考虑涉案房屋的主体于1994年完工、涉案房屋的出租条件——毛坯房、2013年至2015年珠海市农村居民人均年均纯收入17948.3元/年（2013年为14940元/年、2014年为18394.8元/年、2015年为20510.2元/年，数据来源珠海市统计局）等因素，参照《房屋租赁合同》的租金标准，一审法院酌定以1万元/月的标准计算关某监自2013年6月23日起至涉案房屋返还关某监之日止的损失。因对于该损失，王某职及关某显均有过错，且过错相当，一审法院认定王某职及关某显对上述损失各自承担50%的责任，即各自按5000元/月的标准赔偿关某监损失。

关于关某监主张张某桥共同赔偿关某监损失，因张某桥未参与《房屋（权益）转让协议书》的签订，亦无出售房屋给王某职的行为，关某监请求张某桥承担赔偿责任，没有法律依据，一审法院不予支持。

综上，一审法院依照《中华人民共和国土地管理法》第八条、第六十三条，《中华人民共和国合同法》第五十八条，《中华人民共和国民事诉讼法》第六十四条第一款，《最高人民法院关于适用<民事诉讼法>的解释》第九十条之规定，作出如下判决：一、确认于2012年12月19日签订的，以关某监为出让方、关某显为代理人、王某职为受让方的《房屋（权益）转让协议书》无效；二、A公司、王某职于一审判决生效之日起三十日内将位于珠海市南水镇××村××公路旁占地面积为200平方米、建筑面积为1438平方米的房屋返还给关某监；三、王某职于一审判决生效之日起十日内赔偿关某监损失（损失计算方法：以5000元/月的标准，自2013年6月23日起计至上述第二判项确定的义务履行完毕之日止）；四、关某显于一审判决生效之日起十日内赔偿关某监损失（损失计算方法：以5000元/月的标准，自2013年6月23日起计至上述第二判项确定的义务履行完毕之日止）；五、驳回关某监其他诉讼请求。一审案件受理费21568元，由关某监负担5588元，A公司负担50元，王某职负担13786元，关某显负担2144元。

王某职不服上述判决，向本院提起上诉，请求：一、撤销一审判决第一、第二、第三项，确认王某职与关某监的委托代理人关某显于2012年12月19日签订的《房屋（权益）转让协议书》有效，并驳回关某监对王某职的全部诉讼请求；二、关某监、关某显、张某桥及潘某青承担本案一审、二审案件受理费。

事实和理由如下：一、《房屋（权益）转让协议书》实际为房产权益的转让，该协议合法有效。一审法院错误地将该协议认定为房屋买卖合同，应予以纠正。2012年12月中，张某桥、敖某找到王某职，称关某监拟转让位于南水镇金龙村南港路占地面积约200平方米的烂尾楼，关某监已委托张某桥、敖某及关某显代为处置。2012年12月19日，王某职与关某监的代理人关某显签署《房屋（权益）转让协议书》，关某监将案涉房产所享有的权益转让给王某职，并将证明关某监拥有该房屋权益的民事判决书等在内的相关文件移交王某职。珠海市金湾区人民法院作出的（2007）金民一初字第351号民事判决书已确认关某监对案涉房产所享有权益，且该等权益的转让无任何禁止性法律法规的规定，王某职与关某监就房产权益转让事宜签订的《房屋（权益）转让协议书》应认定为有效，对王某职及关某监均具有法律约束力。一审法院错误地将本案争议界定为房屋买卖合同纠纷，并错误地适用《土地管理法》，从而导致作出错误的判决。

二、关某监对本案讼争房产所享有的权益已合法转让予王某职，关某监无权要求王某职返还房屋。（一）关某监并非本案讼争房屋的所有权人或使用权人，其无权提出返还房屋的诉讼请求。根据上述（2007）金民一初字第351号民事判决书，该判决内容为林某蔚、刘某田需将关某监投资兴建的房屋腾退给关某监，至于关某监对讼争房屋享有何种权利以及权利的性质等该判决书并未予以界定。该判决结果的立意在于确认关某监系该房产的投资人，至于该房产的所有权及使用权问题，因关某监与宅基地使用权人的曾某九未发生任何争议，法院则未予处理。根据《中华人民共和国土地管理法》第六十三条的规定，"农民集体所有的土地使用权不得出让、转让或者出租用于非农业建设"。同时，关某监虽为华侨，但其并不具备广东省国土资源厅、广东省人民政府侨务办公室《关于切实维护华侨在农村的宅基地权益的若干意见》所规定的保护华侨宅基地使用权的特定情形。据此，关某监对曾某九的宅基地并不享有使用权及所有权。同时，按照我国房地一体主义原则，关某监同样对本案讼争房产并不享有所有权及使用权。本案案由既然已定性为房屋买卖合同纠纷，则争议的一方必然为对房产享有合法所有权或使用权的权利人。但在本案中，上述（2007）金民一初字第351号民事判决书并未就关某监对所案涉房产所享有的权利及权利类型进行界定，关某监依法也并非该房产及土地的合法所有权人及使用权人。鉴此，关某监并不具有适格的原告主体资格，其无权要求王某职返还房屋。（二）关某监已将案涉房产权益转让与王某职，其无权要求王某职返还房屋权益。关某监于2012年3月17日直接出具给关某显的《授权委托书》显示，关某显的授权范围包括"代为与买家商榷出售上述房屋的买卖合同及相关文件资料""代为办理出售上述房地产过程中的其他所有相关事宜"。同时，根据关某监授权潘海清、潘海清转委托张某桥，及张某桥转授权关某显的相关《授权委托书》的内容，关某显有权出售本案讼争房屋，根据《中华人民共和国民法通则》及《中华人民共和国合同法》等相关法律法规有关代理的规定，关某显有权代理关某监出售其对该房产所享有的权益，并且关某显的代理行为对关某监具有法律约束力。（三）王某职受让房产权益已取得公安机关及案涉房产所在地村集体组织的认可。根据本案庭审关某监代理人的陈述，关某监曾于2014年就关某显涉嫌盗卖房产权益事宜向公安机关报案，但公安机关根据对本案事实的调查，并未予以刑事立案。如关某显确实存在伪造授权委托书并出售关某监房产的，因该案涉案金额特别巨大，则关某显的行为毫无疑问构成合同诈骗罪。公安机关未就关某监的报案进行立案，毫无疑问证实关某显与关某监之间的争议属于民事争议的范畴。同时，王某职受让房产权益后，依法向南水当地相关政府部门办理了相关审批手续，并案涉房产所在地的金龙经联社于2013年1月30日出具证明，证实该房产产权属王某职所有，由此更进一步证实王某职已合法受让该房产权益。综合以上，《房产（权益）转让协议书》系各方真实意思表示，内容合法有效，且不具有任何协议无效或可变更、可撤销的情形，该协议书对王某职及关某监均具有法律约束力。并且，关某显已按照该协议的内容，将房产及证明关某监对该房产享有权益的依据全部移交王某职所有，关某监实际已履行完毕合同义务。在此情况下，王某职已合法受让关某监对本案讼争房屋的权益。关某监无权要求王某职返还房产权。

三、即使存在关某显超出授权或无授权的可能，但王某职基于信赖关某显有转让房产权益的授权，且已支付合理对价，王某职亦合法受让房产权益。（一）王某职在案涉房产权益转让过程中已尽到合理审慎义务。在案涉房产的房产权益转让过程中，王某职为核实关某显是否具有授权而要求关某显提供了多份授权委托书，并授权委托书的内容均显示关某显有权转让房产权益。除此之外，其他相关事实以及文件均显示关某显有权处置房产权益，包括：（1）上述（2007）金民一初字第351号民事判决书显示，关某监明确表示要将该房产过户至关某显名下；（2）关某显全程参与该案诉讼，代理该案的欧阳华永律师为关某显代关某监推荐，并关某显代关某监垫付该案40余万元（人民币，以下同）律师费；（3）关某监与关某显具有叔侄亲属关系；（4）2009年，关某显曾代表关某监将该房产权益约以90万元转让给第三方，关某监获知后从未对此表示否认。另外，为确保案涉房产转让的合法性，王某职曾委托律师审查关某显提交的相关授权委托书等资料。并在审查确认关某显确有转让案涉房产权益的授权的情况下起草了《房产（权益）转让协议》。上述事实足以证实王某职对于受让案涉房产权益的慎重，基于相信关某显享有房产权益的处分权，并且出于善意受让了该房产权益。（二）案涉房产权益转让价格符合当时的市场价格。王某职在受让案涉房产权益前对案涉房产进行现场查看时，发现该烂尾楼已烂尾近20年，整个建筑堆满各种生活垃圾及建筑垃圾，建筑物主体结构虽基本完工，但未通水电，完全没有各项配套设施。更重要的是，整个建筑物因长期日晒雨淋，且未作任何防护措施，其外立面已严重破损，各楼层的墙面地板开裂渗漏情况非常严重，整栋建筑物除土地及主体框架尚有利用价值外，其他均无任何价值。在庭审过程中，对关某监投资情况知之甚详的张某桥明确关某监实际投资金额仅约为 40 万元。同时，根据金湾区人民法院的判决，案涉房产工程总造价约为 118.5 万元，截至 1996 年 11 月 28 日，电白县建筑工程公司珠海分公司已完成该楼主体工程，工程量占总造价的 80%，计 95 万元，此后该承包商停工。在案涉房产权益转让之前，关某显等人曾在相当长的一段时间内以 100 余万元的价格兜售该房产，但无人问津，甚至出现投资者以约 90 万元的价格受让该房产后又反悔的情形。在此情况下，王某职以总价 168 万元的价格受让该房产权益，完全符合当时该房产权益的市场价值，王某职从未出于恶意或者与他人串通损害关某监合法权益的主观意图。依据最高人民法院《关于贯彻执行〈中华人民共和国民法通则〉若干问题的意见（试行）》第八十九条及《中华人民共和国物权法》第一百零六条的规定，王某职受让该房产权益构成善意取得，依法应当保护王某职的合法权益。

四、关某监确认协议无效的诉讼请求已超出合同撤销权的行使期限。从本案庭审过程中相关证人证言及张某桥当庭陈述的情况来看，张某桥于 2013 年年初即已通过电话方式告知关某监本房产权益转让事宜，但关某监获知后，并未否认关某显转让房产权益的行为为其授权行为。同时，按照《中华人民共和国合同法》第五十五条规定，即使关某显存在未获授权转让该房产权益的行为，但关某监依法需在知道或者应当知道可变更可撤销事由之日起一年内向法院提起撤销之诉。但关某监迟至 2015 年 10 月方向法院起诉，明显已超出撤销权的行使期限，应当依法驳回其诉讼请求。

五、一审法院判决王某职自 2013 年 6 月 23 日起以每月 1 万元的标准赔偿关某监的损失没有事实及法律依据。本案案涉房产烂尾已近 20 年，整个建筑堆满各种生活垃圾及建筑垃圾，建筑物主体结构虽基本完工，但未通水电，完全没有各项配套设施。更为重要的是，整个建筑物因长期日晒雨淋，且未作任何防护措施，其外立面已严重破损，各楼层的墙面地板开裂渗漏情况非常严重，整栋建筑物除土地及主体框架尚有利用价值外，其他均无任何价值。关某监要求赔偿其租金损失，首先必须建立在其对本案讼争房屋合法的所有权或使用权的基础上。但就本案事实而言，关某监仅对本案讼争房产享有投资权益，并没有合法的所有权及使用权，关某监的诉讼请求根本无合法的法律依据。同时，在王某职受让该房产权益时，该房产根本不具备出租的前提条件。王某职投入200余万元并花了大量人力物力，对房产进行了彻底的修缮、改建及扩建方具备现今可居住和使用的条件。关某监要求王某职赔偿租金损失亦毫无事实依据。

六、即使认定《房产（权益）转让协议书》无效，按照司法实践亦应当以互不返还作为一般的处理原则，否则势必将引致后续一系列的法律争议。在我国的司法实践中，针对农村房屋买卖的司法实践中，诸多法院在确认房屋买卖合同无效的同时，以维持交易现状而不互相返还作为一般原则，以相互返还、恢复交易前状态为例外。王某职受让房产权益后，为修缮及继续完成该房产的建设，先后投入了200余万元，其投入的金额远远超出关某监实际投入该房产的金额。如本案判决王某职返还房屋，则对王某职投资完成的房产修缮及添附行为，势必形成房产权利人对王某职的不当得利、返还责任及相关人员已收取款项的退还责任。在该房产依法不得转让，且关某监在国内无任何可供执行的财产的情况下，王某职最终权利的实现仍需以该房产的转让作为最终的保障。同时，如本案判决王某职返还房屋，王某职势必追究关某显伪造授权委托书诈骗王某职财产的刑事犯罪责任，以及潘某青、张某桥超越其代理权限进行转授权而给王某职造成经济损失的赔偿责任。

关某监辩称：（1）所谓的房屋权益转让协议书，实际就是房地产权的转让合同，王某职企图通过变更合同的名称，绕过法律的强制性规定。（2）金湾区人民法院（2007）金民一初字第351号民事判决书及生效证明已经确认关某监系诉争房产的权属人。（3）关于王某职主张的关某监直接授权关某显出售房产的授权委托书，关某显在此前的庭审中已经明确陈述没有见过此授权委托书，同时关某监本人也未委托过关某显处理本案房产。（4）公安部门以及村集体组织是没有权限对房产的权属进行确认的，特别是已有生效法律文书明确房产权属的情况下。（5）关某监根本不知道张某桥已知涉案房产已出售，否则其不会出具公证委托文件让张某桥代其前往公安机关报警，关某监本人从来没有收到过所谓的房款。

张某桥辩称：潘某青于2012年10月29日转委托张某桥和罗某定与

买家商谈出售涉案房产的相关事宜。后因关某监与关某显是直接血脉关系，关某监也同意委托关某显出售涉案房产，张某桥即转委托关某显代关某监出售涉案房产。张某桥未参与签订房产买卖合同和见证交易现场。涉案房屋出售后，张某桥曾经告知关某监涉案房产已经出售。关某显强行砸锁后，张某桥电话告知过潘某青关某显强行砸锁，但潘某青未履行其义务。另外，张某桥于2013年1月22日所收取王某职给付的5万元，是张某桥协助王某职办理手续的酬劳，该款并未列入售房总价内，且张某桥此前已告知关某监此事。

潘某青辩称：一审法院已经查明潘某青以及王某职、关某显以及证人敖某互不相识。潘某青对于张某桥转授权关某显出售涉案房屋并不知情，从未追认，也不可能追认。

关某显经本院合法传唤，未提交书面答辩状，亦未参加法庭调查。

二审中，双方均未向本院提交新的证据材料。

经审查，一审法院查明事实清楚，本院对此予以确认。

二审审理过程中，王某职申请证人敖某、黄某、林某出庭作证。敖某陈述，关某显在其与王某职办理涉案房产的交易时，提供了三份授权委托书，其中一份为授权关某显买卖房产的授权委托书，一份为关某监授权张某桥买卖房产的授权委托书，还有一份为张某桥委托关某显买卖房产的授权委托书。黄某陈述，关某显在其与王某职办理涉案房产的交易时拿出过四份授权委托书和一份判决书，但黄某当时未看到授权委托书的具体内容。林某陈述，关某显在其与王某职办理涉案房产的交易时，提供了四份授权委托书。其中一份为关某监授权潘某青买卖房产的授权委托书，一份为潘某青授权张某桥买卖房产的授权委托书，一份为张某桥授权关某显买卖房产的授权委托书，一份为关某监授权关某显买卖房产的授权委托书。

本院认为，关某监系美国华侨，本案为涉美房屋买卖合同纠纷，应参照我国有关涉外民事关系法律适用的相关规定选择解决本案争议的准据法。因本案涉案合同的标的房产位于广东省，根据《中华人民共和国涉外民事关系法律适用法》第四十一条之规定，一审法院适用中华人民共和国法律作为审理本案争议的准据法正确。

根据各方当事人在二审中的诉辩意见，本院评判如下：

关于涉案《房屋（权益）转让协议书》的性质及效力问题。王某职主张，涉案《房屋（权益）转让协议书》实际为转让房产权益的合同，而非买卖房产的合同，因此该协议合法有效。对此，本院认为：首先，根据《房屋（权益）转让协议书》第一条"甲方将甲方投资兴建的位于珠海市××水镇××村××路旁占地面积为200平方米，建筑面积为1438平方米的房屋（地上房屋所有权、使用权及土地使用权等所有权利）转让给丙方"之约定，该协议确为房屋买卖合同。其次，根据《关于加强土地管理、严禁炒卖土地通知》，"农民的住宅不得向城市居民出售，也不得批准城市居民在农民集体土地建住宅，有关部门不得违法为建造和购买的住宅发放土地使用证和房产证"。《关于深化改革严格土地管理的规定》，"改革和完善宅基地审批制度，加强农村宅基地管理，禁止城镇居民在农村购置宅基地"。《中华人民共和国土地管理法》第八条第二款，"农村和城市郊区的土地，除由法律规定属于国家所有的以外，属于农民集体所有；宅基地和自留地、自留山，属于农民集体所有"；第六十三条，"农民集体所有的土地使用权不得出让、转让或者出租用于非农业建设"。根据上述规定，国家禁止涉案农村房屋出售给城镇居民，故《房屋（权益）转让协议书》因违反法律的禁止性规定而归于无效。王某职所提该项上诉理由不成立，本院不予支持。

关于关某监是否有权要求王某职返还房屋问题。王某职主张，关某监并非本案讼争房屋的所有权人或使用权人，王某职受让房产权益已取得公安机关及案涉房产所在地村集体组织的认可。对此，本院认为，关某监对涉案房屋所享有的权益已经生效的金湾区人民法院（2007）金民一初字第351号民事判决书所确认。如上文所述，《房屋（权益）转让协议书》因违反法律的禁止性规定而归于无效，故王某职不能受让关某监对涉案房屋所享有的权益。此外，珠海市南水镇金龙经济联合社非有权的房产登记机关，其所出具的证明不能作为认定房屋权属的依据。公安机关亦未对涉案房屋的权属作出任何认定。因此，一审法院判决A公司、王某职将涉案房屋返还给关某监并无不当，王某职所提该项上诉理由不成立，本院不予支持。

关于王某职能否善意取得涉案房屋的问题。王某职主张其基于信赖关某显有转让房产权益的授权，且已支付合理对价，应善意取得涉案房产。对此,本院认为,根据《中华人民共和国物权法》第九条、第一百零六条的规定,善意取得不动产物权需以依法进行登记为前提,而涉案房产为国家的相关政策和法律明文禁止交易过户的房产,王某职并未亦不能进行物权登记,故王某职所提该项上诉理由无事实和法律依据,本院不予支持。

关于诉讼时效问题。王某职主张关某监未在诉讼时效内提起撤销之诉,明显已超出撤销权的行使期限。对此,本院认为:根据关某监的诉请来看,本案不属于撤销权之诉,《房屋(权益)转让协议书》因违反法律的禁止性规定而归于无效,当事人之间自始不存在债权请求权,故本案不适用行使撤销权期限的相关规定。故王某职所提该项上诉理由无事实和法律依据,本院不予支持。

关于案涉《房产(权益)转让协议书》无效的法律后果问题。王某职主张,即使认定《房产(权益)转让协议书》无效,应当以互不返还作为一般的处理原则,维持涉案房产的交易现状,且一审法院判决赔偿关某监的损失有误。对此,本院认为,根据《中华人民共和国合同法》第五十八条的规定,合同无效的,因该合同取得的财产,应当予以返还。根据现有证据,涉案房屋为关某监所有,一审法院判决王某职予以返还并无不当,且综合考虑修建房屋出资、改造加建及租金标准等因素酌定以每月1万元的标准计算租金损失给关某监并无不当,故王某职所提该项上诉理由无事实和法律依据,本院不予支持。

综上所述,一审法院认定事实清楚,适用法律正确,本院予以维持。王某职的上诉请求理据不足,本院予以驳回。依照《中华人民共和国民事诉讼法》第一百七十条第一款第(一)项的规定,判决如下:

驳回上诉,维持原判。

二审案件受理费15655元,由王某职负担。

本判决为终审判决。

审判长 郑伟民
审判员 管文超
审判员 汪栋
二〇一九年七月二十二日
书记员 吴馥楠

二 林某旭与武夷山市A房地产有限公司房屋买卖合同纠纷

福建省南平市中级人民法院
民事判决书

（2016）闽07民终1037号

上诉人（原审原告、反诉被告）：林某旭，男，1985年12月3日出生，澳大利亚公民。

委托诉讼代理人：林放鸣，福建理则达律师事务所律师。

上诉人（原审被告、反诉原告）：武夷山市A房地产有限公司。住所地：中华人民共和国福建省武夷山市××路×号。

法定代表人：柴某达，董事长。

上诉人（原审第三人）：××银行股份有限公司××分行。住所地：中华人民共和国福建省福州市××区××路××号××花园××楼××商场东面1—6层。

代表人：唐某文，行长。

委托诉讼代理人：卢海风，北京大成（福州）律师事务所律师。

委托诉讼代理人：颜宗冷，北京大成（福州）律师事务所律师。

上诉人林某旭、武夷山市A房地产有限公司（以下简称武夷山A公司）、××银行股份有限公司××分行（以下简称××银行）因房屋买卖合同纠纷一案，不服中华人民共和国福建省武夷山市人民法院（2016）闽0782民初第59号民事判决，向本院提起上诉。本院依法组成合议庭，公开开庭审理了本案。上诉人林某旭的委托诉讼代理人林放鸣、上诉人武夷山A公司的法定代表人柴某达、上诉人××银行的委托诉讼代理人卢海风到庭参加诉讼。本案现已审理终结。

上诉人林某旭一审诉讼请求：（1）武夷山A公司协助林某旭办理坐落于武夷山市××路×号（××小区）2幢15号店面产权过户登记手续；（2）武夷山A公司赔偿林某旭自2007年8月31日讼争房产被抵押贷款之日起，按讼争房产的市场价值［每平方米人民币（币种下同）20230元，即为1257092.2元］及中国人民银行同期贷款利率的标准计算赔偿金至讼争房产权证办理至林某旭名下止；（3）武夷山A公司与××银行关于讼争房产的抵押约定无效，武夷山A公司与××银行协助撤销讼争房产的抵押登记。

上诉人武夷山A公司一审反诉请求：（1）确认武夷山A公司与林某旭于2007年5月10日签订的《商品房买卖合同》无效；（2）林某旭将其依据上述《商品房买卖合同》，从2007年5月10日起占有使用至今的讼争房屋退还给武夷山A公司；（3）武夷山A公司自愿依法向林某旭退还其购买讼争房屋的购房款310700元；（4）林某旭向武夷山A公司支付占有讼争房屋的使用费［从2007年5月10日起，按林某旭出租讼争房屋的租金计算（暂定160000元），直至林某旭将讼争房屋交还给武夷山A公司为止］。

一审法院查明：2007年5月10日，林某旭与武夷山A公司签订了《商品房买卖合同》，商品房为位于武夷山市××路×号××小区2幢15号店面房。林某旭当日支付了310700元全部购房款。武夷山A公司交付了该店面房。林某旭以出租的方式占有使用该店面房至今。

武夷山A公司于2007年4月将讼争房屋分割办证到该公司名下，办理了20072169号房屋所有权证和20072168号国有土地使用权证。自2007年8月起，武夷山A公司先后与多家金融机构办理了该房屋的抵押贷款登记。最后与××银行签订了恒银（榕）个最高抵字（2015）年第（0066）号《个人借款最高额抵押合同》，于2015年12月16日向××银行办理了包括该房屋的最高额抵押登记，他项权证号为房他字第2015037302。武夷山A公司提供给××银行关于抵押物的租赁合同及承租人声明是错误的、虚假的。

《商品房买卖合同》是由林某旭的外婆与武夷山A公司签署，林某旭的外婆将林某旭护照的复印件交给了武夷山A公司，合同上的文字是武夷山A公司的职员填写，合同的证照类型中勾了身份证一栏，但是号码是林某旭旧的护照的号码5162196，地址填写了澳大利亚。约定合同签订15个月后为林某旭办理房产证、土地证，所需费用由林某旭负责。合同签订后，林某旭曾多次要求武夷山A公司办理过户手续，但是武夷山A公司都以电脑未录入系统无法办证为由，未为其办理。后因双方纠纷没有解决，林某旭诉至一审法院。

一审法院另查明，林某旭在武夷山市火车站站前大道购买的房屋已经办理相关过户登记手续。在武夷山市，2014年境外人员购买商品房36

套,其中居住用房 27 套;2015 年为 29 套商品房,其中居住用房 4 套。在办理登记手续时,境外人员购房登记,除身份证明以外,其他材料与境内一致。

一审法院认为:本案第一个焦点问题是《商品房买卖合同》是否无效。因该合同系合同双方真实意思表示,虽然与六部委规定的意见通知不符,但六部委的相关规定不是法律法规,甚至不是严格意义上的规章,不能适用合同法第五十二条第五项"违反法律、行政法规的强制性规定"而认定无效。武夷山 A 公司和××银行还主张该合同以合法形式掩盖非法目的,但以合法形式掩盖非法目的特征是其虚假性、伪装性,本案中不存在这种情况,故对武夷山 A 公司及××银行的该主张不予采纳。因此,本案不存在以合法形式掩盖非法目的以及违反法律、法规强制性规定情况,涉案商品房买卖合同不属无效合同。据此,对武夷山 A 公司的确认购房合同无效、返还店面、退还购房款、支付使用费的全部反诉请求,应不予支持。

本案第二个焦点问题为××银行是否善意取得抵押权。一审法院认为,武夷山 A 公司与林某旭签订商品房买卖合同,收取了全部购房款,交付讼争店面给林某旭后,又将该房屋过户登记在自己名下,并用于抵押贷款,办理了抵押登记,显然违反诚实信用原则,属于严重的违约行为。武夷山 A 公司在商品房买卖合同的约束力下,无权将讼争店面过户在自己名下。××银行在办理贷款抵押手续时,没有按照银监会《个人贷款管理暂行办法》第十三条、第十四条、第十五条的规定,对抵押物进行谨慎的审查,没有发现该店面已由林某旭购买、占有、使用、出租给他人的情况,没有发现武夷山 A 公司提供虚假的租赁合同及承租人声明,违反了金融机构贷款应遵循的谨慎审查的规则,如果××银行有按照银监会《个人贷款管理暂行办法》第十三条、第十四条、第十五条的规定,对抵押物进行谨慎的审查,就应当发现讼争店面可能存在的抵押权实现障碍。××银行显然存在着重大过失,不符合《物权法》第一百零六条关于善意取得的规定。因此,不能认定其为善意取得讼争店面的抵押权。

对林某旭要求确认××银行抵押权不能对抗林某旭,并要求确认武夷山 A 公司与××银行关于抵押权的约定无效及撤销××银行抵押权的诉请，一审法院认为，《最高人民法院关于建设工程价款优先受偿权问题的批复》第一款规定建设工程价款优先受偿权优先于抵押权和其他债权，第二款规定建设工程价款优先受偿权不能对抗支付了全部或者大部分购房款的消费者，本案中林某旭作为消费者已支付了全部购房款，且××银行有重大过失，不是善意取得讼争店面的抵押权，因此可以认定××银行的抵押权不能对抗林某旭。对林某旭要求确认××银行抵押权不能对抗林某旭的诉请，应予以支持。对林某旭要求确认武夷山A公司与××银行关于抵押权的约定无效及撤销××银行抵押权的诉请，一审法院认为，虽然武夷山A公司违反诚实信用原则，有严重违约行为，但其仍有物权，不能认定其无权处分讼争店面。××银行有重大过失，但并非在无权处分下取得抵押权，故林某旭该诉请没有法律依据，应不予支持。

本案第三个焦点问题是，武夷山A公司对林某旭是否要赔偿，对林某旭要求武夷山A公司按讼争房屋价值及按中国人民银行同期贷款利率的标准计算支付赔偿金的诉请，从武夷山A公司提供的合同文本可以认定，双方约定的办证期限为合同签订之日起十五个月后即2008年8月11日后，但武夷山A公司并没有去履行该合同约定的义务，也未向林某旭方说明不履行的原因，而是谎称电脑录入的原因，将该房屋过户登记在自己名下，并用于抵押贷款，办理了抵押登记手续，显然违反诚实信用的原则，属于严重的违约行为。武夷山A公司存在恶意欺诈的行为，应赔偿林某旭。根据《最高人民法院关于审理商品房买卖合同纠纷案件适用法律若干问题的解释》第十八条的规定，违约之日应从2008年8月11日起计算，按照已付购房款总额，参照中国人民银行规定的金融机构计收逾期贷款利息的标准计算。具体计算方式为，以310700元为本金，从2008年8月11日起按中国人民银行规定的同期金融机构计收逾期贷款利息标准，计算至判决生效之日止。

本案第四个焦点问题是，对林某旭要求武夷山A公司协助办理过户手续的诉请，应否支持。一审法院认为，涉案商品房买卖合同有效，合同双方应按约定全面履行各自义务。虽然2006年7月24日建设部、商务部、发改委、人民银行、工商总局、外汇局《关于规范房地产市场外资准入和管理的意见》及2015年《关于调整房地产市场外资准入和管理有关政策的通知》，对外国人购房有限制性条件，林某旭没有举证其满足这些限制条件。但是,林某旭在武夷山市火车站站前大道购买的房屋已经办理相关过户登记手续。外资准入在我国处于逐渐放宽趋势,房地产的政策可能随时间的推移有所变化,没有证据表明,武夷山市有实施对外国人的限购政策。办理过户登记是行政行为,是否办理由登记部门依法决定,登记机关应执行上级机关的政策、意见。而本案只解决合同双方在办理过户登记上的民事权利义务问题,即武夷山 A 公司是否要协助林某旭办理过户登记手续问题。故对林某旭的该诉请,应予支持,过户登记所需费用由林某旭负担。

综上所述,一审法院依照《中华人民共和国合同法》第五十一条,第五十二条第(三)项、第(五)项,第六十条,《中华人民共和国物权法》第一百零六条,《最高人民法院关于审理商品房买卖合同纠纷案件适用法律若干问题的解释》第十八条,《最高人民法院关于建设工程价款优先受偿权问题的批复》第一款和第二款的规定,判决:一、武夷山 A 公司应于判决生效起十五日内协助林某旭办理位于××小区 2 栋 15 号店面房屋所有权证和土地使用权证过户登记手续,是否登记,由登记机关依法决定;二、确认××银行对××小区 2 栋 15 号店面的抵押权不能对抗林某旭;三、武夷山 A 公司应于判决生效之日起十五日内支付林某旭赔偿款(数额的计算方式为:以 307100 元为本金,从 2008 年 8 月 11 日起按中国人民银行规定的同期金融机构计收逾期贷款利息计算至判决生效之日止);四、驳回林某旭的其他诉讼请求;五、驳回武夷山 A 公司的反诉请求。本诉案件受理费 5961 元,减半收取计 2980.5 元,由武夷山 A 公司负担;反诉案件受理费 4148 元,减半收取计 2074 元,由武夷山 A 公司负担。

林某旭上诉称,武夷山 A 公司将已经出售给林某旭的房产用于抵押贷款,主观上存在过错;××银行作为专业金融机构,未尽到谨慎审查的义务,明知所抵押的房产是林某旭所有,主观上非善意,对讼争房产的抵押依法应属无效。且一审既判决讼争房产的抵押权不能对抗林某旭,又驳回林某旭提出的讼争房产抵押合同无效的诉讼请求,互相矛盾,将导致判决无法执行。请求撤销一审判决第四项,改判确认武夷山 A 公司与××银行签订的《个人借款最高额抵押合同》中,关于讼争房产部分的抵押合同无效,武夷山 A 公司与××银行协助撤销对讼争房产的抵押登记。

武夷山 A 公司辩称:其自 2007 年与林某旭的中间人签订商品房买卖

合同至今，始终未见到过林某旭本人，林某旭明知在中国境内购买经营性用房的限制政策，仍想通过诉讼达到过户讼争房产的目的，其本案诉讼请求依法应予驳回。

××银行述称：其是善意取得讼争房产的抵押权，其与武夷山 A 公司关于讼争房产的抵押合同系有效合同，林某旭的上诉请求依法应予驳回。

武夷山 A 公司上诉称：（1）本案诉讼中，武夷山 A 公司要求林某旭的代理人出示林某旭的护照原件，但其仅能提供复印件，不符合民诉法解释的相关规定，故对林某旭及其代理人的身份提出异议；武夷山 A 公司自签订本案商品房买卖合同时起，从未见到过林某旭本人，本案商品房买卖合同属虚假合同。（2）本案商品房买卖合同属无效合同。林某旭的中间人与武夷山 A 公司签订合同时，故意隐瞒了林某旭是澳大利亚籍公民的真实身份。国家相关部委制定的《关于进一步规范境外机构和个人购房管理的通知》中规定，境外个人在境内只能购买一套用于自住的住房。本案中，林某旭购买的是营业性商品房，其购房行为不符合政策规定。我国民法通则规定，民事活动必须遵守法律，法律没有规定的，应当遵守国家政策。一审判决未适用政策的规定，认定本案商品房买卖合同有效，适用法律错误。（3）一审判决对讼争房产是否过户登记，由登记机关依法决定是错误的。（4）武夷山 A 公司不存在违约的事实。讼争房产早已交付给林某旭的中间人，并开具销售不动产统一发票，此时林某旭的中间人虽要求房产过户，武夷山 A 公司要求其提供居民身份证和中国护照复印件，但其无法提供。房产未过户给林某旭之前，其只有使用权，武夷山 A 公司仍然是房产所有权人，有权将该房产抵押，且由于国家政策的限制，武夷山 A 公司亦无法将房产过户给林某旭。请求撤销一审判决，改判驳回林某旭的诉讼请求，支持武夷山 A 公司的反诉请求。

林某旭辩称：就本案诉讼，林某旭已对身份及代理事项作了公证，不存在虚假的问题；本案商品房买卖合同系武夷山 A 公司的工作人员填写，该合同中林某旭身份信息栏明确注明了林某旭的旧护照号码，亦不存在虚假合同问题。林某旭多次到武夷山（市）要求武夷山 A 公司办理产权过户登记，但该公司始终不予配合。国家部委关于外国人购房的政策指导性意见并不等同于法律，武夷山市当地亦无限购政策，一审判决武夷山 A 公司协助林某旭办理讼争房产过户登记手续正确，请求驳回武夷山 A 公司的上诉。

××银行述称：同意武夷山 A 公司的上诉请求及理由。

××银行上诉称：武夷山 A 公司将讼争房产出售给林某旭，但未办理产权过户登记手续，林某旭只享有对武夷山 A 公司的债权，不享有讼争房产的物权。武夷山 A 公司将讼争房产抵押给××银行，并办理了抵押登记手续，××银行主观上不存在过错，依法取得对讼争房产的抵押权，林某旭的权利不得对抗抵押权。在讼争房产的抵押登记未注销前，不得办理产权过户登记手续。请求撤销一审判决第二项，改判驳回林某旭对××银行提出的诉讼请求。

林某旭辩称：武夷山 A 公司伪造讼争房产的出租合同，用于办理该房产的抵押登记，××银行的武夷山分部就在讼争房产附近，知晓该房产系林某旭占有使用，××银行未尽审查义务，非善意取得讼争房产的抵押权。应认定关于讼争房产的抵押合同无效，××银行享有的抵押权不得对抗林某旭。请求驳回××银行的上诉请求。

武夷山 A 公司述称：其与××银行的抵押合同有效。

本院查明：

一审查明的事实，有相关证据予以佐证，双方当事人均未提出异议，本院对一审查明的事实予以确认。

武夷山 A 公司提出一审遗漏查明其与林某旭签订《商品房买卖合同》时，林某旭告知其系澳大利亚华侨，并非澳大利亚华人的事实。林某旭对武夷山 A 公司提出的该事实不予认可。本院认为，武夷山 A 公司并未提供证据证明其主张的事实，故对其提出的事实异议不予支持。

本院另查明：武夷山 A 公司就讼争房产开具了销售不动产统一发票，注明开票日期为 2010 年 10 月 11 日。关于林某旭本案诉讼请求，其中，其提出××银行的抵押权不得对抗林某旭的诉讼请求，已变更为请求确认武夷山 A 公司与××银行关于讼争房产的抵押约定无效，武夷山 A 公司与××银行协助撤销讼争房产的抵押登记。二审过程中，林某旭表示不愿意代为清偿债务以注销讼争房产的抵押登记。

本院认为：

本案系房屋买卖合同纠纷，林某旭系澳大利亚籍公民，本案属涉外民事案件。本案民事关系,因双方当事人没有选择适用的法律,根据《中华人民共和国涉外民事关系法律适用法》第四十一条的规定,应适用中华人民共和国法律。

武夷山 A 公司与林某旭签订本案《商品房买卖合同》前,讼争房产已竣工且产权已分割登记在武夷山 A 公司名下,故本案的案由应为房屋买卖合同纠纷,一审确定案由为商品房预售合同纠纷有误,本院予以纠正。根据当事人的诉辩,本案主要争议焦点即:一、武夷山 A 公司与林某旭签订的《商品房买卖合同》是否有效;二、武夷山 A 公司与××银行签订的《个人借款最高额抵押合同》中,关于讼争房产的抵押约定是否有效;三、林某旭提出将讼争房产过户登记至其名下的诉讼请求是否应予支持;四、武夷山 A 公司是否应赔偿林某旭的损失。对上述焦点问题,本院分析认定如下:

一、武夷山 A 公司与林某旭签订的《商品房买卖合同》是否有效。

武夷山 A 公司提出,林某旭在本案诉讼中,未出示护照原件,其与代理人的身份不符合法律规定,且自签订《商品房买卖合同》时起,从未见到过林某旭本人,该合同属虚假合同。本院经审查,林某旭本人就委托诉讼代理人代为提起和参加本案诉讼活动,至厦门市鹭江公证处办理了公证手续,林某旭的委托诉讼代理人参加本案诉讼,符合法律规定,能代表林某旭的真实意思表示。本案《商品房买卖合同》虽非林某旭本人签署,但合同的内容系武夷山 A 公司的工作人员填写,合同中××为林某旭,证照类型中勾写身份证一栏,填写的是林某旭澳大利亚的旧护照号码,地址亦填写澳大利亚,表明武夷山 A 公司对林某旭委托他人代签合同的事实是明知的。合同签订后,双方完成了支付购房款及交付房产的合同履行过程,现林某旭就该房产的过户事宜提起本案诉讼。上述事实足以证明本案《商品房买卖合同》系武夷山 A 公司与林某旭自愿订立,合同体现双方的真实意思表示且已实际履行,武夷山 A 公司提出林某旭及其代理人的身份不符合法律规定,本案《商品房买卖合同》系虚假合同的上诉理由不成立,本院不予支持。

关于本案《商品房买卖合同》的效力问题,根据《最高人民法院关于适用〈中华人民共和国合同法〉若干问题的解释(一)》第四条、《最高人民法院关于适用〈中华人民共和国合同法〉若干问题的解释(二)》

第十四条规定，确认合同无效，应当以法律及行政法规的效力性强制性规定为依据。《关于调整房地产市场外资准入和管理有关政策的通知》为国务院部门规范性文件，不属于法律及行政法规，该通知中关于外国人购房的有关规定属管理性规定。武夷山A公司提出林某旭系澳大利亚公民，其购房违反国家部委的相关政策，应认定本案《商品房买卖合同》无效的上诉理由不成立，本院不予支持。根据《中华人民共和国物权法》第十五条的规定，当事人之间订立有关设立、变更、转让和消灭不动产物权的合同，除法律另有规定或者合同另有约定外，自合同成立时生效；未办理物权登记的，不影响合同效力。本案《商品房买卖合同》系买卖双方转让讼争房产的合同，未违反法律及行政法规的效力性强制性规定，应当认定有效。一审判决驳回武夷山A公司的反诉请求正确，应予维持。

二、武夷山A公司与××银行签订的《个人借款最高额抵押合同》中，关于讼争房产的抵押约定是否有效。

本案《商品房买卖合同》签订后，讼争房产虽已交付，但产权仍然登记在武夷山A公司名下，武夷山A公司就该房产设定抵押权，用于担保案外人对××银行所负的债务，根据《中华人民共和国物权法》第十四条、第十五条的规定，该抵押权经过登记，已经发生法律效力。虽然《个人贷款管理暂行办法》规定，银行等金融机构在办理贷款担保等业务时，应遵守尽职调查等审慎经营原则，但该办法属行政管理性规定，银行违反规定所应承担的是行政管理责任，并不必然导致相关的贷款担保合同无效，且本案并无证据证明××银行与武夷山A公司之间系恶意串通就讼争房产设立抵押权。因此，应认定武夷山A公司与××银行签订的《个人借款最高额抵押合同》中，关于讼争房产的抵押约定有效。林某旭提出××银行作为专业金融机构，未尽到审查的义务，明知抵押的房产是林某旭所有，仍进行抵押登记，抵押合同应属无效的上诉理由依据不足，本院不予支持。一审判决驳回林某旭主张抵押合同无效的诉讼请求正确。但一审判决认定××银行享有的抵押权不得对抗林某旭，因林某旭的该项诉讼请求已经作出变更，且一审作出该项判决所依据的《最高人民法院关于建设工程价款优先受偿权问题的批复》的相关条款，并不适用于本案诉讼，故该项判决不当，依法应予撤销。

三、林某旭提出将讼争房产过户登记至其名下的诉讼请求是否应予支持。

因武夷山 A 公司与××银行签订的《个人借款最高额抵押合同》中，关于讼争房产的抵押约定有效，且已办理了抵押登记，目前该房产的抵押登记未注销，抵押权未消灭。根据《中华人民共和国物权法》第一百九十一条的规定，抵押期间，抵押人未经抵押权人同意，不得转让抵押财产，但受让人代为清偿债务消灭抵押权的除外。该规定属于管理性强制性规定，即未经抵押权人同意，抵押期间的房产不得办理过户登记手续。根据××银行本案的诉讼主张，其不同意讼争房产过户登记至林某旭名下，林某旭亦不愿意代偿抵押担保债务以注销该房产的抵押登记。因此，本案诉讼过程中，讼争房产无法办理过户登记，林某旭提出将讼争房产过户登记至其名下的诉讼请求，本院在本案诉讼中不予支持。

四、武夷山 A 公司是否应赔偿林某旭的损失。

武夷山 A 公司与林某旭签订的《商品房买卖合同》中明确约定，自合同签订之日起，15 个月后为林某旭办理房产证及土地证。该合同于 2007 年 5 月 10 日签订前，讼争房产既已登记在武夷山 A 公司名下，但武夷山 A 公司自 2007 年 8 月起，先后与多个银行金融机构办理抵押登记，将该房产用于抵押贷款。在本案中，武夷山 A 公司还提供关于讼争房产的虚假租赁合同，用于与××银行签订抵押贷款合同，并办理了抵押登记。武夷山 A 公司主张其要求林某旭提供办证所需相关证件，林某旭无法提供的上诉理由，并无事实依据；武夷山 A 公司还提出国家政策限制外国人在武夷山进行购房登记的上诉理由，但不能免除其依约应为林某旭办理房产过户登记的合同义务。武夷山 A 公司明知讼争房产已出售给林某旭并由林某旭占用，仍将该房产为其或为案外人的债务提供担保，并办理抵押登记的行为，严重违反诚信原则，该行为直接导致讼争房产目前无法过户登记至林某旭名下。因武夷山 A 公司将讼争房产用于抵押贷款，导致林某旭在合同约定的期限内无法取得房产证，武夷山 A 公司的行为构成违约，应承担相应的违约责任。由于本案《商品房买卖合同》未约定逾期办证违约金，林某旭亦未举证证明因武夷山 A 公司逾期办证给其造成的损失，一审参照《最高人民法院关于审理商品房买卖合同纠纷案件适用法律若干问题的解释》第十八条之规定，判决武夷山 A 公司应支付林某旭相应的赔偿款，具有事实和法律依据，该判决正确。

综上所述，××银行的上诉请求成立，本院予以支持；林某旭及武夷山 A 公司的上诉请求不成立，本院不予支持。林某旭提出武夷山 A 公司应协助办理讼争房产过户登记的诉讼请求，因该房产在本案诉讼过程中尚处于抵押登记状态，并不具备过户登记的条件，对该诉讼请求在本案诉讼中不予支持，待讼争房产解押或具备办理过户登记条件时，武夷山 A 公司即应协助林某旭办理过户登记手续。依照《中华人民共和国物权法》第十五条，第一百九十一条第二款，《中华人民共和国民事诉讼法》第一款第（一）项、第（二）项规定，判决如下：

一、维持武夷山市人民法院（2016）闽 0782 民初第 59 号民事判决第三项、第五项［武夷山市 A 房地产有限公司应于判决生效之日起十五日内支付林某旭赔偿款（数额的计算方式为：以 307100 元为本金，从 2008 年 8 月 11 日起按中国人民银行规定的同期金融机构计收逾期贷款利息计算至判决生效之日止）；驳回武夷山 A 公司的反诉请求］。

二、撤销武夷山市人民法院（2016）闽 0782 民初第 59 号民事判决第一项、第二项、第四项（武夷山 A 公司应于判决生效之日起十五日内协助林某旭办理位于××小区 2 栋 15 号店面房屋所有权证和土地使用权证过户登记手续，是否登记，由登记机关依法决定；确认××银行股份有限公司××分行对××小区 2 栋 15 号店面的抵押权不能对抗林某旭；驳回林某旭的其他诉讼请求）。

三、驳回林某旭的其他诉讼请求。

一审本诉案件受理费 5961 元，由林某旭负担 3000 元，由武夷山市 A 房地产有限公司负担 2961 元；财产保全费 2070 元，由武夷山市 A 房地产有限公司负担；反诉案件受理费 4148 元，减半收取计 2074 元，由武夷山市 A 房地产有限公司负担。二审案件受理费 8035 元，由林某旭负担 3000 元，由武夷山市 A 房地产有限公司负担 5035 元。

本判决为终审判决。

审判长　张聪荣
审判员　余观贵
代理审判员　余凌
二〇一七年五月十七日
书记员　卢娟娟

三 福建省交通运输厅与陈某光房屋租赁合同纠纷

福建省福州市鼓楼区人民法院

民事判决书

（2019）闽0102民初3658号

原告：福建省交通运输厅，住所地福建省福州市鼓楼区××路××号××综合大楼。

负责人：黄某谈，职务厅长。

委托诉讼代理人：李梦琳，上海建纬（福州）律师事务所律师。

被告：陈某光，女，1971年11月3日出生，汉族，住福建省福州市鼓楼区。

被告：陈某祥，男，1936年6月19日出生，汉族，住福建省福州市鼓楼区。

原告福建省交通运输厅与被告陈某光、陈某祥房屋租赁合同纠纷一案，本院于2019年2月1日立案后，原告福建省交通运输厅向本院申请撤回对被告陈某祥的起诉，本院予以准许。本院依法适用普通程序，公开开庭进行了审理。原告福建省交通运输厅之委托诉讼代理人李梦琳，被告陈某光到庭参加诉讼。本案现已审理终结。

福建省交通运输厅向本院提出诉讼请求：（1）确认福建省交通运输厅与陈某光之间的租赁合同关系于2017年12月9日解除；（2）判令陈某光腾退坐落于福州市鼓楼区的房屋；（3）判令陈某光按每月12元的标准支付自2017年1月1日起至实际腾退房屋之日止的占用费；（4）判令本案的诉讼费用由陈某光承担。事实和理由：坐落于福州市鼓楼区的房屋系交通运输厅单独所有，并出租给陈某光作为杂物间使用，双方未签订书面租赁合同。2017年，因政策原因，福建省交通运输厅决定收回该房屋，先后于2017年11月30日、2018年12月21日发函通知陈某光腾退房屋，但陈某光至今未将房屋腾空退还福建省交通运输厅。根据《中华人民共和国合同法》第二百一十五条、第二百三十二条之规定，因双方未签订书面租赁合同，属于不定期租赁合同关系，福建省交通运输厅有权随时解除与陈某光的租赁合同关系，收回租赁房屋。福建省交通运输厅已于2017年11月30日履行了通知义务，并给予陈某光7日的合理腾空期限，期限届满应认定双方租赁合同关系已依法解除。另外，陈某光还应自 2017 年 1 月 1 日起按 12 元/月的标准向福建省交通运输厅支付租金，并自租赁合同关系解除后，参照租金支付标准向福建省交通运输厅支付占用费至陈某光实际腾退房屋止。福建省交通运输厅为维护自身合法权益，特诉至法院，望判如所请。

陈某光辩称：1. 福建省交通运输厅诉称诉争房屋属其单独所有并出租给陈某光作为杂物间使用，双方未签订书面租赁合同，不符合事实。陈某光的母亲林某珍和其家族成员作为拆迁户与福建省交通运输厅签订了《安排住房协议书》，约定杂物间为林某珍及其直系亲属永久租用，这是一种拆迁安置补偿方式。作为主合同，该协议书在条款上多处写明即使不可抗拒的拆迁，福建省交通运输厅被他人接收等当时可能想到的各种情况，杂物间均应属于林某珍及其家族成员，其本意是杂物间为林某珍及其亲属永久使用。1981 年福建省交通运输厅派人上门动员金某妹（陈某光的外婆）、林某中（陈某光的舅舅）、林某华（陈某光的姨姨）、林某珍（陈某光的母亲）利用私房祖屋与其合建宿舍。祖屋就是现在的本市鼓楼区某房产。祖屋原有住宅面积 243 平方米，另有前后天井 187 平方米，户内有水井，总占地面积 0.32 亩。福建省交通运输厅与陈某光一方签订协议，双方明确必须在能够办理产权时陈某光一方要拥有房屋产权。在此基础上，双方于 1986 年签订《安排住房协议书》。其中第一条约定，"甲方（福建省交通运输厅）为乙方三户（金某妹和林某中、林某华、林某珍）各安排一间禾（火）间供永久租用"。陈某光的母亲林某珍就是乙方三户之一。福建省交通运输厅在协议中明确要安排一间柴禾（火）间供陈某光一方永久租用。该协议书第四条约定，"乙方所租用的以上住房，如遇甲方产权发生变化时，甲方应负责联系接收产权单位办理继续永久租用手续。如遇不可抗拒原因再拆建时，甲方应负责与征用方协商安排以上面积的住房"。以上协议内容均约定杂物间为林某珍及其直系亲属永久租用，这是一种拆迁安置补偿方式。在 20 世纪 80 年代初没有商品房概念的时候，协议中种种描述均是当时所能想到的对产权的描述，其本意都是认定杂物间由林某珍及其亲属永久使用。作为主合同，拆迁协议的效力大于租赁合同。福建省交通运输厅单方面要求法院判决双方租赁合同关系解除没有法律依据。2. 福建省交通运输厅诉请陈某光腾退诉争杂物间和支付占用费288元的理由不成立。80年代初期，福州市鼓楼区某房产在楼与楼之间建有杂物间。林某珍作为拆迁户，依据协议分得其中一间。90年代，福建省交通运输厅为建鼓楼区某房产，因楼间距不足，就将鼓楼区某房产住户的杂物间拆除了。陈某光一家的杂物间也在拆除之列。当时依据《安排住房协议书》，为了补偿拆除杂物间给住户造成的损失，将鼓楼区某房产改建成32间杂物间，重新分配给某房产住户使用。陈某光一家也分得一间，并使用至今。分得的杂物间是依据拆迁协议应分得的财产，是拆迁时依协议分得的杂物间被福建省交通运输厅再次拆除后，福建省交通运输厅依据协议所给的拆迁安置补偿。本次福建省交通运输厅要求收回杂物间属于侵犯私人权益，是违背协议的违法行为。租赁合同是普通法，拆迁补偿安置协议是优先法，具有优先权。特种债权是一种法定债权的优先权，具有排他性，不需要公示（即不需要不动产物权登记），是独立的民事权利，具有对抗第三人的效力。根据《最高人民法院关于审理商品买卖合同纠纷案件适用法律若干问题的解释》第七条，"拆迁人与被拆迁人按照所有权调换形式订立拆迁补偿安置协议，明确约定拆迁人以位置、用途特定的房屋对被拆迁人予以补偿安置，如果拆迁人将该补偿安置房屋另行出卖给第三人，被拆迁人请求优先取得补偿安置房屋的，应予支持。"陈某光依法据有特殊债权。基于特殊债权的排他性，拆迁人将拆迁安置房占为己有，侵犯了安置协议的被拆迁人基于特种债权的优先权，福建省交通运输厅提交的诉争房屋的不动产权证应予以撤销。另，陈某光并未收到所谓的发函通知。而且在陈某光提交的证据中有福建省交通运输厅后勤处陈某明的电话录音，在电话中其再三说明陈某光一方是拆迁户，福建省交通运输厅不会拿走杂物间。为此陈某光均认为本案纠纷不关己事，对于函件通知也就不关心不知晓。3.福建省交通运输厅提供的诉争房屋的房产权证不合法，不能证明其主张。（1）诉争房屋早就被当作杂物间使用多年。将性质为杂物间的房屋申请为住宅，并办理房产证，这就是违法行为。诉争杂物间建在一楼公共用地，是依托鼓楼区某房产突出的阳台下建的杂物间。杂物间屋顶为二楼的阳台，它不属于鼓楼区某房产任何一个单元。福建省交通运输厅自行强拆鼓楼区某房产，属于对建筑物及其附属设施的改建和重建。没有业主们的同意，此行为是违法的。因此福建省交通运输厅以自己拥有产权证为由,起诉陈某光占用诉争房屋不成立。依据2016年公布的《不动产登记暂行条例实施细则》第一百零四条规定:"当事人采用提供虚假材料等欺骗手段申请登记构成违反治安管理行为的,依法给予治安管理处罚;给他人造成损失的,依法承担赔偿责任;构成犯罪的,依法追究刑事责任。"(2)根据1986年福建省交通运输厅与陈某光一方签订的《安排住房协议书》第三条规定:"今后国家如按政策规定实行住房让售给住户,应根据省府机关事务管理局的统一规定的让售价和参照福州市拆迁户的有关规定让售乙方以上面积的住房。如在此之前,乙方根据国家政策规定,华侨房屋征用后可以保留产权而要求办理产权,甲方要给予积极办理。"据此条款,福建省交通运输厅应为陈某光一方办理杂物间产权。当初没办产权,福建省交通运输厅的理由是杂物间无法办理产权。为弥补陈某光一方的损失,福建省交通运输厅不收租金,同意林某中、林某华、林某珍永久使用杂物间。(3)1998年福州房改初期,福建省交通运输厅已认识到,在为陈某光一方办理产权的过程中,用私房误套公房进行房改是错误的,严重影响到林某中、林某华、林某珍三家拆迁户的权益。因为私房误套房改房,使得三家不得已放弃了各自工作单位的福利分房,每家均损失一套住房。在此情况下,福建省交通运输厅开具了多份证明。证明中屡次明确承认了自己有义务为陈某光一方办理产权证,但由于福建省交通运输厅工作疏忽,未及时给予办理产权,从1986年拖延至省直机关房改政策实施后,才给予套用房改。陈某光一方曾强烈要求福建省交通运输厅弥补损失。依据1986年协议,三家人均不应该参加福建省交通运输厅房改,而是应该依据事实,作为私房共建的拆迁户办理私人产权。时任福建省人大常委会侨委会主任在1998年左右,先后5次前往福建省交通运输厅为此事协调。现在福建省交通运输厅已办下鼓楼区某房产各单元的产权证。而依据协议,在能办产权证时应该首先为陈某光一方的三家拆迁户办理产权证,而不是将产权登记至自己名下。福建省交通运输厅总务科长陈某明在电话中也说福建省交通运输厅承认陈某光一方享有的权益。但福建省交通运输厅一方面承认权益,另一方面却向法院提出诉讼。此事是福建省交通运输厅在可以办产权证时没有为陈某光一方办理产权登记,不执行协议。是福建省交通运输厅欠陈某光一方产权登记,而不是陈某光一方欠福建省交通运输厅杂物间。陈某光一方是侨户，相信政府，一直走行政渠道争取权益。陈某光一方相信福建省交通运输厅的一系列说法："不是我们不给你办产权证，是没办法办产权证"；"只要政策允许，一定积极给你们办理产权证"；"我们一定会办"；"这次你配合我杂物间，以后我另外安排一个给你"……就这样一直相信福建省交通运输厅，直到被告上法庭，使得抱着好意、合作、不知情的侨户受到欺负。福建省交通运输厅合作建房时各种欺骗和承诺，现在却翻脸不认人。本应该是理亏的福建省交通运输厅，反而起诉受欺负的小百姓。福建省交通运输厅决定收回鼓楼区某房产杂物间，其从未派出专人与住户就此事召开过协调会，更没有当面与住户进行政策说明，更是在住户多次信访投诉后，组织人员对杂物间进行强行焊死，在住户的强烈反对下才作罢。陈某光在收到法院传票时，才得知福建省交通运输厅已办理了杂物间产权登记。这已明显侵犯了陈某光一方的权益。综上，福建省交通运输厅所诉无事实与法律依据，请求法院驳回其全部诉讼请求。福建省交通运输厅应按协议补偿给陈某光一方一间有产权证的附属间。

当事人围绕诉讼请求依法提交了证据，本院组织当事人进行了证据交换和质证。对当事人无异议的证据，本院予以确认并在卷佐证。对有争议的证据及本案事实，本院经审理认定如下：

福建省交通运输厅系福州市鼓楼区房屋的所有权人。

1986年5月20日，福建省交通厅（后更名为福建省交通运输厅，作为甲方）与拆迁户金某妹其全权代表林某中（作为乙方）就拆迁后新住房安排问题签订《安排住房协议书》，约定甲方按原征地协议将鼓楼区某房产安排给乙方及其直系亲属居住，永久租用；根据乙方家庭协议具体安排为：金某妹、林某中住鼓楼区某房产，建筑面积97平方米，林某华一户住鼓楼区某房产，建筑面积97平方米，林某珍一户住鼓楼区某房产，建筑面积97平方米；1981年征地协议签订后，因搬迁和更改图纸等客观原因，经双方协商甲方将鼓楼区某房产建筑面积81平方米永久租给林某中全家及直系亲属居住；乙方租用以上住房，无论各户成员数目和建筑面积多少，在未移交房管部门管理之前，房租均按省事务管理局规定的"省直机关住宅收费标准"计算，由乙方各户按月交甲方，不得拖欠；甲方为乙方三户各安排一间柴禾（火）间供永久租用；今后国家如按政策实行住房让售给住户，应根据省（政）府机关事务管理局的统一规定的让售价和参照福州市拆迁户的有关规定让售乙方以上面积的住房；如在此之前，乙方根据国家政策规定，华侨房屋征用后可以保留产权而要求办理产权，甲方应给予积极办理；今后乙方所租用的以上住房，如遇甲方产权发生变化时，甲方应负责联系接收产权单位办理继续永久租用手续；如遇不可抗拒原因再拆建时，甲方应负责与征用方协商安排以上面积的住房。

2003年10月，福建省交通运输厅将福州市鼓楼区的一部分（以下简称案涉房屋）交由陈某祥使用。2011年1月7日，福州市鼓楼区不动产权属登记为陈某光与林某珍、陈某祥、陈某峰按份共有，取得方式为买卖，上一道权利人为陈某祥。案涉房屋现由陈某光使用。审理中，陈某光陈述林某珍系其母亲，陈某祥系其父亲。

2017年11月30日，福建省交通运输厅发出通知，决定收回福州市鼓楼区附属间，2003年10月20日原福建省交通厅办公室总务科印发的《杂物间使用证》作废，并要求用户于7日内腾空退还房屋。审理中，陈某光否认收到该通知。

2018年12月，福建省交通运输厅委托上海建纬（福州）律师事务所律师向陈某光、林某珍、陈某祥、陈某峰寄送《律师函》，要求其在收到函件30日内腾退案涉房屋。2018年12月24日，包括陈某光在内的福州市鼓楼区业主向福建省交通运输厅办公室发函，确认收到上述律师函，并表示拒绝退出原本配套分配给职工使用的附属间。

本院认为，福建省交通运输厅与林某珍、林某华、金某妹、林某中三户于1986年5月20日签订的《安排住房协议书》系双方真实意思表示，不违反国家法律法规禁止性规定，合法有效。依法成立的合同，受法律保护，对双方当事人具有法律约束力，当事人均应依约履行自己的义务。根据该协议约定，福建省交通运输厅为林某珍一户安排一间柴禾间供其永久租用，现福建省交通运输厅未提交证据证明本案存在法定或约定解除合同的事由，故本院认定福建省交通运输厅于2017年11月30日、2018年12月21日发函通知陈某光等人腾退案涉房屋的行为不发生解除合同的法律效力。因此，福建省交通运输厅诉请确认其与陈某光之间的租赁合同关系于2017年12月9日解除并要求陈某光腾退坐落于福州市鼓楼区的房屋，无事实和法律依据，本院不予支持。同时，就福建省交通运输厅主张陈某光自2017年1月1日起按每月12元的标准支付占用费的诉讼请求，本院认为，其一，《中华人民共和国物权法》第九条规定，"不动产物权的设立、变更、转让和消灭，经依法登记，发生效力；未经登记，不发生效力，但法律另有规定的除外。"根据福建省交通运输厅提供的《不动产权证》可以证实福州市鼓楼区交通运输厅所有，现陈某光实际使用案涉房屋，依约应向福建省交通运输厅支付租金。其二，根据《中华人民共和国合同法》第六十二条的规定："当事人就有关合同内容约定不明确，依照本法第六十一条的规定仍不能确定的，适用下列规定：……（二）价款或者报酬不明确的，按照订立合同时履行地的市场价格履行；依法应当执行政府定价或者政府指导价的，按照规定履行。（三）……"福建省交通运输厅主张参照福建省机关事务管理局公布的公共租赁住房租金标准即每月12元计算租金，已臻合理，本院予以认可。陈某光应自2017年1月1日起按每月12元的标准支付租金。综上，依照《中华人民共和国物权法》第九条，《中华人民共和国合同法》第六条、第八条、第六十条、第六十二条、第九十四条、第九十六条规定，判决如下：

一、陈某光于本判决生效之日起十日内支付福建省交通运输厅租金（从2017年1月1日起按每月12元的标准计至本判决生效之日止）；

二、驳回福建省交通运输厅的其他诉讼请求。

如果未按本判决指定的期间履行给付金钱义务，应当按照《中华人民共和国民事诉讼法》第二百五十三条的规定，加倍支付迟延履行期间的债务利息。

案件受理费50元，由陈某光负担。

如不服本判决，可以在判决书送达之日起十五日内，向本院递交上诉状，并按对方当事人的人数提出副本，上诉于福建省福州市中级人民法院。

审判长林巧
人民陪审员杨金华
人民陪审员戴清
二〇一九年十一月八日
法官助理黄小燕
书记员黄萍

四 广饶县房产管理服务中心与孙某芳房屋租赁合同纠纷案

山东省广饶县人民法院
民事判决书

（2019）鲁 0523 民初 3733 号

原告：广饶县房产管理服务中心，住所地：广饶县城花苑路××。

法定代表人：刘某生，主任。

委托诉讼代理人：李某西，男，1983 年 5 月 8 日出生，汉族，广饶县房产管理服务中心职工。

委托诉讼代理人：吴某香，女，1967 年 10 月 10 日出生，汉族，广饶县房产管理服务中心职工。

被告：孙某芳，女，1951 年 12 月 25 日出生，汉族，现住广饶县。

原告广饶县房产管理服务中心诉被告孙某芳房屋租赁合同纠纷一案，本院于 2019 年 8 月 7 日立案后，依法适用简易程序，公开开庭进行了审理。原告广饶县房产管理服务中心委托诉讼代理人李某西、吴某香，被告孙某芳到庭参加诉讼。本案现已审理终结。

原告广饶县房产管理服务中心向本院提出诉讼请求：（1）判令被告腾空位于广饶县的房屋，将房屋交付原告；（2）判令被告支付上述房屋自 2014 年 1 月 1 日至退还原告之日按照广饶县人民政府《广饶县保障性住房有关政策标准通知》规定的标准计算的房屋占用费（至起诉之日为 10464 元）；（3）诉讼费由被告负担。事实与理由：被告与赵某玉系夫妻关系，2011 年 5 月，经赵某玉申请，原告将赵某玉和被告纳入实物配租廉租住房保障范围，原告与赵某玉签订廉租住房租赁协议，约定原告将坐落于广饶县的房屋出租给赵某玉和被告，租赁期限自 2011 年 6 月 1 日至 2011 年 12 月 31 日，租金按照《广饶县保障性住房有关政策标准通知》规定的标准计算。租赁合同到期后，赵某玉既未提出续租申请，也未腾空房屋。赵某玉 2017 年去世，之后，被告继续占用租赁房屋至今。被告的行为违反了《山东省廉租住房保障办法》的规定和租赁协议的约定。现依法起诉，望判若所请。

被告孙某芳辩称，被告与赵某玉系夫妻关系，赵某玉自 2013 年患病至 2017 年去世，医疗费支出较大。被告本人因患病需长期服药，每月收入仅有 400 元的抚恤金。被告与赵某玉的两个女儿均离异,家庭经济状况很差,并且仍在偿还因赵某玉患病所负债务。赵某玉父亲是归国华侨,被告作为华侨后代,在生活困难时,政府部门应给予救济。请求法院和政府对被告给予照顾。

本院经审理认定事实如下:被告与赵某玉系夫妻关系。2011 年 5 月,经赵某玉申请,原告将赵某玉和被告纳入实物配租廉租住房保障范围。2011 年 5 月 17 日,原告与赵某玉签订廉租住房租赁协议,约定原告将坐落于广饶县面积为 72.29 平方米的房屋出租给赵某玉,租赁期限自 2011 年 6 月 1 日至 2011 年 12 月 31 日,若下年度审验合格,合同延续,每个延续期为 1 年,租金标准为建筑面积在 50 平方米以内的为 1 元/平方米,保障对象中的城镇低收入家庭执行廉租住房租金标准,其他低收入家庭保障面积内部分按照廉租住房租金标准,保障面积外部分租金按 5 元/平方米,遇政府调整租金标准时,按新的标准计算,在租赁期间出现连续 6 个月以上不交纳租金的,原告有权解除合同,取消赵某玉租房资格。租赁协议签订后,被告和赵某玉进入上述房屋内居住。租赁合同到期后,赵某玉既未提出续租申请,也未腾空房屋,租金交至 2013 年 12 月 31 日。在赵某玉 2017 年去世后,被告继续在租赁房屋内居住至今。原告于 2019 年 4 月 25 日通知被告,在收到通知 7 日内支付租金,逾期不交,解除租赁协议,被告至今未交纳租金。

另查明,被告与赵某玉育有两女,长女赵某娜,次女赵某达,赵某娜和赵某达在本案审判期间向本院提交声明书,表示放弃对赵某玉财产的继承权。

以上事实,有原告提交的 2010 年度廉租住房实物配租资格审查表、广饶县廉租住房租赁协议、催缴租金通知、2011—2013 年租金票据、赵某玉及孙某芳户口本、身份证复印件、广饶县人民政府办公室关于公布 2018 年广饶县保障性住房有关政策标准的通知、房屋占用费用计算方法及原、被告的当庭陈述在案为凭,足以认定。

本院认为,本案属于房屋租赁合同纠纷。原告与赵某玉签订的廉租住房租赁协议,是各方当事人的真实意思表示,且不违反法律及行政法规的强制性规定,为有效合同,各方当事人均应按照合同的约定履行义务。案涉房屋由被告和赵某玉居住,赵某玉交纳房屋的租金至 2013 年 12

月31日，此后未再交纳。赵某玉2017年去世后，被告作为赵某玉的配偶和继承人继续在租赁房屋内居住，应交纳租金，原告要求被告支付租赁房屋自2014年1月1日至退还之日的房屋占用费的诉讼请求，本院予以支持。被告经原告催交仍拒不交纳房屋租金，其行为符合租赁协议约定的"连续6个月以上不交纳租金的"，原告可解除合同的情形，原告据此要求被告腾空租赁房屋，将房屋交付原告，符合法律规定和合同约定，本院予以支持。被告称其为华侨后代，经济困难，应给予救济，该主张应向相关部门提出，不属本院司法审查范围，且案涉房屋为廉租住房，原告将该房屋向赵某玉和被告出租并收取一定数额租金，本身具备救济补助性质，综上，被告该项主张本院不予审查确认。依照《中华人民共和国合同法》第六十条、第九十三条第二款、第一百零九条规定，判决如下：

一、被告孙某芳于本判决生效后十日内腾空位于广饶县的房屋，并将房屋交付原告广饶县房产管理服务中心；

二、被告孙某芳支付原告广饶县房产管理服务中心房屋占用费（自2014年1月1日至房屋退还原告之日，按照《广饶县人民政府办公室关于公布2018年广饶县保障性住房有关政策标准的通知》规定的标准计算，至2019年7月31日为10464元），于本判决生效后十日内一次性付清。

如果未按本判决指定的期间履行给付金钱义务，应当依照《中华人民共和国民事诉讼法》第二百五十三条之规定，加倍支付迟延履行期间的债务利息。

案件受理费162元，减半收取计81元，由被告孙某芳负担。

如不服本判决，可在判决书送达之日起十五日内，向本院递交上诉状，并按对方当事人的人数或代表人的人数提出副本，上诉于山东省东营市中级人民法院。

审判员　任柯浔
二〇一九年十月二十五日
书记员　滕海月

第三章

涉侨劳动纠纷

劳动纠纷案件在华侨、归侨、侨眷、港澳台同胞及其眷属权益保护中居于重要地位，《归侨侨眷权益保护法实施办法》第二十三条、第二十四条设置专门条款对涉及劳动纠纷的归侨、侨眷权益进行保护。作为劳动关系的其中一方，无论是劳动者还是用工方，侨主体对劳动纠纷中民事权益的保障需求日益增加。从司法案例来看，劳动者的诉求主要集中在索取劳动报酬、确认劳动关系、职业安定和社会保障等方面，用工方的异议则主要体现在对解雇保护过度、劳动者任意离职的不满等。双方产生争议的根源在于经济利益上的对立，侨主体作为特殊主体，劳动纠纷案件中涉及跨境劳务派遣、人事流动与离职进出境等与普通主体不同的劳动关系处理争议，往往会产生不一样的法律需求。

第一节 人事争议

人事争议是指国家机关、企事业单位的工作人员与所在单位因人事管理事项引发的争议，例如因聘用合同、工资待遇等问题引发的争议。为公正及时地处理人事争议，保护当事人的合法权益，根据《公务员法》《中国人民解放军文职人员条例》等有关法律法规，2011年8月15日，中共中央组织部、人事部、中国人民解放军总政治部联合印发《人事争议处理规定》。

《人事争议处理规定》第二条规定，本规定适用于下列人事争议：（一）实施公务员法的机关与聘任制公务员之间、参照《中华人民共和国公务员法》管理的机关（单位）与聘任工作人员之间因履行聘任合同发生的争议。（二）事业单位与工作人员之间因解除人事关系、履行聘用合同发生的争议。（三）社团组织与工作人员之间因解除人事关系、履行聘用合同发生的争议。（四）军队聘用单位与文职人员之间因履行聘用合同发生的争议。（五）依照法律、法规规定可以仲裁的其他人事争议。

一 典型案例
李某与××市城乡规划局人事争议案

（一）案件主要事实

原告李某1990年8月参加工作，2004年8月调入被告单位工作。原告以侨眷身份于2004年获香港永久居住权，2016年孩子大学结业，必须前往户籍所在地香港就业，为了照顾孩子原告于2016年11月7日向被告提出出境定居离职申请，同月17日被告同意原告离职，同年12月4日被告向人社局提出与原告解除合同并出具证明。2017年3月31日被告根据错误的工资总额计算并向原告发放离职费81754元，原告认为应当发放114762元，少发放33008元，但被告拒绝支付上述差额，为了追讨少发的33008元，原告无法按时出境，导致出境手续过期作废，给原告带来损失。

（二）本案争议焦点

原告认为被告于2017年1月开始停发原告工资违反法律规定，应当向原告补发2017年1月到5月的工资，并给予25%的额外赔偿。同时被告应当向原告支付出境旅费2400元。被告则认为原告不符合侨眷身份，只是港澳同胞眷属，且原告是主动辞职，不符合法律及相关政策规定的发放离职补偿费的条件，因此已经支付的离职补偿款应当返还。原告2016年11月7日提出辞职申请，被告同年11月24日已作出同意辞职决定，此后原告并未上班工作，原告要求被告支付经济补偿差额33008元及50%的额外经济补偿金，及2017年1月至5月的工资也没有法律依据。最后，被告还提出本案中的原告系自筹的事业编制，原告所主张的侨眷离职补偿是由行政机关根据相关政策规定而执行的，本案不属于法院民事审判的范围，而应当属于行政诉讼案件。

法院经审理认为：原、被告对于原告系港澳同胞眷属身份，2016年11月7日原告提出辞职申请，被告已经支付离职费81754元，原告在被告单位工作期间，被告为原告缴纳了社保的事实没有争议，法院予以确认。当事人有争议的事实为：（1）原告是否属于侨眷身份，根据原告提供的湖南省归侨侨眷华侨身份认定申请表，××市人民政府侨务办公室根据原告女儿的香港特别行政区居民身份认定原告为港澳同胞眷属而非侨眷。根据《湖南省实施〈中华人民共和国归侨侨眷权益保护法〉办法》第二条规定，归侨是指回国定居的华侨。华侨是指定居在国外的中国公民。侨眷是指华侨、归侨在国内的眷属。而原告未提供证据证明其女儿曾在国外定居，故原告不属于侨眷身份。（2）原告是否属于事业单位聘任制工作人员，被告提供的××市行政事业单位人员编制卡和解除聘用合同证明书可以证明，原告系事业单位签订聘用合同的聘任制工作人员。（3）原、被告解除聘用合同的时间，根据被告向本院提供的解除聘用合同证明书，原、被告解除聘用合同的时间为2016年12月13日。

综上所述，本案的争议焦点如下：（1）本案是否属于人事争议？（2）原告要求被告发放离职费能否得到支持？（3）原告要求被告支付2017年1月至5月的工资19935元及25%的补偿金能否得到支持？（4）原告要求被告在法定之日内为原告办理赴港手续的诉讼请求能否得到支持？

（三）裁判要旨

焦点1：本案属于人事争议。《人事争议处理规定》第二条规定，本规定适用于下列人事争议：事业单位与工作人员之间因解除人事关系、履行聘用合同发生的争议。本案中原告系事业单位工作人员，原、被告因解除人事关系、履行聘用合同发生争议，属于人事争议，本案案由也应相应的定为人事争议。

焦点2：原告要求被告发放离职费不能得到支持。原告根据《国务院侨务办公室、劳动人事部、财政部关于归侨、侨眷职工〈因私事出境的假期、工资等问题的规定〉》第六条"出境定居的待遇和旅费：（一）凡不符合国家规定的退休、退职条件的在职职工，获准出境定居的，可以发给一次性离职费"，第九条"港澳同胞眷属职工、外籍华人眷属职工以及国内其他职工因私事出境的待遇和手续，可以比照本规定办理"，要求被告发放一次性离职费。但《归侨侨眷权益保护法实施办法》第二十三条规定："不符合国家规定退休条件的归侨、侨眷职工获准出境定居的，按照国家有关规定办理辞职、解聘、终止劳动关系手续，按照国家有关规定享受一次性离职费及相关待遇，已经参加基本养老保险、基本医疗保险的，由社会保险经办机构按照国家有关规定一次性结清应归属其本人的费用，并终止其基本养老保险、基本医疗保险关系。"因被告已经为原告缴纳了社会保险，被告依法不再负有向原告支付一次性离职费的义务，故对原告的第一项诉求法院不予支持。

焦点3：原告要求被告支付2017年1月至5月的工资19935元及25%的补偿金不能得到支持。原告依据《归侨侨眷权益保护法实施办法》第二十四条规定："归侨、侨眷在获得前往国家（地区）的入境签证前，所在工作单位或者学校不得因其申请出境而对其免职、辞退、解除劳动关系、停发工资或者责令退学"，要求被告补发2017年1月至5月的工资，但本案因原告2016年11月7日申请辞职，原、被告2016年12月13日解除聘用合同，并非被告因原告申请出境而对其免职、辞退、解除劳动关系、停发工资，且原、被告已经于2016年12月13日解除聘用合同，解除聘用合同之后原告也未上班，原、被告之间的权利义务已经终止，故被告2017年1月开始停发工资符合法律规定，对原告的第二项诉讼请求法院不予支持。

焦点4：原告要求被告在法定之日内为原告办理赴港手续的诉讼请求不能得到支持。原告以被告不履行支付一次性离职费和出境差旅费导致其办理的赴港手续过期需要重新办理为由，要求被告为原告办理赴港手续，而被告并没有向原告支付一次性离职费的义务，且原告放弃了要求被告支付出境差旅费的诉求，故对原告的第五项诉求法院不予支持。

二　相关法律条文解读

（一）适用法律

（1）《人事争议处理规定》第二条：本规定适用于下列人事争议：（一）实施公务员法的机关与聘任制公务员之间、参照《中华人民共和国公务员法》管理的机关（单位）与聘任工作人员之间因履行聘任合同发生的争议。（二）事业单位与工作人员之间因解除人事关系、履行聘用合同发生的争议。（三）社团组织与工作人员之间因解除人事关系、履行聘用合同发生的争议。（四）军队聘用单位与文职人员之间因履行聘用合同发生的争议。（五）依照法律、法规规定可以仲裁的其他人事争议。

（2）《国务院侨务办公室、劳动人事部、财政部关于归侨、侨眷职工因私事出境的假期、工资等问题的规定》第六条第一款：出境定居的待遇和旅费：（一）凡不符合国家规定的退休、退职条件的在职职工，获准出境定居的，可以发给一次性离职费。

（3）《国务院侨务办公室、劳动人事部、财政部关于归侨、侨眷职工因私事出境的假期、工资等问题的规定》第九条：港澳同胞眷属职工、外籍华人眷属职工以及国内其他职工因私事出境的待遇和手续，可以比照本规定办理。

（4）《中华人民共和国归侨侨眷权益保护法实施办法》第二十三条第三款：不符合国家规定退休条件的归侨、侨眷职工获准出境定居的，按照国家有关规定办理辞职、解聘、终止劳动关系手续，按照国家有关规定享受一次性离职费及相关待遇，已经参加基本养老保险、基本医疗保险的，由社会保险经办机构按照国家有关规定一次性结清应归属其本人的费用，并终止其基本养老保险、基本医疗保险关系。归侨、侨眷获准出境定居，出境前依法参加前款规定以外的其他社会保险的，按照国家有关规定享受相应的社会保险待遇。

（5）《中华人民共和国归侨侨眷权益保护法实施办法》第二十四条：归侨、侨眷在获得前往国家（地区）的入境签证前，所在工作单位或者学校不得因其申请出境而对其免职、辞退、解除劳动关系、停发工资或者责令退学，并且不得收取保证金、抵押金。

（二）立法目的

《人事争议处理规定》第一条明确了适用人事争议的范围为解除人事关系、履行聘用合同发生的争议。与劳动关系不同，人事关系是国家人事行政管理机关对国家机关、事业单位以及工作人员之间存在的一种具有直接利害关系的行政法律关系。解决人事争议并不直接适用《中华人民共和国劳动法》或《中华人民共和国劳动合同法》，颁布专门处理人事争议的行政法规，完善人事争议纠纷解决措施确有必要。

《最高人民法院关于人民法院审理事业单位人事争议案件若干问题的规定》（法释〔2003〕13号）第一条规定："事业单位与其工作人员之间因辞职、辞退及履行聘用合同所发生的争议，适用《中华人民共和国劳动法》的规定处理。"这里"适用《中华人民共和国劳动法》的规定处理"是指人民法院审理事业单位人事争议案件的程序运用《中华人民共和国劳动法》的相关规定。人民法院对事业单位人事争议案件的实体处理应当适用人事方面的法律规定，但涉及事业单位工作人员劳动权利的内容在人事法律中没有规定的，适用《中华人民共和国劳动法》的有关规定。一言以蔽之，人事争议案件采用《劳动法》有关规定只存在两种情形，一是适用程序方面的规定，二是人事方面的法律法规没有规定。

（三）法理基础与学说争议

有学者认为，目前人事争议的受案范围较为狭窄，以事业单位人事争议案件为例，事业单位人事争议处理制度的基本宗旨是确保当事人能通过合理的救济途径来维护自己的权益。[①] 但目前事业单位人事争议仍局限于解除人事关系与履行聘用合同产生的纠纷，司法实践中，人事关系的双方在人事关系的建立、变更、解除、终止等方面均存在争议，一旦这些争议产生，其又不属于当前人事争议的受案范围，事业单位工作人员的合法权益必将遭到损害。

对于赖以建立人事关系的聘用合同，其性质与内涵也缺乏法律的明确规定，有的学者将其理解为行政合同[②]，而法院在审理人事争议时多依照民事法律规范来处理。

三　裁判启示

本案中侨主体的诉求主要在于离职费的发放与解除聘用合同后的工资结算以及25%的补偿金是否应当给予。涉及侨主体人事争议的同类案件中，侨主体作为劳动者的诉求也多集中于劳动报酬的给付、华侨回国后人事关系的确认等方面。关于劳动报酬的给付，《国务院侨务办公室、劳动人事部、财政部关于归侨、侨眷职工因私事出境的假期、工资等问题的规定》《中华人民共和国归侨侨眷权益保护法实施办法》等文件中均有所提及。人事关系的确认与案件事实息息相关，本案中劳动者与用工

---

① 张冬梅：《事业单位人事争议处理制度的检讨及法律完善》，《湖南社会科学》2015年第5期。

② 叶永阳：《公立中小学教师聘用合同的法律性质及其司法救济》，《复旦教育论坛》2017年第15期。

方对人事关系的存续期间并无异议，类似案件中却有以侨主体出国期间究竟属于解除人事关系还是停薪留职为争议焦点的情况。

将类似案件进行梳理归纳可以发现，无论是何种诉求，人事争议的核心纠纷总是源于双方经济利益对立产生的供需冲突，侨主体作为劳动者一方考虑的是工资、待遇、社会保险福利等，用工方考虑的却是人力成本、经济效益等因素。侨主体作为人事关系中弱势一方，完善有关规定保障其合法权益刻不容缓。

四 涉侨保护要点

人事争议案件中侨主体多为劳动者，与国家机关、事业单位相比属于弱势一方，由于侨主体的跨境特殊性，《归侨侨眷权益保护法实施办法》以及《国务院侨务办公室、劳动人事部、财政部关于归侨、侨眷职工因私事出境的假期、工资等问题的规定》等规定从工资薪金、离职费、补偿金、社会保险待遇等方面明确了侨主体因事出境的待遇和手续。各地也纷纷制定侨主体权益保护实施办法，完善有关规定，保障侨主体民事权益。

第二节 劳动争议

劳动争议是指劳动关系的当事人之间因执行劳动法律、法规和履行劳动合同而发生的纠纷，即劳动者与所在单位之间因劳动关系中的权利义务而发生的纠纷。劳动关系中产生的劳动争议多适用《劳动法》与《劳动合同法》的有关规定进行调整。为了保护劳动者的合法权益，调整劳动关系，建立和维护适应社会主义市场经济的劳动制度，促进经济发展和社会进步，根据宪法，制定《劳动法》。为了完善劳动合同制度，明确劳动合同双方当事人的权利和义务，保护劳动者的合法权益，构建和发展和谐稳定的劳动关系，制定《劳动合同法》。

根据劳动争议涉及的权利义务及其具体内容，可以将劳动争议分为以下几类：第一，因确认劳动关系发生的争议；第二，因订立、履行、变更、解除和终止劳动合同发生的争议；第三，因除名、辞退和辞职、离职发生的争议；第四，因工作时间、休息休假、社会保险、福利、培训以及劳动保护发生的争议；第五，因劳动报酬、工伤医疗费、经济补偿或者赔偿金等发生的争议；第六，法律、法规规定的其他劳动争议。

一　典型案例

案例一　林某增与厦门 A 金属制造有限公司劳动争议案

（一）案件主要事实

原告林某增是台湾地区居民，于 1996 年 4 月入职被告厦门 A 金属制造有限公司工作，职务为电镀厂厂长，被告未与原告签订书面劳动合同。2013 年 3 月 27 日 20 时 30 分许，原告在被告电镀厂电镀自动线调试生产时不慎掉入脱脂槽（热碱溶液），受工伤入院治疗，诊断为 73% 特重度烧伤Ⅱ－Ⅲ级，现仍在康复治疗。原告向被告申报工伤，被告却以双方不存在劳动关系为由拒绝原告的工伤申报。

（二）本案争议焦点

原告认为，自己已在被告处工作十几年，接受被告的管理，被告也按月向原告支付工资，原、被告之间形成合法有效的事实劳动关系。而被告则以原告是台湾地区居民，在大陆就业应依法办理就业证，但因原告自身原因和被告公司股权转让时的遗留问题，导致原告至今未取得就业证为由，认为原、被告之间不能成立劳动关系。

法院经审理查明：原告系台湾地区居民，在被告处工作，但未持有《台港澳人员就业证》。《华侨港澳台同胞临时住宿登记表》载明原告现住地址和接待单位均为被告，停留事由为就业，职业为电镀厂长。被告通过其银行账户和其法定代表人吴某伯银行账户按月向原告支付款项。原告的《个人收入明细申报查询表》载明被告从 2005 年 7 月起代扣代缴的原告个人所得税（工资薪金所得）。2013 年 3 月 27 日，原告在被告电镀厂电镀自动线调试生产时不慎掉入脱脂槽（热碱溶液），后被送往中国人民解放军第一七四医院治疗，诊断为：热液烧伤 73%，Ⅱ－Ⅲ级，全身多处（特重度烧伤）。后因与被告协商申报工伤事项未果，原告于 2013 年 10 月 11 日向集美劳动仲裁委申请劳动争议仲裁，请求确认双方存在劳动关系。2013 年 11 月 6 日，集美劳动仲裁委作出厦集劳仲案（2013）478 号裁决，驳回原告的请求。同年 6 月 26 日，厦门市集美区人力资源和社会保障局作出厦集人社监罚字（2013）第 001 号行政处罚决定书，以被告未为原告办理《台港澳人员就业证》为由，对被告处以罚款人民币1000元的行政处罚。

综上所述，本案的争议焦点为：原、被告之间是否形成劳动关系。

（三）裁判要旨

法院经审理认为，原告系台湾地区居民，本案系涉台案件，应参照涉外案件处理。本案被告住所地在福建省厦门市，且本案属厦门市中级人民法院指定由本院集中管辖的涉台案件，故法院对本案享有管辖权。根据我国《涉外民事关系法律适用法》第四十三条，"劳动合同，适用劳动者工作地法律；难以确定劳动者工作地的，适用用人单位主营业地法律"，本案应适用中华人民共和国法律。本案中，原告在被告处就业，但被告未根据《台湾香港澳门居民在内地就业管理规定》第四条第一款"台、港、澳人员在内地就业实行就业许可制度。用人单位拟聘雇或者接受被派遣台、港、澳人员的，应当为其申请办理《台港澳人员就业证》"之规定，为原告办理《台港澳人员就业证》，导致原、被告之间未能依法成立劳动关系，而仅能被认定为雇佣关系。因此，原告诉请判令确认双方于1996年4月至2013年3月存在劳动关系，于法无据，法院不予支持。最终法院判决驳回原告的诉讼请求。

案例二　宋某亮与B市粮食局劳动争议一审民事判决书

（一）案件主要事实

原告本人系朝鲜归国华侨，依据国务院华侨政策1980年8月12日被安置到原B县粮食局汽车队工作，并办理了全民固定工手续，至1985年1月汽车队解散分流到植物油厂。现原告接续养老保险，植物油厂（大北农饲料公司）由于档案保管不善将原告档案丢失，致使无法确认原告在汽车队期间的劳动关系。原告因此诉至法院，请法院依法判令原告与所属单位B县粮食局汽车队之间存在劳动关系。

（二）本案争议焦点

原告主张自己自1980年8月12日至1985年与原B县粮食局汽车队存在劳动关系。被告B市粮食局对此未作答辩。

法院审理查明，宋某亮为朝鲜归国华侨，1980年8月12日被分配到B县粮食局，在粮食局汽车队工作。宋某亮于2018年9月28日向B市劳动人事争议仲裁委员会申请仲裁，要求确认申请人自 1980 年 8 月至 1985 年 1 月与被申请人下属单位 B 县粮食局汽车队之间存在劳动关系。B 市劳动人事争议仲裁委员会于 2018 年 9 月 28 日作出舒劳人仲字〔2018〕第 132 号不予受理通知书。以上事实有宋某亮身份证复印件、固定工人调转介绍信存根、查档材料、B 市粮食局证明、工资审批表、仲裁申请书、不予受理通知书及原告陈述在卷为凭。

综上所述，本案的争议焦点为原、被告之间是否存在劳动关系。

（三）裁判要旨

法院认为，根据 B 市粮食局的证明可知，B 市粮食局认可宋某亮自 1980 年 8 月 12 日至 1985 年在原粮食局汽车队工作，因此法院对宋某亮主张的自 1980 年 8 月 12 日至 1985 年与原 B 县粮食局汽车队存在劳动关系的诉讼请求予以支持，宋某亮未提其在粮食局汽车队工作至 1985 年 1 月份的证据，故法院对该部分诉讼请求不予支持。综上，根据《中华人民共和国劳动合同法》第七条、《中华人民共和国民事诉讼法》第六十四条、第一百四十四条的规定，法院判决原告宋某亮与被告之间存在劳动关系。

二 相关条文解读

（一）适用法律

（1）《中华人民共和国涉外民事关系法律适用法》第四十三条：劳动合同，适用劳动者工作地法律；难以确定劳动者工作地的，适用用人单位主营业地法律。劳务派遣，可以适用劳务派出地法律。

（2）《台湾香港澳门居民在内地就业管理规定》第四条：台、港、澳人员在内地就业实行就业许可制度。用人单位拟聘雇或者接受被派遣台、港、澳人员的，应当为其申请办理《台港澳人员就业证》。①

（3）《最高人民法院关于审理劳动争议案件适用法律若干问题的解释（四）》第十四条第一款：外国人、无国籍人未依法取得就业证件即与中国境内的用人单位签订劳动合同，以及香港特别行政区、澳门特别行政

---

① 依据人力资源社会保障部《关于废止〈台湾香港澳门居民在内地就业管理规定〉的决定》，本条已失效。

区和台湾地区居民未依法取得就业证件即与内地用人单位签订劳动合同，当事人请求确认与用人单位存在劳动关系的，人民法院不予支持。①

（4）《劳动合同法》第七条：用人单位自用工之日起即与劳动者建立劳动关系。用人单位应当建立职工名册备查。

（二）废立原因

为维护台湾居民、香港和澳门居民中的中国公民在内地就业的合法权益，加强内地用人单位聘雇台、港、澳人员的管理，根据《劳动法》和有关法律、行政法规，劳动和社会保障部于 2005 年制定《台湾香港澳门居民在内地就业管理规定》。2018 年，根据《国务院关于取消一批行政许可等事项的决定》（国发〔2018〕28 号）中取消台港澳人员在内地就业许可的精神，为进一步便利香港澳门台湾居民在内地（大陆）工作生活，促进交往交流，人力资源社会保障部决定，对《台湾香港澳门居民在内地就业管理规定》（劳动和社会保障部令第 26 号）予以废止。2020 年 12 月 23 日最高人民法院审判委员会会议通过《最高人民法院关于废止部分司法解释及相关规范性文件的决定》，决定废止《最高人民法院关于审理劳动争议案件适用法律若干问题的解释（四）》。

党的十九大报告明确要求，要逐步为台湾同胞在大陆学习、创业、就业、生活提供与大陆同胞同等的待遇。为贯彻落实党中央、国务院的要求，维护港、澳、台同胞的合法权益，促进其在内地的工作、学习、生活，2018 年 8 月 23 日，人社部颁布《关于废止〈台湾香港澳门居民在内地就业管理规定〉的决定》，决定自发布之日起对《台湾香港澳门居民在内地就业管理规定》予以废止。同时，同步印发《关于香港澳门台湾居民在内地就业有关事项的通知》，明确台港澳人员在内地（大陆）就业不再需要办理《台港澳人员就业证》，并对取消许可后台港澳人员在内地（大陆）就业的有关事项作出规定。这一规定对保障港澳台同胞在内地享有平等就业的权利具有重要意义。

（三）法理基础与学说争议

确认劳动关系引发的争议在所有的劳动纠纷案件中的比重位居前列，确认劳动关系争议不仅数量较多，对于劳动者权益的保护也具有十分重

---

① 依据《最高人民法院关于废止部分司法解释及相关规范性文件的决定》，本条已失效。

要的意义，确认双方具有劳动关系往往是劳动者维权的基础。

在《台湾香港澳门居民在内地就业管理规定》废止前，确认劳动关系对于在内地工作的港澳台同胞来说存在一定的风险。其规定港澳台同胞在内地就业实行就业许可制度，用人单位拟聘雇或者接受被派遣台、港、澳人员的，应当为其申请办理《台港澳人员就业证》，只有办理了就业证的港澳台居民在内地就业才受法律保护，这一规定显然与平等保护港澳台同胞的宗旨不符。

港澳台同胞及其眷属作为特殊的劳动关系主体，维护其合法权益应注意平等保护原则。香港和澳门早已回归我国《宪法》也规定，台湾是中华人民共和国神圣领土的一部分，党的十九大报告也明确指出，要为港澳台同胞在内地就业提供同等待遇。取消港澳台人员就业许可制度后，在审理港澳台居民与用人单位确立劳动关系的案件时，法院不能再以未办理就业许可证为由认定港澳台居民与用人单位之间不存在劳动关系。

对于取消就业许可制度后涉及港澳台居民劳动争议案件的裁判，有学者提出几点建议：首先，是劳动关系起算时间点的确认，不再以未取得就业许可证或就业许可证过期未续为由认定劳动关系不存在的起算时间点应为 2018 年 7 月 28 日，即为国务院作出《关于取消一批行政许可等事项的决定》的日期，此后，未依法取得就业证件即与内地用人单位签订劳动合同，当事人请求确认与用人单位存在劳动关系的，人民法院不应以未取得就业许可证为由不予支持。其次，关于是否追溯认定劳动关系的成立时间，存在两种方案①：一是除了未办理就业许可证外其余均符合劳动关系成立条件的，劳动关系的成立时间可追溯至用工之日。二是以 2018 年 7 月 28 日为分界点，在此之前未取得就业许可证的港澳台居民，仍认定为不成立劳动关系。无论采取何种方案，法官在司法实践中都应兼顾保障港澳台居民就业权与维护社会稳定。

三 裁判启示

本节所列举的两个案例均是侨主体请求确认劳动关系产生的纠纷，

---

① 王倩：《取消就业许可制度后涉港澳台居民劳动争议案件裁判规则统一问题探析》，《法律适用》2021 年第 2 期。

经过对侨主体劳动争议案件进行检索后发现，其中常见的纠纷类型还包括由劳务派遣引起的纠纷、违法解除劳动关系引起的纠纷等。在劳动争议案件中，侨主体作为劳动者的核心诉求在于确认用工期间存在合法有效的劳动关系，从而主张福利待遇或损害赔偿。以港澳台同胞在内地就业为例，人社部印发《关于香港澳门台湾居民在内地就业有关事项的通知》，保障港澳台同胞在内地享有平等的就业权，其他侨主体劳动争议中合法权益的保障还可以借助《劳动法》与《劳动合同法》的有关规定。

在劳动争议案件中保障侨主体合法权益，除了注重平等保护原则外，还应当认识到侨主体的特殊性，充分发挥侨主体作为连接中国与世界的"桥梁"作用，贯彻党和国家坚决维护华侨、归侨、侨眷、港澳台同胞及其眷属合法权益的精神。

四　涉侨保护要点

劳动争议案件中侨主体与用人单位建立劳动关系时，应当注意给予侨主体平等保护。除废除就业许可制度外，各地也应当完善相关制度，将侨主体纳入各地创业就业管理服务体系中。同时应当加强政策宣传，使辖区内侨主体和用工单位了解与掌握新时期的相关政策，保障侨主体合法权益，为侨主体提供良好的就业环境。

第三节　劳动、劳务合同纠纷

劳动合同纠纷是指用人单位与劳动者因建立劳动关系，订立、履行、变更、解除或者终止劳动合同产生的纠纷。《劳动合同法》第三条明确规定，订立劳动合同，应当遵循合法、公平、平等自愿、协商一致、诚实信用的原则。依法订立的劳动合同具有约束力，用人单位与劳动者应当履行劳动合同约定的义务。劳务合同纠纷是指当事人因签订、履行、变更、终止劳务合同产生的权利义务纠纷。

对检索到的侨主体劳动合同纠纷案件进行梳理，结果显示明确劳动关系与劳务关系的差别是维护侨主体合法权益的重要环节。劳动合同与劳务合同的区别主要有以下几点：第一，主体资格不同。劳动合同中用工方须为单位，而提供劳动一方为自然人，劳务合同中用工方可以是单位也可以是自然人。第二，主体地位不同。劳动合同双方主体地位不平等，劳动者与用人单位之间存在隶属关系，劳动者要接受用人单位的管理，而在劳务合同中双方是平等的权利义务关系。第三，当事人权利义务不同。劳动合同中双方当事人还存在一些附随义务，如用人单位提供保险、福利待遇等，而劳动者要遵守用人单位的规章制度等，劳务合同中不存在附随义务。第四，法律责任的承担不同。在劳动关系中，劳动者以用人单位的名义从事工作，因劳动者过错产生的法律责任由用人单位承担，而在劳务关系中，一般由提供劳务一方承担法律责任。第五，国家干预程度不同。国家对劳动合同的干预程度较高，对劳务合同的干预程度较低。

一 典型案例

案例一 宋某昌与刘某家船员劳务合同纠纷上诉案

（一）案件主要事实

刘某家于2010年9月30日到宋某昌所有的"××××"号渔船上工作。2010年10月8日刘某家、宋某昌签订船员劳务合同，约定刘某家到宋某昌的上述渔船上赴印尼工作，普通船员年工资不低于9万元。合同签订时，宋某昌为刘某家办理职务证书、体检等费用共计1180元，给付刘某家安家费2万元、借款1000元。2010年10月8日，刘某家任大副一职随船出海，船舶航行20天后抵达印尼作业。在船期间，刘某家物质支出1180元。2011年9月6日，宋某昌为刘某家垫付了机票等费用共计1209.51美元（汇率6.3439，折合人民币7673元），刘某家下船回国。

关于双方提供的合同，原审法院当庭核实了双方提交的合同原件，两份合同仅第八条关于工资数额有差异外，其余表述均一致。原审法院当庭核查后采纳刘某家的证据认定工资数额为年工资9万元。关于刘某家下船的原因，双方各执一词，刘某家虽然没有直接证据证明宋某昌同意其回国，但宋某昌提供的证人证言中的证人也均未出庭作证，且宋某昌在刘某家回国过程中，垫付了机票等费用的行为，可以表明宋某昌同意了刘某家的回国请求。关于劳工证和侨民证，宋某昌提供的国外证据没有经过公证认证，不符合证据规则的规定，无法证明其真假和数额，原审法院不予支持。原审法院依据合同法的有关规定得出宋某昌应给付刘某家的工资数额计算如下：年90000元/365天＝247元/日，减去247元×24天（差24天未满一年）＝5928元，再减去28天的一半工资（247元×在国内的8天＝1976元/2＝988元）＋（247元×20天海上航行期间＝4940/2＝2470元）＝3458元，全年应得工资为80614元；该款项减安家费21000元、减物资支出2150元、减办证费1180元、减回国机票（1209.51美元×6.3439汇率）7673元，余额为48611元。宋某昌不服原审判决因而提起上诉。

（二）本案争议焦点

上诉人宋某昌认为自己与被上诉人刘某家订立的工资是4万元不是9万元，且被上诉人刘某家是私自离船，构成违约，应赔偿违约金5000元。根据劳务合同约定，办理劳工证的费用应当由刘某家承担，但原判没有将劳工证的费用10000元扣除错误。被上诉人刘某家则认为，自己与宋某昌约定的年工资是9万元，且自己是征得宋某昌同意后回国的，没有私自离船。宋某昌主张的劳工办证费10000元，没有证据证明实际发生，即使发生也不属于船员四小证，不是合同约定的由刘某家负担办理费用的证件。

法院经审理查明的事实与一审查明的事实一致。

综上，本案的争议焦点为：（1）上诉人与被上诉人签订的劳务合同中约定的年工资为多少。（2）被上诉人是否存在私自离船的违约行为。（3）被上诉人是否须承担办理劳工证的费用。

（三）裁判要旨

法院认为，根据谁主张谁举证的原则，宋某昌应当对其主张的事实提供证据证明。而宋某昌提供的《劳务合同》证据有明显拆解痕迹，原审法院建议鉴定，宋某昌又不提出鉴定申请，故原审法院根据刘某家提供的《劳务合同》书面记载内容，认定宋某昌与刘某家约定的年工资为9万元，并无不当。关于刘某家是否是私自离船回国的问题，因宋某昌认可其为刘某家垫付回国机票费用的事实，故可以认定宋某昌知道并同意刘某家回国，原判认定刘某家不是私自离船并无不当。关于宋某昌主张办理船员证10000元费用应当由刘某家承担的问题，因宋某昌只提供了一份没有经过公证认证的境外证明，且没有相应收款凭证佐证，原审法院未予采纳亦无不当。因此，宋某昌的上诉理由均不能成立，二审法院不予采纳。

案例二　郭某梅诉香港 A 投资国际集团有限公司劳务合同纠纷案

(一) 案件主要事实

原告于 2012 年 9 月入职被告公司，任秘书职位，双方签订了 5 年期劳动合同，合同约定试用期 6 个月，劳务费每月 4400 元，转正后每月 5500 元，每月出差的差旅费另给报销。自入职至 2013 年 7 月 22 日原告利用自己和朋友的人脉关系资源为被告拉项目谈生意，但被告除了报销差旅费外拖欠原告劳务费 51150 元至今未给。原告于 2013 年 7 月 22 日与被告解除劳务关系。现原告起诉要求被告给付 2012 年 9 月 7 日至 2013 年 7 月 22 日拖欠的劳务费 51150 元。

(二) 本案争议焦点

原告要求被告给付 2012 年 9 月 7 日至 2013 年 7 月 22 日拖欠的劳务费，被告则认为原告与被告签订劳动合同后，并未在被告单位工作过。不认可原告提交的人事任命通知，该通知不是被告单位出具的，且该通知里将被告员工杨维智的名字写错了。因此不同意原告的诉讼请求。

法院经审理认为，香港 A 公司在香港特别行政区登记注册。2012 年 9 月 7 日郭某梅 (合同乙方) 与香港 A 公司 (合同甲方) 签订劳动合同约定，香港 A 公司聘用郭某梅在秘书岗位从事董事长秘书工作，根据工作需要，甲方有权对乙方的工作岗位和工作内容进行调整，合同期限自 2012 年 9 月 7 日起至 2017 年 9 月 6 日止，合同期 5 年，试用期 6 个月，乙方的工资为包干工资，每月工资以人民币支付，其中基本工资 2500 元，岗位工资 1000 元 (含工作补贴)，绩效工资 1000 元，竞业限制补贴 1000 元，共 5500 元人民币；试用期按照 80% 发放，每月工资 4400 元。香港 A 公司认可劳动合同的真实性，但提出郭某梅未到其单位工作，正常工作的第二天给原告打电话但联系不上后，即视为原告自动离职。郭某梅主张 2012 年 9 月 7 日至 2013 年 7 月 22 日为被告提供了劳务，双方存在劳务关系。原告提交了关于郭某梅的人事任命的通知，经司法鉴定具有真实性，被告提交工资表、考勤表、职工花名册、警告信、北京红日会计师事务所有限责任分所联名证明信来证明郭某梅不是其单位员工、未提供劳务、从未与被告有过任何联系。原告不认可上述证据。

综上所述，本案的争议焦点为：原、被告之间是否具备劳务关系。

（三）裁判要旨

根据最高人民法院有关司法解释，因本案被告香港 A 公司系在香港特别行政区注册成立的公司，故本案为涉港案件，本案诉讼程序应参照涉外民事诉讼程序进行审理。郭某梅、香港 A 公司表示选择适用中华人民共和国法律，根据意思自治原则，本案以中华人民共和国法律作为准据法解决双方争议。

《北京市人民政府关于外国企业常驻代表机构聘用中国雇员的管理规定》第五条规定，外国企业常驻代表机构招聘中国雇员，必须委托外事服务单位办理，不得私自或者委托其他单位、个人招聘中国雇员。第六条规定，中国公民必须通过外事服务单位向外国企业常驻代表机构求职应聘，不得私自或者通过其他单位、个人到外国企业常驻代表机构求职应聘。第十二条规定，华侨和香港、澳门、台湾同胞在境外设立的公司、企业和其他经济组织，其驻京代表机构参照本规定执行。按上述规定，香港 A 公司直接招用郭某梅而未通过我国涉外就业服务单位，故其与郭某梅之间建立的系雇佣关系而非劳动关系。

《最高人民法院关于民事诉讼证据的若干规定》第五条规定，在合同纠纷案件中，主张合同关系成立并生效的一方当事人对合同订立和生效的事实承担举证责任；主张合同关系变更、解除、终止、撤销的一方当事人对引起合同关系变动的事实承担举证责任。对合同是否履行发生争议的，由负有履行义务的当事人承担举证责任。本院委托鉴定部门对《关于郭某梅的人事任命的通知》作出的鉴定结论，被告没有足以反驳的证据和理由，本院认定该鉴定结论的证明力。该任命通知确认，经过被告对原告为期半年考核，决定对郭某梅进行新的人事任命，另结合双方于 2012 年 9 月签订有 2012 年 9 月 7 日至 2017 年 9 月 6 日劳动合同，且被告并不能证明双方签订的劳动合同于 2013 年 7 月 22 日前已经解除。故对于郭某梅主张的 2012 年 9 月 7 日至 2013 年 7 月 22 日为被告提供了劳务，双方存在劳务关系的主张，法院予以采信。被告未给付原告劳务费，原告向被告主张 2012 年 9 月 7 日至 2013 年 7 月 22 日劳务费，法院予以支持，劳务标准参照双方签订的劳动合同月工资标准确定。

二 相关条文解读

（一）适用法律

（1）《北京市人民政府关于外国企业常驻代表机构聘用中国雇员的管理规定》第五条：外国企业常驻代表机构招聘中国雇员，必须委托外事服务单位办理，不得私自或者委托其他单位、个人招聘中国雇员。

第六条：中国公民必须通过外事服务单位向外国企业常驻代表机构求职应聘，不得私自或者通过其他单位、个人到外国企业常驻代表机构求职应聘。

第十二条：华侨和香港、澳门、台湾同胞在境外设立的公司、企业和其他经济组织，其驻京代表机构参照本规定执行。

（2）《最高人民法院关于民事诉讼证据的若干规定》第五条：在合同纠纷案件中，主张合同关系成立并生效的一方当事人对合同订立和生效的事实承担举证责任；主张合同关系变更、解除、终止、撤销的一方当事人对引起合同关系变动的事实承担举证责任。对合同是否履行发生争议的，由负有履行义务的当事人承担举证责任。对代理权发生争议的，由主张有代理权一方当事人承担举证责任。[1]

（3）《中华人民共和国民法通则》第八十四条：债是按照合同的约定或者依照法律的规定，在当事人之间产生的特定的权利和义务关系。享有权利的人是债权人，负有义务的人是债务人。债权人有权要求债务人按照合同的约定或者依照法律的规定履行义务。[2]

（二）立法目的

为保护外国企业常驻代表机构和中国雇员的合法权益，维护外事服务工作秩序，促进对外开放的顺利进行，根据国家有关规定，结合北京市实际情况，北京市人民政府制定了《北京市人民政府关于外国企业常驻代表机构聘用中国雇员的管理规定》。该规定第二条明确指出，适用对象为北京市行政区域内的以下单位和个人：一是招聘中国雇员的外国企业常驻代表机构；二是向外国企业常驻代表机构求职应聘（包括首席代

---

[1] 《最高人民法院关于民事诉讼证据的若干规定（2019修正）》已删除该条款。
[2] 现《民法典》已取消该条款。

表或代表）或者以业务合作、培训、交流方式到外国企业常驻代表机构工作的中国公民；三是经国家有关部门批准的向外国企业常驻代表机构提供中国雇员的外事服务单位。

（三）法理基础与学说争议

在案例二中，法院依据《北京市人民政府关于外国企业常驻代表机构聘用中国雇员的管理规定》第五条、第六条以及第十二条的规定，认为香港 A 公司直接招用郭某梅而未通过我国涉外就业服务单位，故其与郭某梅之间建立的系雇佣关系而非劳动关系。雇佣关系与劳动关系的联系在学界一直存在不同的看法。

劳动关系通常是指劳动者基于提供劳动和用人单位形成的权利义务关系，而雇佣关系在我国立法上尚且没有明确的定义。对于雇佣关系与劳动关系之间的联系，学界主要存在三种观点：一是独立说，即主张雇佣关系与劳动关系是两种相互独立的法律关系；二是主张雇佣关系包含劳动关系，劳动关系实际上是一种受劳动法调整的特殊的雇佣关系；三是主张劳动关系包含雇佣关系，雇佣关系是劳动法调整的劳动关系的一种特别形态。[①] 也有学者提出应在民法典中增设雇佣合同，认为雇佣合同与劳动合同强调劳动者的从属性不同，其强调的是作为合同标的的劳务和报酬，不强调劳动者的地位和隶属关系。[②]

三 裁判启示

在劳动、劳务合同纠纷中，常见的纠纷原因包括关于工资的认定标准及范围的争议，关于劳动、劳务关系存续期间及何时解除劳动、劳务合同的争议。案例一中原、被告争议的焦点之一就是原告的工资认定问题，案例二中争议焦点虽为劳务关系的确认，但其背后隐藏的原告价值诉求依旧是对工资、劳务报酬的追索。由此可见，在劳动、劳务合同纠纷中，侨主体的权利诉求集中于对工资薪金、劳务报酬等财产利益的维护。

法院在裁判侨主体劳动、劳务纠纷案件时，也会结合案件事实充分

---

① 董保华：《雇佣、劳动立法的历史考量与现实分析》，《法学》2016 年第 5 期。
② 谢增毅：《民法典引入雇佣合同的必要性及其规则建构》，《当代法学》2019 年第 6 期。

考虑侨主体的利益诉求。其中劳务合同纠纷因其有较强的自主性，除了适用合同法的有关规定之外，还涉及例如《北京市人民政府关于外国企业常驻代表机构聘用中国雇员的管理规定》等法律法规的特殊规定。

四　涉侨保护要点

侨主体在劳动、劳务合同纠纷中，劳动关系、劳务关系的形成受其主体特殊性的影响，虽然党的十九大以来，党和国家日益强调侨主体享有与内地居民同等的就业权，但依然存在部分对侨主体形成劳动或劳务关系加以特殊规定的法律法规。对于这些特殊规定，地方政府及侨联应当加强宣传力度，确保有就业、劳动需求的涉侨主体能了解、掌握，从而避免其合法权益遭受损害。

第四节　福利待遇与职业损害赔偿

福利待遇是用人单位为了招揽和激励员工，采用的非现金形式的报酬和奖励，通常是指劳动法所规定的劳动保障和社会保障。劳动保障例如工作午餐、有偿假期、交通补贴等。社会保障具体又包括养老保险、医疗保险、失业保险、工伤保险。这四类保险是我国劳动部门规定各类企业必须为员工提供的社会保险福利。除员工月工资外，企业为这部分保险大约支付相当于工资额的 10%—20%。有些效益较好的企业还为员工提供了牙医保险、家庭财产险、重大伤残保险等。部分有海外雇员的公司还在聘用合同中承诺为这些雇员的配偶、未成年子女提供医疗、伤残等各类保险。

职业损害是劳动者在生产劳动的过程中因职业或职业环境中特有的或潜在的危险因素遭受到的损害。职业损害包括两个方面：一是职业意外事故，即在进行职业活动过程中不可预期的偶然的意外事故；二是职业病，即在生产劳动或从事其他职业活动过程中因接触职业危险因素导致的疾病。职业病与职业危险因素有直接联系，并具有因果关系和某种规律。

一 典型案例

案例一 刘某与广东省××纺织集团有限公司养老保险待遇纠纷上诉案

（一）案件主要事实

上诉人刘某是香港居民，住广州市越秀区，因与被上诉人广东省××纺织集团有限公司养老保险待遇纠纷一案，不服广州市越秀区人民法院的一审判决而提起上诉。刘某因获批往香港定居，于1997年11月13日自行申请辞职，并得到××纺织集团公司批准。××纺织集团公司于1998年8月31日向广东省社会保险管理局提交《养老保险待遇申报表》，申报待遇类别为"一次性待遇（出国定居）"。

（二）本案争议焦点

上诉人刘某认为，原审法院适用法律错误，广东省××纺织集团有限公司申请一次性退回刘某的养老保险待遇不符合《广东省职工社会养老保险暂行规定》的规定。××纺织集团公司擅自申请一次性退还刘某的养老保险待遇，明显不当，违反了办理养老保险个人专户退款的程序规定。××纺织集团公司擅自申请终结了刘某的养老保险账户并且未将相关款项交予刘某，应当承担赔偿责任。且刘某于2014年才得知与自己情况相同的韩某可以领取养老保险待遇，本案并未超过诉讼时效。原审法院驳回刘某的诉讼请求，不符合军转干部的安置工作及华侨、港澳台同胞权益保护精神。刘某请求撤销原审判决，判决刘某依法享受养老保险待遇，××纺织集团公司应当向刘某赔偿养老保险待遇损失。被上诉人广东省××纺织集团有限公司则同意原审判决。

综上，本案的争议焦点为：××纺织集团公司是否需赔偿刘某养老保险待遇损失。

（三）裁判要旨

参照《广东省职工社会养老保险暂行规定》（粤府〔1993〕83号）第十三条第二款"职工出境定居或者死亡时，其个人专户养老保险基金连同利息，退还给职工本人或其法定继承人"的规定，××纺织集团公司在刘某出境定居后申请办理养老保险一次性待遇并无不当。广东省社会保险管理局核准刘某个人专户退款1859.31元，××纺织集团公司主张该 1859.31 元已于 1998 年通过孟某转交给刘某，并提交了 1998 年 10 月 27 日记账凭证、政工科出具的文件以及孟某的证明，但刘某称没有收到，对此，刘某可另寻法律途径解决。关于刘某的请求是否超过仲裁时效的问题，刘某在 2008 年 11 月 30 日达到法定退休年龄，其称在 2007 年得知养老保险个人专户被终结。虽然刘某称曾在 2008 年向××纺织集团公司提交申诉材料，但其直到 2014 年才申请仲裁，且未提供证据证明存在仲裁时效中断、中止的法定事由。显然，其主张已经超过法律规定的劳动仲裁时效，故对其诉讼请求依法予以驳回。原审法院的认定及处理并无不当，二审法院予以维持。

案例二　陈某浩、陈某怡等与陈某兰、陈某东等提供劳务者受害责任纠纷案

（一）案件主要事实

2010 年 8 月、9 月，陈某同和陈某光两人在被告陈某兰和陈某和夫妻开设在南非共和国西北省加涅萨镇的一家蔬果商店工作。2011 年 11 月 11 日，该蔬果商店发生火灾，导致陈某同、陈某光等人在该起火灾中丧生。陈某同系陈某华、陈某月夫妻的长子；陈某生、刘某芳（于 2000 年 10 月 17 日病故）夫妻于 1981 年 3 月 10 日生育长女陈某兰，于 1988 年 3 月 16 日生育次女陈某光；陈某金（于 1979 年 7 月病故）、高某娇夫妻于 1977 年 7 月 6 日生育儿子陈某和；陈某同与陈某光同居生活期间，于 2008 年 9 月 29 日生育儿子陈某浩，于 2010 年 11 月 29 日生育女儿陈某怡；陈某和与陈某兰于 2001 年 10 月 18 日在福清市江阴镇政府民政办登记结婚，于 2005 年 2 月 26 日生育长子陈某东，于 2006 年 7 月 28 日生育长女陈某 1，于 2008 年 3 月 2 日生育次女陈某 2，于 2010 年 8 月 26 日生育次子陈某 3。

原审法院认为，原告陈某浩、陈某怡、陈某生仅依据一份录音材料及相关报刊、网络资料主张相应的权利，证据客观效力不足，难以认定陈某同、陈某光与陈某兰、陈某和之间存在雇佣关系，故其各项诉求原审法院不予支持。上诉人陈某浩、陈某怡不服原审判决，提起上诉。被上诉人陈某兰、陈某和虽一直辩称双方是合伙关系，但未提供任何证据予以证明。

（二）本案争议焦点

上诉人认为，自己提交的录音对话是由陈某同叔叔陈某荣、堂叔陈某明、被上诉人陈某兰、高某娇及陈某兰的父亲陈某生五人，在被上诉人陈某兰家中以友好协商、自由聊天的形式进行的。对话各方意思表达明确，条理、思维清晰，所讲内容均为真实意思表达，可以证实陈某同、陈某光与被上诉人陈某兰夫妻存在雇佣关系等事实。且上诉人在一审中提交了华侨新闻报报刊及网络新闻报道资料，这些资料内容可以证实陈某和与陈某同、陈某光之间是雇佣关系。被上诉人在一审中亦提交了网络新闻报道资料，被上诉人与上诉人提交的报刊及网络新闻报道，两者之间不存在矛盾之处，相反却可以相互印证，证实上诉人提交的报刊及网络报道是客观真实的。

被上诉人则主张上诉人所提供的录音资料，不具有证据的合法性和客观性，同时上诉人多次多处恶意篡改了关键录音的中文翻译，使该视听资料更不具有证据的可采性。该视听资料是事先经过陈某荣、陈某明精心设计策划，在被上诉人陈某兰、高某娇等人毫不知情的情况下偷录的，因此不具有证据的合法性。该录音资料是在被上诉人陈某兰、高某娇等人万分悲痛、神志不清的情况下偷录的，在这种情况下她们极容易受到非法录音人的误导，导致其所说的话与事实有出入，因此上诉人所提供的录音资料也不具有证据的客观性，不能作为证明陈某兰和陈某和与陈某光、陈某同系雇佣关系的证据。上诉人在重审一审中才提供的相关报刊、网络资料既超过了举证期限，也没有经过公证，其所载内容的真实性更是无法考证，因此不能作为证据使用，更不能佐证上述录音资料的证明对象。且陈某和、陈某兰与陈某同、陈某光之间更应该是合伙关系，不是雇佣关系。而且因为超市火灾导致店毁人亡的惨剧，使所有被上诉人不仅没有遗产可以继承，还因此背负多达100万元左右的债务，因此上诉人起诉所有被上诉人在遗产继承范围内赔偿上诉人的损失没有事实根据和法律依据。

综上，本案的争议焦点为：陈某兰和陈某和与陈某光、陈某同是否具有雇佣关系。

（三）裁判要旨

法院经审理认为，上诉人在一审中提交了华侨新闻报报刊及网络新闻报道资料，其中主要针对火灾事故造成的损害结果进行报道，并未对火灾造成死亡的人员的身份关系行进翔实的认定，故上诉人据此主张陈某同、陈某光系以何种身份在超市因故身亡，法院难以采信。经查，陈某光、陈某同与被上诉人陈某兰及死者陈某和之间系亲属关系，上诉人提供的录音资料体现双方家庭因此次事故，从情感上、经济上均受到重挫，双方仅确认陈某光、陈某同前去受灾超市帮工因灾身亡，均未能明确表示陈某光、陈某同与被上诉人陈某兰及死者陈某和之间就超市经营是何种参与方式。故上诉人以录音资料推论陈某光、陈某同与被上诉人陈某兰及陈某和之间系雇佣关系，依据不足。根据《最高人民法院关于民事诉讼证据的若干规定》第二条的规定，当事人对自己提出的诉讼请求所依据的事实或者反驳对方诉讼请求所依据的事实有责任提供证据加以证明。没有证据或者证据不足以证明当事人的事实主张的，由负有举证责任的当事人承担不利后果。综上，上诉人的上诉请求与理由不能成立，法院不予支持。

二 相关条文解读

（一）适用法律

（1）《广东省职工社会养老保险暂行规定》第十三条：养老金由基础养老金、附加养老金和个人专户养老年金三部分组成。基础养老金、附加养老金由社会养老保险基金给付。

基础养老金：退休职工按所在市上年度职工月平均工资的30%计发，离休干部按35%计发，职工社会平均基本生活费占工资收入比重发生较大变动时，由省统一调整。

附加养老金按下列标准计发：缴费年限累计满10年不满15年的，每满1年计发职工本人指数化月平均缴费工资的1%。缴费年限累计满15年及以上的，每满1年计发职工本人指数化月平均缴费工资的1.2%。附加养老金根据上年度职工月平均缴费工资的增长情况由市统一调整。职工因病丧失劳动能力需提前退休时，每提前一年，在附加养老金中相应减发职工本人指数化月平均缴费工资的1%，特殊工种提前退休的除外。

个人专户养老年金：储存在个人养老专户中的保险基金，在职工退休时，连同利息一并转成养老年金，按月支取。

职工出境定居或死亡时，其个人专户养老保险基金连同利息，退还给职工本人或其法定继承人。

凡退休时个人养老专户存储额（连同利息）少于所在市上年度职工6个月月平均缴费工资的，可一次性支取。①

（2）《最高人民法院关于民事诉讼证据的若干规定》（2008年调整）第二条：当事人对自己提出的诉讼请求所依据的事实或者反驳对方诉讼请求所依据的事实有责任提供证据加以证明。没有证据或者证据不足以证明当事人的事实主张的，由负有举证责任的当事人承担不利后果。②

（3）《侵权责任法》第三十五条：个人之间形成劳务关系，提供劳务一方因劳务造成他人损害的，由接受劳务一方承担侵权责任。提供劳务一方因劳务自己受到损害的，根据双方各自的过错承担相应的责任。③

（二）立法目的

福利待遇和职业损害赔偿是劳动者在生产活动过程中看重的核心利益之一。我国通过立法规定福利待遇与职业损害赔偿，《劳动法》第三条明确规定，劳动者有享受社会保险和福利的权利。以养老保险待遇为例，为保障退休职工的基本生活，维护社会安定，依据《宪法》和国务院的有关规定，广东省人民政府1997年发布了《广东省职工社会养老保险暂行规定》。2016年，广东省社会保险基金管理局又公布《关于离境定居人员申办养老保险业务有关事项的通知》，明确了离境定居人员申办养老保险业务的有关事项。

我国劳动领域立法和用人单位规章制度中都明确规定享受福利待遇和职业损害赔偿的情形，这有助于国家规制劳动关系，维护劳动者合法权益，也有利于用人单位招揽、激励人才，稳定用工关系。

（三）法理基础与学说争议

在福利待遇和职业损害赔偿纠纷中，劳务关系、帮工关系、雇佣关系的确定往往成为权利义务纠纷的争议焦点。以案例二为例，被上诉人

---

① 现《广东省职工社会养老保险暂行规定（1997年修正）》第十三条。
② 最高人民法院关于修改《关于民事诉讼证据的若干规定》的决定（2019）中已将本条删除。
③ 现《民法典》第一千一百九十二条。

与案件当事人陈某光、陈某同之间究竟构成何种关系是本案的争议焦点，在侵权责任中，雇佣关系与帮工关系承担不同的法律风险，因此如何认定双方主体间的权利义务，如何界定帮工关系成为需要讨论的议题。

《最高人民法院关于审理人身损害赔偿案件适用法律若干问题的解释》第四条规定，无偿提供劳务的帮工人，在从事帮工活动中致人损害的，被帮工人应当承担赔偿责任。被帮工人承担赔偿责任后向有故意或者重大过失的帮工人追偿的，人民法院应予支持。被帮工人明确拒绝帮工的，不承担赔偿责任。帮工关系又可分为无偿个人帮工和有偿个人帮工，有学者建议，将该条中"明确拒绝帮工"的帮工人个人行为称为"无偿个人帮工"[①]，其与有偿个人帮工的共同点是均未与被帮工人之间形成合意，未签订合同，并因此与劳务关系相区分。与有偿个人帮工不同的是，虽未形成合意，无偿个人帮工的帮工人主观上没有收取报酬的意图。综上，个人帮工关系与个人劳务关系和雇佣关系的核心区别在于由于缺乏合意双方未形成合同关系，这也是司法实践中着重审查的内容。

三 裁判启示

福利待遇和职业损害赔偿是稳定劳动关系中重要的一部分，现代劳动关系中应当充分考虑劳动者的需求及切身利益，丰厚的福利待遇以及完善的职业损害赔偿手段有利于吸引高素质劳动者，在维持劳动关系的同时也有助于稳定社会关系。因此不仅是立法层面，各地方政府也会出台相关管理制度来规范劳动关系，如案例一中的《广东省职工社会养老保险暂行规定》。在职业损害赔偿领域，各部门往往也会出台相应的规章规定职业损害的界定以及赔偿范围问题，例如国家安全生产监督管理总局2015年颁布的《煤矿作业场所职业病危害防治规定》。

在福利待遇和职业损害纠纷案件中，法院除了适用《劳动法》和《侵权责任法》的有关规定，往往也会涉及各地的地方性法规，各级地方政府也应当结合本地实际情况，完善福利待遇与职业损害赔偿的有关规定，切实维护劳动者合法权益。

---

① 王竹，刘忠炫：《"帮工关系"的内涵改造与体系位移——兼论无偿个人帮工关系人身保护公平责任的构建》，《烟台大学学报》（哲学社会科学版）2019年第2期。

四 涉侨保护要点

侨主体在福利待遇与职业损害赔偿纠纷案件中,并无明显的主体特殊性,各地出于保护华侨、归侨、侨眷、港澳台同胞及其眷属的目的,在福利待遇等领域对侨主体合法权益进行明确规定。同时也应当普及相关法律法规,使侨主体能够依法维权。

第五节 涉侨劳动关系法律风险防范与应对

随着市场经济体制改革的深入,劳动关系逐渐成为我国的基本社会关系之一,而用人单位和劳动者在劳动关系中形成的法律关系深刻地影响着其权利义务内容,与其自身的权益息息相关。当前我国的劳动争议纠纷呈上升态势,涉侨劳动纠纷案件也占有一定的比例。在上文的典型案例及其分析中可以看出,因为其主体的特殊性,涉侨劳动纠纷与普通劳动纠纷在案件事实和法律需求上会有一些不同,往往会涉及跨境劳务派遣、人事流动与离职进出境等相关问题。因此,归纳总结涉侨劳动关系中可能出现的法律风险,并提出防范与应对的策略,对于保障华侨等特殊主体在劳动关系中的合法权益是有着现实意义的。

一 涉侨劳动关系中的法律风险来源

在涉侨劳动关系中,侨主体通常为劳动者,在与用人单位的劳动关系中处于弱势地位。只有充分了解了在劳动关系中可能出现的法律风险,作为劳动者的侨主体才能防患于未然,避免发生此类风险或降低风险的出现概率,以更好维护自身利益。

(一)劳动力市场信息不对称

我国劳动力市场信息不对称的现象一直存在,与用人单位相比,处于劳动者一方的华侨等特殊主体劳动者掌握信息的程度较低,对当地相关涉侨法律或政策文件不熟悉,因此不可避免地会受到不良影响,例如用人单位欺诈、工资收入不足等问题。

(二)华侨等的特殊身份带来的问题

在人事争议中,常常会出现因华侨等劳动者出国而引发劳动纠纷的问题，双方的争议焦点在于华侨等特殊主体在出国期间属于解除人事关系还是停薪留职。侨主体作为劳动者的诉求多集中于劳动报酬的给付、归侨回国后人事关系的确认等方面。在劳动争议中，容易出现因劳动者身份的特殊性而影响劳动关系认定的问题，在废除侨主体就业许可证制度后，这一问题得以有效改善。

二 涉侨劳动关系法律风险的防范与应对

涉侨劳动关系中出现的各式各样的法律风险使得侨主体合法权益无法行使，因此必须探索出具体可行的风险防范与应对措施，有针对性地解决涉侨劳动纠纷，维护涉侨劳动关系的稳定性，有效保障华侨等特殊主体的相关劳动权益。

（一）侨主体法律意识的增强

侨主体在与用人单位建立劳动关系时应当具备一定的法律知识，尤其是涉及劳动者权益方面的法律知识。在涉侨劳动纠纷案件中，涉及多种地方性法规及地方政府规章，或涉及不同地区的行业规范等特殊规定。侨主体应增强法律意识，积极了解有关规定，运用法律武器维护自己的合法权益。同时，侨主体应当在与用人单位签订劳动、劳务合同时，明确双方的权利义务内容，保留相关证据，以备不时之需。

（二）法律法规与相关政策的落实

为了保障侨主体的劳动权益，相关部门出台了一系列法律法规和政策规定，如《中华人民共和国归侨侨眷权益保护法实施办法》《国务院侨务办公室、劳动人事部、财政部关于归侨、侨眷职工因私事出境的假期、工资等问题的规定》和《关于香港澳门台湾居民在内地就业有关事项的通知》等。政府部门应当积极落实有关政策，联合各地区侨联组织，加强法治宣传。法院在司法裁判时也应当准确适用法律，使保障侨主体民事权益的法律法规落到实处，切实维护侨主体民事权益。

（三）创业就业管理服务体系的完善

各地应当根据现实情况，完善相关制度，联合当地侨办侨联机构，将侨主体纳入各地创业就业管理服务体系中，为侨主体提供良好的就业环境。同时也要加强宣传，使辖区内侨主体和用工单位了解与掌握最新的劳动政策，切实保障侨主体的合法权益。

第六节 本章典型案例裁判文书

一 李某与××市城乡规划局人事争议案

湖南省××市人民法院

民事判决书

（2017）湘 0682 民初 683 号

原告：李某，女，1971 年 9 月 11 日出生，汉族，湖南省××市人，住××市。

被告：××市城乡规划局，住所地：××市原种场民兴路。负责人：周某和，该局局长。

委托诉讼代理人：黎绪军，男，该局工作人员。

委托诉讼代理人：姚志友，湖南永发律师事务所律师。

原告李某与被告××市城乡规划局（以下简称规划局）人事争议纠纷一案，于 2017 年 5 月 25 日立案后，依法适用普通程序公开开庭进行了审理。原告李某，被告规划局的委托诉讼代理人黎绪军、姚志友到庭参加了诉讼。本案现已审理终结。

原告李某向本院提出诉讼请求：（1）请求判决被告向原告支付解除劳动关系经济补偿金的差额 33008 元及 50% 额外经济补偿金；（2）判决被告向原告支付 2017 年 1 月至 5 月的工资 19935 元及 25% 的经济补偿金；（3）判决被告向原告支付原告及随同出境定居的供养直系亲属从住地至出境口岸的车、船费，行李搬运费，旅馆费和伙食补助费；（4）本案诉讼费由被告承担。（5）庭审中，原告增加了由被告在法定之日内为原告办理赴港手续的诉讼请求。庭审中，原告自愿放弃第三项诉讼请求。事实和理由：原告 1990 年 8 月参加工作，2004 年 8 月调入被告单位工作。原告以侨眷身份于 2004 年获香港永久居住权，2016 年孩子大学结业，必须前往户籍所在地香港就业，为了照顾孩子原告于 2016 年 11 月 7 日向被告提出出境定居离职申请，同月 17 日被告同意原告离职，同年 12 月 4 日被告向人社局提出与原告解除合同并出具证明。2017 年 3 月 31 日被告根据错误的工资总额计算并向原告发放离职费 81754 元，原告认为应当发放 114762 元，少发放 33008 元，但被告拒绝支付上述差额，为了追讨少发的 33008 元，原告无法按时出境，导致出境手续过期作废，给原告带来损失。根据《中华人民共和国归侨侨眷权益保护法》第二十四条，被告 2017 年 1 月开始停发原告工资违反法律规定，应当向原告补发 2017 年 1—5 月的工资，并给予 25% 的额外赔偿。根据《关于归侨、侨眷职工因私事出境的假期、工资等问题的规定》第六条，被告应当向原告支付出境旅费 2400 元。被告玩忽职守不发放上述费用损害了原告的合法权益，原告遂诉至人民法院。

被告辩称：（1）原告不符合侨眷身份。根据《湖南省实施中华人民共和国归侨侨眷权益保护法》的规定，经审核认定的应发给省人民政府负责侨务工作的机构监制的归侨或者侨眷身份证明，原告没有提供侨眷身份证明，仅提供了一份侨眷身份认定申请表，该证据不能证明原告具备侨眷身份。依据原告陈述，其女儿在香港居住，也不属于在国外居住的情形，原告只是港澳同胞眷属。（2）原告应当返还被告已支付的离职补偿款 81754 元。本案中原告既不是侨眷身份，同时也不符合政策所规定的国家机关事业单位公务员身份，原告系自筹事业编制。本案中原告系主动辞职，因此原告不符合法律及相关政策规定发离职补偿费的条件，已支付的离职补偿款 81754 元应返还给被告。（3）原告要求被告支付经济补偿差额 33008 元及 50% 的额外经济补偿金，及 2017 年 1 月至 5 月的工资没有法律依据。本案中原告是主动辞职，被告没有过错，且已给予了适当的经济补偿。原告 2016 年 11 月 7 日提出辞职申请，被告同年 11 月 24 日已做出同意辞职决定，此后原告并未上班工作，现主张要求被告支付其 2017 年 1 月至 5 月的工资无法律依据。（4）本案不属于法院民事审判范围。由于目前国家机关与公务员之间的行政管理关系、事业单位与在编人员的人事管理关系，与普通劳动关系在招录、管理、考核等多方面均存在区别，因而行政管理关系、人事管理关系并不属于我国劳动法规的调整对象，分别由《公务员法》《事业单位人事管理条例》等法律法规进行调整。如本案中的原告系自筹的事业编制，原告所主张的侨眷离职补偿是由行政机关根据相关政策规定而执行的，故原告的诉讼请求不属于劳动争议范围。

本院经审理认定事实如下：原、被告对于原告系港澳同胞眷属身份，2016 年 11 月 7 日原告提出辞职申请，被告已经支付离职费 81754 元，原告在被告单位工作期间，被告为原告缴纳了社保的事实没有争议，本院予以确认。对于当事人有争议的事实本院认定如下：1. 原告是否属于侨眷身份，根据原告提供的湖南省归侨侨眷华侨身份认定申请表，××市人民政府侨务办公室根据原告女儿的香港特别行政区居民身份认定原告为港澳同胞眷属而非侨眷。根据《湖南省实施〈中华人民共和国归侨侨眷权益保护法〉办法》第二条规定，归侨是指回国定居的华侨。华侨是指定居在国外的中国公民。侨眷是指华侨、归侨在国内的眷属。而原告未提供证据证明其女儿曾在国外定居，故原告不属于侨眷身份。2. 原告是否属于事业单位聘任制工作人员，被告提供的××市行政事业单位人员编制卡和解除聘用合同证明书可以证明，原告系事业单位签订聘用合同的聘任制工作人员。3. 原、被告解除聘用合同的时间，根据被告向本院提供的解除聘用合同证明书，原、被告解除聘用合同的时间为2016年12月13日。

本院认为，本案的争议焦点为：（1）本案是否属于人事争议。（2）原告要求被告发放离职费能否得到支持。（3）原告要求被告支付2017年1月至5月的工资19935元及25%的补偿金能否得到支持。（4）原告要求被告在法定之日内为原告办理赴港手续的诉讼请求能否得到支持。

焦点1：本案属于人事争议。《人事争议处理规定》第二条规定，本规定适用于下列人事争议：事业单位与工作人员之间因解除人事关系、履行聘用合同发生的争议。本案中原告系事业单位工作人员，原、被告因解除人事关系、履行聘用合同发生争议，属于人事争议，本案案由也应相应定为人事争议。

焦点2：原告要求被告发放离职费不能得到支持。原告根据《国务院侨务办公室、劳动人事部、财政部关于归侨、侨眷职工因私事出境的假期、工资等问题的规定》第六条"出境定居的待遇和旅费：（一）凡不符合国家规定的退休、退职条件的在职职工，获准出境定居的，可以发给一次性离职费"，第九条"港澳同胞眷属职工、外籍华人眷属职工以及国内其他职工因私事出境的待遇和手续，可以比照本规定办理"，要求被告发放一次性离职费。但《中华人民共和国归侨侨眷权益保护法实施办法》第二十三条规定"不符合国家规定退休条件的归侨、侨眷职工获准出境定居的，按照国家有关规定办理辞职、解聘、终止劳动关系手续，按照国家有关规定享受一次性离职费及相关待遇，已经参加基本养老保险、基本医疗保险的，由社会保险经办机构按照国家有关规定一次性结清应归属其本人的费用，并终止其基本养老保险、基本医疗保险关系。"因被告已经为原告缴纳了社会保险，被告依法不再负有向原告支付一次性离职费的义务，故对原告的第一项诉求本院不予支持。

焦点3：原告要求被告支付2017年1月至5月的工资19935元及25%的补偿金不能得到支持。原告依据《中华人民共和国归侨侨眷权益保护法实施办法》第二十四条规定"归侨、侨眷在获得前往国家（地区）的入境签证前，所在工作单位或者学校不得因其申请出境而对其免职、辞退、解除劳动关系、停发工资或者责令退学"，要求被告补发2017年1月至5月的工资，但本案因原告2016年11月7日申请辞职，原、被告2016年12月13日解除聘用合同，并非被告因原告申请出境而对其免职、辞退、解除劳动关系、停发工资，且原、被告已经于2016年12月13日解除聘用合同，解除聘用合同之后原告也未上班，原、被告之间的权利义务已经终止，故被告2017年1月开始停发工资符合法律规定，对原告的第二项诉讼请求本院不予支持。

焦点4：原告要求被告在法定之日内为原告办理赴港手续的诉讼请求不能得到支持。原告以被告不履行支付一次性离职费和出境差旅费导致其办理的赴港手续过期需要重新办理为由，要求被告为原告办理赴港手续，而被告并没有向原告支付一次性离职费的义务，且原告放弃了要求被告支付出境差旅费的诉求，故对原告的第五项诉求本院不予支持。

综上所述，对于原告的第一、二、五项诉讼请求本院不予支持。依照《人事争议处理规定》第二条，《国务院侨务办公室、劳动人事部、财政部关于归侨、侨眷职工因私事出境的假期、工资等问题的规定》第六条，《中华人民共和国归侨侨眷权益保护法实施办法》第二十三条、第二十四条的规定，判决如下：

驳回原告李某的诉讼请求。

本案免收受理费。

如不服本判决，可在判决书送达之日起十五日内，向本院递交上诉状，并按对方当事人的人数或者代表人的人数提出副本，上诉于湖南省岳阳市中级人民法院。

审判员　刘明慧
二〇一七年十月十日
书记员　谭健夫

二　张某平与××××大学人事争议案

湖北省武汉东湖新技术开发区人民法院
民事判决书
（2017）鄂0192民初374号

原告：张某平，女，汉族，1965年12月12日出生，住武汉东湖新技术开发区。

被告：××××大学，住所地：武汉东湖新技术开发区南湖大道182号。

法定代表人：杨某明，校长。

委托代理人：万某露，该学校员工。

委托代理人：姜某，该学校员工。

原告张某平（以下简称原告）诉被告××××大学（以下简称被告）人事争议纠纷一案，本院于2017年1月18日立案受理后，依法适用简易程序，由审判员李志涛独任审判，于2017年3月10日公开开庭进行了审理，原告、被告委托代理人万某露、姜某到庭参加诉讼。应当事人共同申请，本院给予双方1个月调解期限。本案现已审理终结。

原告称，原告于1989年毕业留校工作，1997年患甲亢。1999年9月1日，原告办理请假手续到新加坡留学并治病。2000年9月9日，原告提出辞职，但当时人事处要求必须本人亲自办理未予同意。后原告电话联系被告表示不辞职，人事处黄某强处长同意原告的不辞职请求，没有办理辞职手续。2001年，被告对原告在籍情况进行了确认，并进行了工资晋升。2002年9月，原告回国并回到被告处报到要求上班，并于2003年1月24日由被告开具证明在湖北省侨务办办理了归国华侨证。后原告因病复发，被告相关领导对原告多次表示关心和安慰，允许原告先治好病再回校工作，原告前往人事部办理请假手续但被无理拒绝。2006年7月，原告身体好转要求回校工作，但发现被告于2003年9月已将原告的人事关系解除并将档案转出。后原告一直找被告领导要求恢复人事关系，但最终没有解决。2015年6月1日，原告向武汉市劳动人事争议仲裁委员会申请仲裁，但仲裁委不予受理。原告认为被告的行为系违法行为，且其请求未超过仲裁时效，故诉请判令：（1）恢复原告与被告之间的人事关系，安排力所能及的工作；（2）被告为原告补办社会保险和公积金手续，补交社会保险及公积金；（3）被告参照武汉下岗职工基本生活费标准给予原告生活、医疗补偿费。

被告辩称：原告的诉讼请求不明确，不符合法律要求，应当驳回。原告超过仲裁时效，应当驳回。原告与被告之前是行政人事关系，没有办理社会保险手续。至今，被告对于构成人事关系的正式教职员工没有缴纳养老保险。

经审理查明：

原告于1989年8月1日到被告处工作，属于事业单位在编人员，双方未签订书面的聘用合同或其他协议。1999年5月18日，原告因有意前往新加坡留学，向被告递交一份请假申请，内容为"院人事处：本人因自费留学于新加坡，尚需三年时间完成学业，我申请请假三年（1999年9月1日至2002年9月1日），学成回国为校服务，请领导酌情予以批准为谢"。被告收到后由时任组织人事部部长的黄某强在该申请下方签署"经请示吴院长同意你保留公职到2002年9月1日"，并加盖了被告组织人事处的印章。后原告即离开被告处不再上班，被告也暂停为原告支付工资，同时暂停缴纳住房公积金。

2000年9月9日，原告因有意在新加坡工作，工作单位需要其转移档案，原告即通过传真方式向被告传真一份辞职申请，内容为"××××大学人事处：我叫张某平，原在××政法学院公安行政系工作，1998年自费留学新加坡，1999年9月1日办理停薪留职手续，现申请辞职，请领导酌情审批"。2000年9月28日，时任组织部长的黄某强在原告传真的上述辞职申请下方签署"同意辞职，速办理手续。黄某强，2000.9.28"。黄某强后电话告知原告必须本人回国办理辞职手续，否则不合规定，只能仍然按照停薪留置处理。后被告未回国办理辞职手续。

2001年6月、12月，被告两次对原告的工资标准进行了晋升调整，调整工资的呈报表格上载明原告的部门为"停薪"，且加盖有被告组织人事部印章。2002年9月，原告回国。2003年1月，原告因子女上学问题欲办理华侨证，联系被告为其出具了身份证明手续和在职证明手续，并在湖北省侨务办成功办理了华侨证。

2003年1月15日，被告印发一份文件（文号：××大人字〔2003〕2号），标题为"关于对黄某华等三十二位同志作自动离职处理的决定"，内容为"校内各有关单位：根据国家有关规定和《××××大学关于加强教职工管理的有关规定》（××大人字〔2001〕第04号），学校对公派（含自费公派）和因私出国（境）逾期未归人员，以及擅离职守、长期未上班的人员进行了清查。经2002年12月31日学校第37次校务会研究，决定对黄某华等三十二位同志作自动离职处理。名单如下：（1）出国（境）逾期未归人员（28人）：黄某华……（其中无被告名字）；（2）长期未上班人员（4人）：王某生……（其中无被告名字）"。

2003年9月28日，时任被告组织人事部副部长的袁某化在原告2000年9月9日传真的辞职申请下方签署"杨书记，经部委会研究同意办理辞职。袁某化2003.9.28"，时任被告党委副书记的杨某光于2003年9月29日在该辞职申请签署"同意杨某光2003.9.29"。2003年9月28日，被告填报一份辞职申请表，该表格载明了原告的基本身份信息，辞职原因为"因个人原因，申请辞职"，但辞职申请人签字处为空白，单位意见栏为"同意"，并加盖了被告组织人事处印章。2003年9月29日，被告将包括原告在内的9人的人事档案材料移转到湖北省人才交流中心。

2006年7月左右，原告在协调工作岗位问题时得知其已经被被告解除人事关系，并去湖北省人才交流中心查询确认了上述事实。后，原告即不断向被告口头表示异议，并递交各种书面材料，要求恢复人事关系。

2015年3月16日，黄某强向原告出具一份"关于张某平同志停薪留职的说明"，内容为："合校前，张某平办理了停薪留职手续。合校不久，张某平便来函申请辞职，不合手续，通知本人来校办理，因而仍按停薪留职对待。特此说明，也不负责。至于整个过程的细节，因年限时间过长，加之年老，记忆衰退，回忆不清细节，请见谅。"

2015年6月1日，原告向武汉市劳动人事争议仲裁委员会申请劳动仲裁，请求：（1）恢复原告与被告之间的人事关系；（2）被告为原告补办社会保险和公积金手续，补交社会保险及公积金；（3）被告参照武汉下岗职工基本生活费标准给予原告生活、医疗补偿费。武汉市劳动人事争议仲裁委员会于2015年6月5日做出武劳人仲不字〔2015〕第41号不予受理通知书,以原告的请求已超过仲裁时效为由不予受理。2015年6月25日,原告向本院提起诉讼,请求与本案诉请一致,后于2015年11月24日撤回起诉。

2015年11月20日,原告找到被告党委书记张某华协商恢复工作等事宜,期间原告问张某华其是不是历年来一直在找学校协商此事,张某华进行了回应,其中陈述"你是否历年找学校协商此事不重要,重要的是你当时是否辞职了","你是没有放弃,你也找过学校多个部门"。

2016年11月16日,原告向武汉市劳动人事争议仲裁委员会再次申请劳动仲裁,请求与本案诉讼请求一致。2016年12月9日,武汉市劳动人事争议仲裁委员会作出武劳人仲不字〔2016〕第290号不予受理通知书,以原告的请求不属于其受案范围为由不予受理。

诉讼中,原告陈述:原告于2000年9月发送了辞职申请。2000年12月,因不再需要辞职,其通过电话告知黄某强其不再辞职,黄某强口头表示同意,因此其未再发送书面文件撤回辞职申请。2002年9月,其留学回国后首先到组织部门进行了报到,因合校以后,其原工作岗位被撤销,新学校又没有适合原告的工作岗位,故原告无法工作,并到组织人事部门找岗位。后因身体不适,原告向被告请病假,但组织人事部门不同意且未给出理由,但组织人事部部长周某明口头同意原告先去治病,故其未办理病假手续。2006年7月,原告首次知道被告解除了与其的人事关系并将档案转出,自此至申请仲裁之日,原告每年不间断地向被告主张权利要求恢复人事关系,但主要采取当面和被告相关领导谈话的方式,也递交了部分书面材料,并向本院提交了其向被告递交的相关申请、请求、要求等文件以及其乘坐火车的火车票等,但未提供其将上述文件向被告送达的证据。被告陈述:原告2000年辞职后因未办理辞职手续所以双方人事关系一直未解除,被告2003年要清理出国长期未归人员,就依此契机把原告按照其辞职处理,并主张上述辞职手续即指填报与被告2003年9月28日填报的辞职申请表相同的辞职申请表。2002年9月后,原告一直未回到学校上班也未办理病假手续。原告系近2年向被告主张过权利要求恢复人事关系,以前是否每年主张过无法核实。

以上事实，有请假申请、辞职申请、工资晋级呈报表、华侨证、情况说明、辞职申请表、仲裁申请书、不予受理通知书和当事人陈述等证据在卷予以证明。

本院认为，被告属于事业单位，原告系其在编教师。双方之间构成人事关系。原告主张被告违法解除双方之间的人事关系，根据《最高人民法院关于人民法院审理事业单位人事争议案件若干问题的规定》（法释〔2003〕13号）第三条"本规定所称人事争议是指事业单位与其工作人员之间因辞职、辞退及履行聘用合同所发生的争议"的规定，本案属于人民法院受理范围。

《事业单位人事管理条例》第三十七条规定："事业单位工作人员与所在单位发生人事争议的，依照《中华人民共和国劳动争议调解仲裁法》等有关规定处理。"最高人民法院关于事业单位人事争议案件适用法律等问题的答复（法函〔2004〕30号）第一条规定："《最高人民法院关于人民法院审理事业单位人事争议案件若干问题的规定》（法释〔2003〕13号）第一条规定'事业单位与其工作人员之间因辞职、辞退及履行聘用合同所发生的争议，适用《中华人民共和国劳动法》的规定处理。'"这里"适用《中华人民共和国劳动法》的规定处理"是指人民法院审理事业单位人事争议案件的程序运用《中华人民共和国劳动法》的相关规定。人民法院对事业单位人事争议案件的实体处理应当适用人事方面的法律规定，但涉及事业单位工作人员劳动权利的内容在人事法律中没有规定的，适用《中华人民共和国劳动法》的有关规定。依据上述法律规定和本案事实，本院认为原告属于正常办理了停薪留职手续，时间为1999年9月1日至2002年9月1日，其在停薪留职期间于2000年9月9日向被告发送传真申请辞职，但被告要求原告亲自回国办理手续，原告并未实际回国办理，被告仍将原告按照停薪留职对待。虽然原告对其在2000年12月口头告知被告不再辞职的事实未提供证据证明，但结合其他案件事实，原告应当是已经选择了不再辞职。被告2001年6月、12月为原告办理工资标准晋升手续以及2003年1月为原告出具在职证明办理华侨证的事实，均可以说明被告将原告作为在职人员进行处理，故原告的辞职申请已经失效。被告2003年9月28日在未告知原告的情况下又依据上述已经失效的辞职申请为原告办理了离职手续，其行为不具有合法性。被告

《关于对黄某华等三十二位同志作自动离职处理的决定》所涉及的三十二位同志的情形与原告不同，被告辩称理由没有法律依据，本院不予采信。

原告于2006年7月知道被告解除了与原告的人事关系，依据《中华人民共和国劳动争议调解仲裁法》第二十七条、第五十二条的规定和《最高人民法院关于人事争议申请仲裁的时效期间如何计算的批复》（法释〔2013〕23号）的规定，其应当在1年的仲裁时效内提起仲裁，且仲裁时效因原告向被告主张权利，或者向有关部门请求权利救济，或者被告同意履行义务而中断。原告主张其在2006年7月至2015年6月1日第一次提起仲裁期间每年不间断地向被告主张权利，并提交了其出具的申请、说明、要求、火车票等类似文件，虽然原告并未提供向被告直接送达的证据，但根据文件内容和原告主张权利的积极程度，并结合被告张某华书记关于"我知道你一直没有放弃、一直主张权利"的陈述，可以认定原告的仲裁时效构成中断，其请求未超过仲裁时效。

被告解除与原告人事关系的行为不合法，双方人事关系应当恢复，原告要求恢复人事关系的诉讼请求，本院予以支持。原告1999年9月1日后即不再上班，未提供劳动，亦未办理请假手续。其请求被告支付生活费和医疗补偿费的诉讼请求，没有事实和法律依据，本院不予支持。原告关于要求被告为其补缴社会保险和住房公积金手续的诉讼请求，不属于人民法院主管范围，本院不予处理。

综上，原告的诉讼请求部分成立，依照《中华人民共和国劳动争议调解仲裁法》第二十七条第一款、第五十二条，《中华人民共和国民事诉讼法》第一百四十二条的规定，参照《最高人民法院关于人事争议申请仲裁的时效期间如何计算的批复》，判决如下：

一、被告××××大学于本判决生效之日起十日内恢复与原告张某平的人事关系；

二、驳回原告张某平的其他诉讼请求。

本案案件受理费10元，适用简易程序减半收取5元，由被告××××大学负担。

如不服本判决，可在判决书送达之日起十五日内，向本院递交上诉状，并按照对方当事人或代表人的人数提出副本，上诉于湖北省武汉市中级人民法院。上诉人应在提交上诉状时，根据《诉讼费用交纳办法》

第十三条第一款第（四）项的规定，预交上诉案件受理费10元，款汇至武汉市中级人民法院，收款单位全称：湖北省武汉市中级人民法院，账号：17××× 67，开户行：农行武汉民航东路支行。上诉人在上诉期满后七日内未预交上诉费的，按自动撤回上诉处理。

审判员 李志涛

二〇一七年五月五日

书记员 吴怡帆

三 林某增与厦门A金属制造有限公司劳动争议案

福建省厦门市海沧区人民法院
民事判决书

（2013）海民初字第4066号

原告林某增，男，1956年3月1日出生，住台湾地区台北县，现暂住福建省厦门市集美区。

委托代理人张林风，厦门市振兴法律服务所法律工作者。

被告厦门A金属制造有限公司，住所地：福建省厦门市集美区××××路××号。

法定代表人吴某伯。

委托代理人罗福林，福建旭丰律师事务所律师。

原告林某增与被告厦门A金属制造有限公司（下称A公司）劳动争议一案，本院于2013年11月27日受理后，依法由代理审判员陈进杰独任审判，适用简易程序于2013年12月17日公开开庭进行审理。原告林某增及其委托代理人张林风、被告A公司委托代理人罗福林到庭参加诉讼。本案现已审理终结。

原告林某增诉称，原告于1996年4月入职被告处工作，职务为电镀厂厂长，被告未与原告签订书面劳动合同。2013年3月27日20时30分许，原告在被告电镀厂电镀自动线调试生产时不慎掉入脱脂槽（热碱溶液），受工伤入院治疗，诊断为73%特重度烧伤Ⅱ-Ⅲ级，现仍在康复治疗。被告却一直拒绝为原告申报工伤。原告认为，原告已在被告处工作十几年，接受被告的管理，被告也按月向原告支付工资，原、被告之间形成合法有效事实劳动关系。为此，原告向厦门市集美区劳动人事争议仲裁委员会（下称集美劳动仲裁委）申请劳动争议仲裁，请求确认原、被告之间存在劳动关系，但未获支持。为保障原告合法权益，现原告诉至法院，请求判令：确认原告与被告之间存在劳动关系（1996 年 4 月至 2013 年 3 月）。

被告 A 公司辩称，原告是台湾地区居民，根据相关法律法规，台港澳人员在大陆就业实行就业许可制度，原告在大陆就业应依法办理就业证，但因原告自身和被告公司股权转让时的遗留问题，导致原告至今未能取得就业证，根据《最高人民法院关于审理劳动争议案件适用法律若干问题解释（四）》第十四条之规定，原、被告之间不能成立劳动关系。

经审理查明，原告系台湾地区居民，在被告处工作，但未持有《台港澳人员就业证》。《华侨港澳台同胞临时住宿登记表》载明原告现住地址和接待单位均为被告，停留事由为就业，职业为电镀厂长。被告通过其银行账户和其法定代表人吴某伯银行账户按月向原告支付款项。原告的《个人收入明细申报查询表》载明被告从 2005 年 7 月起代扣代缴的原告个人所得税（工资薪金所得）。2013 年 3 月 27 日，原告在被告电镀厂电镀自动线调试生产时不慎掉入脱脂槽（热碱溶液），后被送往中国人民解放军第一七四医院治疗，诊断为：热液烧伤 73%，Ⅱ-Ⅲ级，全身多处（特重度烧伤）。后因与被告协商申报工伤事项未果，原告于 2013 年 10 月 11 日向集美劳动仲裁委申请劳动争议仲裁，请求确认双方存在劳动关系。2013 年 11 月 6 日，集美劳动仲裁委作出厦集劳仲案（2013）478 号裁决，驳回原告的请求。

另查明，2013 年 6 月 26 日，厦门市集美区人力资源和社会保障局作出厦集人社监罚字（2013）第 001 号行政处罚决定书，以被告未为原告办理《台港澳人员就业证》为由，对被告处以罚款人民币 1000 元的行政处罚。

上述事实，有华侨港澳台同胞临时住宿登记表、个人收入明细申报查询表、门诊病历、银行对账单、厦集劳仲案（2013）478 号裁决书、厦集人社监罚字（2013）第 001 号行政处罚决定书及当事人庭审陈述为证，足以认定。

本院认为，原告系台湾地区居民，本案系涉台案件，应参照涉外案件处理。本案被告住所地在福建省厦门市，且本案属厦门市中级人民法院指定由本院集中管辖的涉台案件，故本院对本案享有管辖权。根据《中华人民共和国涉台法律关系适用法》第四十三条"劳动合同，适用劳动者工作地法律；难以确定劳动者工作地的，适用用人单位主营业地法律"之规定，本案应适用中华人民共和国法律。本案中，原告在被告处就业，但被告未根据《台湾香港澳门居民在内地就业管理规定》第四条第一款"台、港、澳人员在内地就业实行就业许可制度。用人单位拟聘雇或者接受被派遣台、港、澳人员的，应当为其申请办理《台港澳人员就业证》"之规定，为原告办理《台港澳人员就业证》，导致原、被告之间未能依法成立劳动关系，而仅能被认定为雇佣关系。因此，原告诉请判令确认双方于1996年4月至2013年3月存在劳动关系，于法无据，本院不予支持。依据《最高人民法院关于审理劳动争议案件适用法律若干问题的解释（四）》第十条之规定，判决如下：

驳回原告林某增诉讼请求。

本案案件受理费10元，减半收取5元，由原告林某增负担。

如不服本判决，原告林某增可在判决书送达之日起三十日内，被告厦门A金属制造有限公司可在判决书送达之日起十五日内，向本院递交上诉状，并按对方当事人人数提出副本，上诉于福建省厦门市中级人民法院。

代理审判员 陈进杰

二〇一三年十二月十七日

书记员 陈淑芳

附本案适用的法律条文：

《最高人民法院关于审理劳动争议案件适用法律若干问题的解释（四）》第十四条第一款：外国人、无国籍人未依法取得就业证件即与中国境内的用人单位签订劳动合同，以及香港特别行政区、澳门特别行政区和台湾地区居民未依法取得就业证件即与内地用人单位签订劳动合同，当事人请求确认与用人单位存在劳动关系的，人民法院不予支持。

执行申请提示：

《中华人民共和国民事诉讼法》第二百三十九条：申请执行的期间为二年。申请执行时效的中止、中断，适用法律有关诉讼时效中止、中断的规定。

前款规定的期间,从法律文书规定履行期间的最后一日起计算;法律文书规定分期履行的,从规定的每次履行期间的最后一日起计算;法律文书未规定履行期间的,从法律文书生效之日起计算。

四 郭某梅诉香港 A 投资国际集团有限公司劳务合同纠纷案

北京市东城区人民法院

民事判决书

(2014)东民初字第 00597 号

原告郭某梅,女,1985 年 10 月 2 日出生。

委托代理人王保文,河北鼎辉律师事务所律师。

被告香港 A 投资国际集团有限公司,住所地:北京市东城区东安门大街××号××房间。

法定代表人李某泉,董事长。

委托代理人刘某春,男,香港 A 投资国际集团有限公司职工。

委托代理人方某宝,男,香港 A 投资国际集团有限公司职工。

原告郭某梅与被告香港 A 投资国际集团有限公司(以下简称香港 A 公司)劳务合同纠纷一案,本院受理后,依法组成合议庭公开开庭进行了审理。原告郭某梅的委托代理人王保文,被告香港 A 公司的委托代理人刘某春、方某宝到庭参加诉讼。本案现已审理终结。

原告诉称:原告于 2012 年 9 月入职被告公司,任秘书职位,双方签订了 5 年期劳动合同,合同约定试用期 6 个月,劳务费每月 4400 元,转正后每月 5500 元,每月出差的差旅费另给报销。自入职至 2013 年 7 月 22 日原告利用自己和朋友的人脉关系资源为被告拉项目谈生意。但被告除了给报销差旅费外拖欠原告劳务费 51150 元至今未给。原告于 2013 年 7 月 22 日与被告解除劳务关系。现起诉要求被告给付 2012 年 9 月 7 日至 2013 年 7 月 22 日拖欠的劳务费 51150 元。

被告辩称:原告与被告签订劳动合同后,原告并未在被告单位工作过。不认可原告提交的人事任命通知,该通知不是被告单位出具的,且该通知里将被告员工杨某智的名字写错了。故不同意原告的诉讼请求。

经审理查明:香港 A 公司在香港特别行政区登记注册。2012 年 9 月 7 日郭某梅(合同乙方)与香港 A 公司(合同甲方)签订劳动合同约定,香港 A 公司聘用郭某梅在秘书岗位从事董事长秘书工作，根据工作需要，甲方有权对乙方的工作岗位和工作内容进行调整，合同期限自 2012 年 9 月 7 日起至 2017 年 9 月 6 日止，合同期 5 年，试用期 6 个月，乙方的工资为包干工资，每月工资以人民币支付，其中基本工资 2500 元，岗位工资 1000 元（含工作补贴），绩效工资 1000 元，竞业限制补贴 1000 元，共 5500 元人民币。试用期按照 80% 发放，每月工资 4400 元。香港 A 公司认可劳动合同的真实性，但提出郭某梅未到其单位工作，正常工作的第二天给原告打电话但联系不上后，即视为原告自动离职。郭某梅主张 2012 年 9 月 7 日至 2013 年 7 月 22 日为被告提供了劳务，双方存在劳务关系。

原告提交的关于郭某梅的人事任命的通知内容：为适应新形势下公司经营战略发展需要，经过公司为期半年考核最终决定，对郭某梅进行新的人事任命，现予以公布。具体任命如下：任命郭某梅为外联办主任，并兼任董事长秘书一职。主要负责集团公司及其各分支机构外联事宜，协助董事长进行拓展业务等工作，此任命有效期为一年。落款为香港红日投资国际集团有限责任公司人力中心 2013 年 3 月 16 日。并加盖红日集团人力中心印章。香港 A 公司不认可该证据的真实性，申请司法鉴定。经法大法庭科学技术鉴定研究所鉴定，该通知中的"红日集团人力中心"印文，与样本被告单位录用通知书中的"红日集团人力中心"印文是同一枚印章盖印。

香港 A 公司提交工资表、考勤表、职工花名册、警告信、北京红日会计师事务所有限责任分所联名证明信来证明郭某梅不是其单位员工、未提供劳务、从未与被告有过任何联系。郭某梅不认可上述证据。

郭某梅向北京市东城区劳动人事争议仲裁委员会申请仲裁，要求香港 A 公司支付 2012 年 9 月 5 日至 2013 年 7 月 22 日拖欠的工资 51150 元及 25% 的经济补偿金 12800 元；支付解除劳动关系经济补偿金 5500 元；补缴 2012 年 9 月 7 日至 2013 年 7 月 22 日的五项社会保险。2013 年 12 月北京市东城区劳动人事争议仲裁委员会以该案不属于仲裁案件受理范围，不予处理，做出京东劳仲字（2013）第 2502 号裁决书，裁决：驳回郭某梅的全部仲裁申请。郭某梅不服裁决，提起诉讼。

上述事实，有双方当事人当庭陈述、京东劳仲字（2013）第 2502 号裁决书、法大（2014）物鉴字第 59 鉴定书、劳动合同书、解除劳动合同通知书、关于郭某梅的人事任命的通知、工资表、考勤表、职工花名册、警告信、北京红日会计师事务所有限责任分所联名证明信等在案佐证。

本院认为：根据最高人民法院有关司法解释，因本案被告香港 A 公司系在香港特别行政区注册成立的公司，故本案为涉港案件，本案诉讼程序应参照涉外民事诉讼程序进行审理。郭某梅、香港 A 公司表示选择适用中华人民共和国法律，根据意思自治原则，本案以中华人民共和国法律作为准据法解决双方争议。

《北京市人民政府关于外国企业常驻代表机构聘用中国雇员的管理规定》第五条规定，外国企业常驻代表机构招聘中国雇员，必须委托外事服务单位办理，不得私自或者委托其他单位、个人招聘中国雇员。第六条规定，中国公民必须通过外事服务单位向外国企业常驻代表机构求职应聘，不得私自或者通过其他单位、个人到外国企业常驻代表机构求职应聘。第十二条规定，华侨和香港、澳门、台湾同胞在境外设立的公司、企业和其他经济组织，其驻京代表机构参照本规定执行。按上述规定，香港 A 公司直接招用郭某梅而未通过我国涉外就业服务单位，故其与郭某梅之间建立的系雇佣关系而非劳动关系。

《最高人民法院关于民事诉讼证据的若干规定》第五条规定，在合同纠纷案件中，主张合同关系成立并生效的一方当事人对合同订立和生效的事实承担举证责任；主张合同关系变更、解除、终止、撤销的一方当事人对引起合同关系变动的事实承担举证责任。对合同是否履行发生争议的，由负有履行义务的当事人承担举证责任。本院委托鉴定部门对《关于郭某梅的人事任命的通知》做出的鉴定结论，被告没有足以反驳的相反证据和理由，本院认定该鉴定结论的证明力。该任命通知确认，经过被告对原告为期半年考核，决定对郭某梅进行新的人事任命，另结合双方于 2012 年 9 月签订有 2012 年 9 月 7 日起至 2017 年 9 月 6 日劳动合同，且被告并不能证明双方签订的劳动合同于 2013 年 7 月 22 日前已经解除。故对于郭某梅主张的 2012 年 9 月 7 日至 2013 年 7 月 22 日为被告提供了劳务，双方存在劳务关系的主张，本院予以采信。被告未给付原告劳务费，原告向被告主张 2012 年 9 月 7 日至 2013 年 7 月 22 日劳务费，本院予以支持，劳务标准参照双方签订的劳动合同月工资标准确定。被告不同意给付劳务费，本院不予支持。

综上所述，依据《中华人民共和国民法通则》第八十四条、《最高人民法院关于民事诉讼证据的若干规定》第五条、第七十一条之规定，判决如下：

自本判决生效之日起十日内，被告香港A投资国际集团有限公司给付原告郭某梅2012年9月7日至2013年7月22日劳务费五万一千一百五十元。

如果未按本判决指定的期间履行给付金钱义务，应当依照《中华人民共和国民事诉讼法》第二百五十三条之规定，加倍支付迟延履行期间的债务利息。

鉴定费二千七百六十元，由被告香港A投资国际集团有限公司负担，已交纳；

案件受理费一千零七十八元七角，由被告香港A投资国际集团有限公司负担，自本判决生效之日起七日内交纳。

如不服本判决，可在判决书送达之日起十五日内，向本院递交上诉状并按对方当事人的人数提出副本，交纳上诉案件受理费，上诉于北京市第二中级人民法院。如在上诉期满后七日内未交纳上诉案件受理费的，按自动撤回上诉处理。

审判长 杨世和

审判员 陆音

人民陪审员 张人七

二○一四年七月十五日

书记员 程新桐

第四章

涉侨离婚纠纷

随着我国对外交流交往的增多，社会环境逐步开放，有相当数量的华侨、归侨、侨眷、港澳台同胞选择与我国大陆内地居民缔结婚姻，这也使得涉外婚姻在我国生根发芽。而由于其跨境的原因，涉侨婚姻纠纷呈现多元化的态势，与国内婚姻纠纷相比，还涉及针对其涉外婚姻纠纷的管辖审查，他域法院离婚判决的承认与执行，如何适用涉外婚姻纠纷的准据法等程序上的问题。同时，在涉侨民事案件的整理中，有50%以上涉及华侨离婚纠纷，从司法案例上看，主要集中于侨主体的身份认定、侨主体的分居两地判决、侨主体离婚的共同财产分割、子女抚养权纠纷等实体异议。基于此，本章针对以上典型离婚纠纷类案件的审判整理出裁判要旨和注意事项。

第一节 侨主体身份确认

《民诉法解释》第十三条规定了华侨离婚案件的管辖适用前提为"在国内结婚并定居国外的华侨"。然而，如何定义"华侨"以及如何解释华侨定义中"定居"的含义，对于涉侨离婚纠纷的解决具有重大价值。《归侨侨眷权益保护法》以及国务院侨务办公室关于印发《关于界定华侨外籍华人归侨侨眷身份的规定》都以"定居在国外的中国公民"作为华侨的界定，与此同时，《关于界定华侨外籍华人归侨侨眷身份的规定》也已对华侨定义中"定居"一词作出解释。在实际司法裁判中，也以上述法律规范作为侨主体身份确认的重要法律依据。

一 典型案例

案例一 夏某与尹某离婚纠纷案①

(一) 案件主要事实

本案为离婚纠纷的上诉案,一审法院经过审理认定的法律事实如下:夏某已加入澳大利亚国籍,尹某亦取得澳大利亚永久居住权,双方均定居国外,且在国外登记结婚。根据最高人民法院《关于适用〈中华人民共和国民事诉讼法的解释〉》(以下简称《民诉法解释》)第十四条规定,"在国外结婚并定居国外的华侨,如定居国法院以离婚诉讼须由国籍所属国法院管辖为由不予受理,当事人向人民法院提出离婚诉讼的,由一方原住所地或在国内的最后居住地人民法院管辖。"夏某、尹某的离婚诉讼可适用该条规定。夏某直接向浑南区人民法院提起离婚诉讼不属该院受案范围,应裁定驳回起诉。上诉人夏某不服一审法院的民事裁定,提起上诉,二审法院于2020年3月26日立案后,依法组成合议庭审理了本案。

(二) 本案争议焦点

上诉人认为被上诉人尹某近两年在澳大利亚居留时间不足五个月,双方非定居国外的华侨,故一审法院作出"双方当事人均为华侨"的认定系错误;双方当事人亦不符合《民诉法解释》第十四条规定的主体身份,一审法院适用该条认定双方当事人的主体身份,亦系适用法律错误;尹某系中国国籍,住所地在沈阳市浑南区,沈阳市浑南区人民法院受理本案符合法律规定,故一审法院作出不属其法院受理范围的认定,亦系不当。

法院经审理认为:夏某在起诉本案之前,已取得澳大利亚国国籍,尹某之前亦已取得澳大利亚国永久居住权。另查,夏某与尹某系在澳大利亚国注册结婚,且生育三名子女,双方的主要婚姻生活地及与子女共同生活地均为澳大利亚国,双方的三名子女亦均为澳大利亚国国籍,故双方的夫妻感情是否发生矛盾和夫妻感情是否破裂及与抚育子女有关的相关事实,均发生在澳大利亚国。再查,尹某就双方子女抚养、双方财

---

① 辽宁省沈阳市中级人民法院(2020)辽01民终4939号民事裁定书。

产分割以及离婚事宜已向澳大利亚国法院提起诉请,相关诉请在澳大利亚国法院经过诉前调解程序后已进入诉讼程序。夏某以要求与尹某离婚、分割夫妻共同财产、尹某对其存在家暴之事由向中国辽宁省沈阳浑南区人民法院起诉,并请求支持其上述诉请。根据本案夏某与尹某的婚姻缔结地在澳大利亚国,双方婚后主要共同生活和与抚育子女相关的生活亦均发生在澳大利亚国,以及双方和双方子女现有国籍身份的实际情况,浑南区人民法院无法正常履行《民事诉讼法》第二条规定的"查明事实,分清是非,及时审理案件,保护当事人合法权益"之职能,且尹某作为被告,对夏某向浑南区人民法院提起诉讼提出异议,认为本案管辖应由澳大利亚国法院审理。另查,法院处理离婚案件时,亦应同时处理相关的子女抚养问题,因双方共有的三名子女均为澳大利亚国籍,均未在中国实际生活,故浑南区人民法院在适用法律上确实不方便管辖,参照国际私法对婚姻家事案件亦"适用由与案件事实最紧密联系的国家法院管辖",故就本案事实,澳大利亚国法院审理相较我国法院审理更利于查明双方夫妻感情是否破裂及与子女抚养相关的涉案事实,故一审法院裁定驳回夏某的起诉,并无不当。依夏某的国籍身份,虽一审法院对其与尹某均适用《民诉法解释》第十四条的规定,认定二人均系华侨存在不当,但此节并不影响一审法院裁判结果的正确性。

综上,夏某的涉案上诉意见不能成立,本案的焦点争议如下:(1)当事人双方是否均属于华侨。(2)双方的婚姻主要婚姻生活地以及子女共同生活地均为澳大利亚,故该离婚诉讼是否应由澳大利亚法院管辖审理。

(三)裁判要旨

在本案例中法院的裁判要点主要集中于管辖适用的审查,同时涉及华侨身份的确认。首先,夏某提出的抗辩理由为其已加入澳大利亚国籍,且被上诉人尹某在澳大利亚居留时间不过五个月,因为双方均不属于华侨,一审法院适用主体错误,在此基础上适用法律亦系错误。尽管二审法院认为尹某的答辩意见不成立,即夏某的华侨身份并不符合国务院侨办《关于界定华侨外籍华人归侨侨眷的规定》的认定标准,但此情节并不影响一审法院裁判结果的正确性,由此二审法院维持原裁定。其次,关于华侨身份的判断,法院审查了相关涉侨法律规范以及涉侨办的证明,即国务院侨办《关于界定华侨外籍华人归侨侨眷的规定》沈阳市浑南区侨务办公室出具的《证明》《外交部、最高人民法院、民政部、司法部、国务院侨办〈关于驻外使领馆处理华侨婚姻问题的若干规定〉》，尽管法院对一审侨主体身份的认定作出了审查和纠正，但其对于裁定的最终结果并未产生实质性影响，由此可见，在涉及涉外婚姻纠纷管辖的案件中，侨主体身份的确认并不是作为裁判的主要依据和理由。

案例二 C 某与蒋某离婚纠纷案①

（一）案件主要事实

本案为离婚纠纷的上诉案，一审法院经审理认定事实如下：原、被告双方在国内登记结婚。原告为外国公民，婚后原、被告双方及婚生小孩均居住在菲律宾，其在该国也购置了房产。因此，根据《民诉法解释》第十三条规定，查明原、被告双方的婚姻缔结地不在一审法院辖区，双方也未举证被告在国内的最后居住地是在一审法院辖区，一审法院对本案无管辖权，驳回原告 C 某的起诉。上诉人 C 某不服一审法院的民事裁定，提起上诉，二审法院依法组成合议庭对本案进行了审理，现已审理终结。

（二）本案争议焦点

上诉人认为被上诉人蒋某的户籍信息及身份信息均显示其户籍地、居住地在高新区，其家人并未提供任何证据证明其目前人在国外，即便"人在国外"并不等于《民诉法解释》中的"定居在国外的华侨"。一审法院适用法律错误，且违反了《民法总则》关于应诉管辖的规定。

法庭经审理认为：上诉人为外国公民，与被上诉人结婚后，夫妻双方及婚生小孩均在菲律宾生活，其在该国也购置了房产，起诉时也并未提交其定居国法院认为该离婚诉讼须由婚姻缔结地法院管辖的相关证据。故一审法院对本案没有管辖权，一审法院裁定驳回起诉并无不当。因此上诉人的上诉理由不成立，其上诉请求本院不予采纳。

综上，上诉人 C 某的涉案上诉意见不成立，本案的争议焦点如下：（1）被上诉人蒋某是否属于定居在国外的华侨。（2）针对涉案双方都定

---

① 江西省南昌市中级人民法院（2020）赣 01 民终 1584 号民事裁定书。

居在国外的离婚纠纷能否由被告户籍地法院管辖。

(三) 裁判要旨

在本案例中主要涉及如何认定"定居在国外的华侨"的诉讼主体问题以及针对离婚纠纷当事人都定居在国外的法院管辖权问题。首先，法院适用《民诉法解释》第十三条规定的前提是"在国内结婚并且在国外定居的华侨"，本案中的双方当事人在国内登记，并长期定居于菲律宾，且被上诉人仍为中国国籍，符合《关于界定华侨外籍华人归侨侨眷身份的规定》侨主体的条件。其次，对于其华侨身份的确认同时也是本案适用法律的主要依据。明确涉案侨主体后，根据《民诉法解释》第十三条确认应诉法院无管辖权。

二 相关法律条文解读

对于涉外婚姻纠纷的管辖审查，对此，本章于第五节对离婚管辖适用的法律条文作了详细解读，在这不作赘述。

对于华侨、外籍华人、归侨的定义，《关于界定华侨外籍华人归侨侨眷的规定》第一条、第二条、第三条作出如下规定：华侨是指定居在国外的中国公民。外籍华人是指已加入外国国籍的原中国公民及其外国籍后裔；中国公民的外国籍后裔。归侨是指回国定居的华侨。夏某已入澳大利亚国籍，显然属于外籍华人，并不是华侨。

对于华侨定义中"定居"一词的含义解释，国务院侨务办公室关于印发《关于对华侨定义中"定居"的解释（试行）》的通知中作了如下描述：定居是指中国公民已取得住在国长期或者永久居留权。中国公民虽未取得住在国长期或者永久居留权，但已取得住在国连续5年（含5年）以上合法居留资格，并在国外居住，视同定居。本案中的被上诉人尹某近两年在澳大利亚居留时间不足5个月，但是在此前已经取得了澳大利亚永久居留权，且目前国籍为中国，符合华侨的定义，应当认定其为华侨。

关于华侨的涉外离婚纠纷，《民诉法解释》第十三条作出如下规定：在国内结婚并定居国外的华侨，如定居国法院以离婚诉讼须由婚姻缔结地法院管辖为由不予受理，当事人向人民法院提出离婚诉讼的，由婚姻缔结地或者一方在国内的最后居住地人民法院管辖。本案中上诉人为外国公民，与被上诉人华侨结婚后，夫妻双方及婚生小孩均在国外生活，起诉时也并未提交其定居国法院认为该离婚诉讼须由婚姻缔结地法院管辖的相关证据，故上诉人的上诉理由不成立，国内法院并无管辖权。

三　裁判启示

本节的两个典型案例都涉及了涉外婚姻关系中侨主体身份的确认以及管辖的审查。双方均为外籍人士的，一般不予受理，但在国内结婚并定居国外的华侨，如定居国法院以离婚诉讼须由国籍所属国法院管辖为由不予受理，当事人向法院提出离婚诉讼的，由一方原住所地或者在国内的最后居住地法院管辖。由此，涉外离婚纠纷要适用本地管辖的前提为当事人一方或双方为华侨。通过对上述两个案例的整理，可以发现华侨的身份争议主要聚焦于是否定居国外。关于定居于国外的认定，两个法院分别采用了不同的认定标准。其一，是具有中国国籍且当事人在国外取得永久居留权，根据国务院侨务办公室关于印发《关于对华侨定义中"定居"的解释（试行）》的规定，视为定居于国外的华侨。其二，是具有中国国籍的当事人婚后共同主要生活地为国外，且已在国外购置房产，同样被视为定居于国外的华侨。由此可见，实践中对于"定居"一词的理解适用，司法裁判具有不同的认定标准。尽管国务院侨务办公室关于印发《关于界定华侨外籍华人归侨侨眷身份的规定》已对"华侨"作了定义，但在认定标准上，仍然会牵涉"华侨"这一概念的外延问题，华侨身份的认定应坚持严格证明标准。

四　涉侨保护要点

概言之，我国侨务法律制度虽有涉及华侨身份认定问题，却未能形成一个系统制度，尤其是涉外婚姻纠纷中涉及的华侨身份确认问题，在司法实践中采用了不同的认定标准。立足于华侨权益保护的需要，出台涉外婚姻华侨身份认定的实施细则，侨务部门等行政机关应当做好相关法律法规的衔接，以增强侨务部门出具的华侨身份证明效力，在诉讼中减轻华侨身份认定制度的现实成本。

第二节　离婚管辖适用

在国内结婚并定居于国外的华侨或者港澳台居民一旦提起离婚诉讼,必然涉及法院的管辖权问题。涉外离婚纠纷管辖权的审查是华侨以及港澳台同胞离婚纠纷司法裁判的核心,实践中各法院对涉侨离婚纠纷管辖权的行使主要是以《最高人民法院关于适用〈中华人民共和国涉外民事关系法律适用法〉若干问题的解释(一)》和《民诉法解释》为法律依据。此外,通过对典型案例的分析可以发现,对涉外离婚纠纷的要件审查主要是从三个层面。首先,是对于涉外离婚案件的管辖审查,以确认当事人身份为前提,判断双方都属于华侨或者港澳台居民,或者双方均为外籍人士,或者只有一方当事人为华侨或者外籍人士。其次,是对于他域法院离婚判决的承认与执行,外国法院或者香港法院对该离婚案件是否具有管辖权,是否存在诉讼竞合与矛盾判决。最后,是关于涉外离婚案件的准据法的适用,本节选取的两个典型案例适用的准据法都为国内法。本节立足于华侨与港澳台同胞离婚诉讼管辖权益的保护,提出相关建议赋予定居于国外的华侨和港澳台同胞协议选择管辖法院的权利,尊重当事人的意思自治。

一　典型案例
案例一　叶某甲与叶某乙离婚纠纷案[①]
(一) 案件主要事实

原告叶某甲与被告叶某乙均在巴西生活,均为华侨。双方经自由恋爱后,在巴西结婚。并育有一子叶某丙。儿子出生后半年,即跟原告的父母一起在巴西生活,由原告父母抚养,抚养费原、被告承担。原、被告的性格向来不和,结婚后经常吵架。随着两人的共同生活时间的延长,双方的矛盾越来越尖锐。2008年,被告在双方发生矛盾时经常拔出手枪威胁原告,原告的生命安全受到严重的威胁,并于年底独自回国,至今一直居住在丽水父母家中。原告以为,原告和被告的感情已彻底破裂,

---
① 浙江省丽水市莲都区人民法院(2015)丽莲民初字第690号民事判决书。

无和好可能。请求依法判决原、被告离婚。

(二) 案件争议焦点

原、被告均为中国公民,在巴西联邦共和国工作、生活,均获得巴西的永久居留证。原告认为原、被告因价值观、生活习惯等差异产生矛盾,加之沟通不善,夫妻感情逐渐产生裂痕,遂于 2013 年向本院起诉请求离婚,同年 12 月 18 日撤诉。现原告再次向本院起诉,请求离婚。

法院经审理认为:原、被告在巴西联邦共和国登记结婚。原、被告现居住巴西,但双方为中国公民。根据《最高人民法院关于适用〈中华人民共和国涉外民事关系法律适用法〉若干问题的解释(一)》第一条的规定,本案为涉外民事诉讼。关于本案的管辖,《民事诉讼法》第二百五十九条规定,在中华人民共和国领域内进行涉外民事诉讼,适用本编规定。本编没有规定的,适用本法其他有关规定。《民诉法解释》第十四条规定,在国外结婚并定居国外的华侨,如定居国法院以离婚诉讼须由国籍所属法院管辖为由不予受理,当事人向人民法院提出离婚诉讼的,由一方原住所地或者在国内的最后居住地人民法院管辖。原告原住所地在本院辖区内,故本院对本案具有管辖权。关于本案的法律适用,《涉外民事关系法律适用法》第二十七条规定,诉讼离婚,适用法院地法律。现原告叶某甲向本院起诉要求与被告叶某乙离婚,本案适用中华人民共和国法律处理本案纠纷。本案原、被告在婚姻生活期间因价值观、生活习惯等差异产生矛盾,未能妥善、合理地加以解决,导致关系恶化,嗣后,双方未沟通和往来,视双方夫妻关系现状,已无和好可能,应认定夫妻感情确已破裂。

综上,法院最终判决准予离婚,婚生子由原告抚养。本案的争议焦点如下:(1) 当事人双方均为华侨,作为原告的户籍地法院,是否拥有管辖权。(2) 在法院拥有管辖权的基础上能否适用本国的法律。(3) 原被告是否属于《婚姻法》第三十二条夫妻感情破裂的情形。

(三) 裁判要旨

本案中适用《民诉法解释》第十四条规定的前提是诉讼当事人华侨身份的确认。原、被告居住于巴西,并取得永久居留证,且双方仍为中国国籍,完全符合《关于界定华侨外籍华人归侨侨眷身份的规定》对华侨的定义。由此,确认本案的性质为涉外民事诉讼,可适用《民诉法解释》第十四条。对于法院管辖权的审查,也基于对第十四条的解读。华侨的定居国法院以离婚诉讼须由国籍所属法院管辖为由不予受理，当事人提出离婚诉讼的，可由一方原住所地或者在国内的最后居住地人民法院管辖。显然，本案法院作为当事人原住所地法院，对该离婚诉讼当然享有管辖权。同时，根据《涉外民事关系法律适用法》第二十七条之规定，诉讼离婚，适用法院地法律。即本案应适用中国的《婚姻法》来处理离婚纠纷。在事实审查中，双方当事人矛盾加深，无和好可能，应根据《婚姻法》第三十二条认定夫妻感情确已破裂。

案例二　张某与曾某甲离婚纠纷案①

（一）案件主要事实

原告张某与被告曾某甲均为香港永久性居民，其与被告曾某甲于1996年认识，之后谈恋爱并登记结婚。婚后被告每周均会从香港回来与原告待一天左右。两人共同生育两个小孩。2002年左右原告随被告去往香港。因原告与被告感情不和，原告于2005年自己搬回内地生活，两个小孩一直随被告在香港居住生活。由于一直以来经常吵闹，被告还有暴力倾向，使原告身心受到伤害。2010年左右，原告与被告基本没有来往，现原告对被告已毫无感情可言，夫妻感情已完全破裂，也多年没有见面。原告为维护合法权益，向法院提起离婚诉讼。

（二）本案争议焦点

原、被告均为香港居民，但原告常住地为广东省佛山市，被告则一直居住于香港，虽然被告曾多次往返于广东和香港，但是因性格不合已不再来往。遂原告提出离婚诉讼，被告经传唤未到庭。

本院经审理认为，原告张某、被告曾某甲均为香港居民，故本案属涉港民事纠纷。根据《民诉法解释》第十三条规定"在国内结婚并定居国外的华侨，如定居国法院以离婚诉讼须由婚姻缔结地法院管辖为由不予受理，当事人向人民法院提出离婚诉讼的，由婚姻缔结地或者一方在国内的最后居住地人民法院管辖"，以及第五百五十一条规定"人民法院审理涉及香港、澳门特别行政区和台湾地区的民事诉讼案件，可以参照适用涉外民事诉讼程序的特别规定"，本案中原告张某自述从2010年起

---

① 广东省佛山市顺德区人民法院（2016）粤0606民初3491号民事判决书。

一直在佛山市顺德区居住,结合佛山市顺德区公安局出入境管理大队的查询记录和张某的银行流水记录,可以确定张某至今在佛山市顺德区居住已超过一年以上,本院属于在本辖区内对涉港民事案件有管辖权的人民法院,且符合级别管辖的规定,故本案应由本院管辖。另根据《涉外民事关系法律适用法》第二十七条规定"诉讼离婚,适用法院地法律",故应适用中华人民共和国法律审理。根据《婚姻法》第三十二条及相关法律规定,离婚案件中准予或不准离婚应以夫妻感情是否破裂作为区分的界限。判断夫妻感情是否确已破裂,应当从婚姻基础、婚后感情、离婚原因、夫妻关系的现状和有无和好的可能等方面综合分析。本案中,原、被告结婚后,2002年左右原告即随被告去往香港共同生活,2005年原告亦将户口迁往香港,可见原、被告之间既有共同生活的愿望,亦有共同生活之事实,且至今已有十余年。虽然原告称其之后独自回内地生活,自2010年起便少有去往,双方聚少离多,夫妻沟通极少。但据佛山市顺德区公安局出入境管理大队出入境记录统查询结果显示,张某在2013年12月之前仍有频繁去往香港居住。虽然在2013年12月之后原告去往香港的次数减少,但并无证据证明被告亦未在该期间返回大陆与原告相聚,故现有证据不足以证明原告与被告之间感情确已破裂,已无和好的可能,对原告张某要求离婚的诉讼请求,本院不予支持。

综上,原告诉请离婚的请求被法院驳回,本案的争议焦点如下:(1)本案属于涉港民事案件,原告居住地法院是否具有管辖权。(2)法院应当适用中国法律还是香港法律进行司法裁判。(3)原、被告是否属于《婚姻法》第三十二条夫妻感情破裂的情形。

(三)裁判要旨

本案主要涉及香港居民能否向内地法院提起离婚诉讼,即法院管辖权的适用问题。尽管《民诉法解释》第十三条规定了"在国内结婚并定居于国外的华侨"可以向婚姻缔结地或者一方在国内的最后居住地人民法院提出离婚诉讼,该条的适用对象仅限于华侨,香港居民能否适用暂未作出明文规定。但是《民诉法解释》第五百五十一条又规定了"人民法院审理涉及香港、澳门特别行政区和台湾地区的民事诉讼案件,可以参照适用涉外民事诉讼程序的特别规定"。此条款赋予了香港居民也可向婚姻缔结地或一方在内地的最后居住地人民法院提出离婚诉讼的权利。其次根据《涉外民事关系法律适用法》第二十七条的规定，本案可适用我国的《婚姻法》。最后涉及夫妻感情确已破裂的认定，虽然原告与被告曾分居两地，但是经出入境管理处的举证证明双方仍有往来，表明法院审理以举证事实为准，来判断是否应当适用《婚姻法》第三十二条的规定。

二 相关法律条文

（1）对于案件是否属于涉外民事关系，《涉外民事关系法律适用法司法解释》第一条的规定作了如下规定：民事关系具有下列情形之一的，人民法院可以认定为涉外民事关系：（一）当事人一方或双方是外国公民、外国法人或者其他组织、无国籍人；（二）当事人一方或双方的经常居所地在中华人民共和国领域外；（三）标的物在中华人民共和国领域外；（四）产生、变更或者消灭民事关系的法律事实发生在中华人民共和国领域外；（五）可以认定为涉外民事关系的其他情形。

（2）对于法院是否拥有管辖权，我国《民诉法司法解释》第十四条作了如下规定：在国外结婚并定居国外的华侨，如定居国法院以离婚诉讼须由国籍所属国法院管辖为由不予受理，当事人向人民法院提出离婚诉讼的，由一方原住所地或者在国内的最后居住地人民法院管辖。

（3）对于法院的法律适用，我国《涉外民事关系法律适用法》第二十七条作了如下规定：诉讼离婚，适用法院地法律。

（4）对于香港居民能否向内地法院提起离婚诉讼，我国《民诉法解释》第十三条和第五百五十一条分别作了规定。第十三条规定：在国内结婚并定居国外的华侨，如定居国法院以离婚诉讼须由婚姻缔结地法院管辖为由不予受理，当事人向人民法院提出离婚诉讼的，由婚姻缔结地或者一方在国内的最后居住地人民法院管辖。第五百五十一条规定：人民法院审理涉及香港、澳门特别行政区和台湾地区的民事诉讼案件，可以参照适用涉外民事诉讼程序的特别规定。

（5）对于夫妻感情是否确已破裂的认定将在下文第三节中提到，在此不加赘言。

三 裁判启示

通过对以上两个典型案例的分析，可以梳理归纳出关于华侨以及港澳台同胞婚姻纠纷管辖权适用的要点。首先，根据我国《涉外民事关系法律适用法解释》第一条的规定判断涉侨案件是否属于涉外民事案件，华侨作为定居在国外的中国公民，符合该条款第二项的规定。其次，根据《民诉法解释》第十三条和第十四条来审查法院是否拥有管辖权，基于对以上条款的解读，可以发现我国在涉外离婚管辖权问题上，选择性地采用了属地管辖和属人管辖原则：以当事人住所地或惯常居所地管辖优先，兼顾另一方属地管辖，同时再在限定的范围内（华侨、定居国外的中国公民）规定国籍和婚姻缔结地等连接点作为确立管辖权的依据。在准据法的适用上，根据我国《涉外民事关系法律适用法》第二十七条的规定，诉讼离婚，适用法院地法律，即适用我国的《婚姻法》。另外，港澳台同胞不属于居住在国外的华侨，但如果他们在居住地起诉有困难的，应当参照《民诉法解释》第十三条关于华侨起诉离婚管辖的规定处理。同时这也是对涉港、澳、台婚姻案件的管辖权如何处理的裁判指引。从判断管辖权再到适用准据法的这一裁判路径体现了我国法院在审理华侨以及港澳台同胞的离婚纠纷案件时，兼顾程序正义与实体正义的价值取向。

四 涉侨保护要点

最高人民法院、司法部、民政部、外交部、国务院侨务办公室联合印发的《关于驻外使领馆处理华侨婚姻问题的若干规定》指出，夫妻双方均是居住在国外的华侨，夫妻双方现在均为外籍华人，一方为华侨另一方为外籍华人要求离婚的，原则上应向居住地有关机关申请离婚手续。这样的规定忽视了华侨的文化背景和心理因素，因为立法社会背景和文化冲突，可能会导致当事人双方对于处理结果的不满，甚至损害当事人双方的权利。针对此种情形，立法应当允许当事人协议选择管辖法院。只要判决结果不违背本国的公共秩序，当事人选择的效力就应当得到承认。协议选择的范围不宜过于宽泛，应当以与离婚案件有一定联系为基本原则，以列举的方式规定住所地、惯常居所地、国籍国等连结点供当事人选择。

在涉外诉讼领域引入意思自治原则，反映了在离婚领域对华侨自由意志的尊重，与此同时也对华侨的管辖法院选择进行一定的限制，但涉外诉讼领域，引入当事人意思自治更有利于调和矛盾，便于案件的解决。

如果双方当事人达不成合意时，再适用法院地法，这是对侨主体在司法领域的尊重，也是对其民事权利的保护。

第三节　分居两地离婚判决

在判决离婚的涉外婚姻关系纠纷案件中，以分居两地，夫妻感情破裂为由判决离婚的情形最为常见。当事人一方多为现居住于港澳台地区的港澳台同胞以及定居于国外的华侨，在内地登记结婚，并向内地人民法院提起离婚诉讼。针对此种情形，应诉法院根据《婚姻法》第三十二条第三款第四项的规定"因感情不和分居满二年的"以及第五项的规定"其他导致夫妻感情破裂的情形"为由判决离婚。本节将就在司法裁判中有关分居两地能否作为夫妻感情破裂的衡量标准进行分析。

一　典型案例

案例一　冯某甲与吴某离婚纠纷案[①]

（一）案件主要事实

原告冯某甲为旅美华侨，现住美国，原告通过媒人介绍认识被告吴某，并经过一段时间的相处后，原、被告到恩平市民政局办理了结婚登记手续。婚后育有女儿冯某乙。由于原、被告结婚仓促，彼此之间缺乏了解，婚后原告始知被告生活作风不正派，并长期赌博，造成夫妻感情破裂。同时，原、被告婚后长期分居异国他乡，聚少离多，难以培养好的夫妻感情，该婚姻关系再也无法继续维持下去。鉴于此，原告向法院提起离婚诉讼。

（二）本案争议焦点

对于原告冯某甲提出的由于长期分居，两人已丧失感情基础的主张，被告吴某提出抗辩，其认为双方夫妻感情尚未破裂，不应当准予离婚。因为被告和原告经过长期的交往，形成了深厚的感情，深思熟虑后认为应当组织新的家庭。而且，只要为了家庭的幸福，大家是可以克服暂时的异地分隔。因此，被告与原告绝非一时头脑发热而结婚、生育，相反

[①] 广东省恩平市人民法院（2016）粤0785民初第558号民事判决书。

夫妻感情是十分深厚的，未曾因为暂时的物理距离而变淡。被告与原告的家人的关系一直十分和睦。但是据被告了解，此次离婚诉讼是通过原告的姐姐挑拨离间其夫妻关系才提起的，并非原告的真实意愿，法庭应当驳回其诉讼请求。

法院经审理认为：根据双方陈述，原、被告是在相互认识了解的基础上建立婚姻家庭关系，建立婚姻家庭的期间并没有发生较大的矛盾分歧，对于婚姻家庭的完整和谐，双方都有责任予以维护，不应当因聚少离多、缺乏沟通等原因损害夫妻之间的感情。依照《婚姻法》第三十二条，原、被告之间并未达到夫妻感情完全破裂，必须离婚的程度。因此，原告主张离婚理由不充分，证据不足，法院不予支持。

综上，法院不准予原告冯某甲与被告吴某解除婚姻关系，本案的争议焦点为原告与被告是否属于《婚姻法》第三十二条规定的感情确已破裂的情形。

（三）裁判要旨

本案主要涉及如何认定分居两地对于华侨婚姻关系的影响。法院严格适用《婚姻法》第三十二条对于夫妻感情破裂的认定。首先，本案是由华侨提起的离婚诉讼，吴某作为旅美华侨，经证明常年居于外国且没有回国，而陈某则在国内，由此提出的聚少离多而感情变淡的主张。显而易见，分居两地常作为涉外离婚纠纷案件中证明夫妻感情破裂的工具。其次，作为华侨的吴某虽然提出了由于异国而感情变淡的主张，但却未能证明其主张的事实。至于"生活作风不正派，并长期赌博"的主张，陈述和事实不相符，也没有对该陈述履行举证义务。同时，法院的审理结果也表明法院不以分居两地作为衡量涉外离婚当事人感情破裂的唯一尺度，而是进行多方面的综合考量。

案例二 黄某甲与郑某某离婚纠纷案①

（一）案件主要事实

原告黄某甲与被告香港居民郑某某经朋友介绍认识一次见面后就于同年1月30日在香港登记结婚。登记后原告即返回宁德，同年多次以探

---

① 福建省宁德市蕉城区人民法院（2014）蕉民初字第1749号民事判决书。

亲的方式前往香港，因性格不合双方仍然无法相处，不得已原告又返回宁德。从 2011 年 7 月 19 日至今双方再无任何联系。原告于 2013 年 1 月 5 日在万般无奈的情况下向法院起诉要求与被告离婚，法院以证据不足为由不准予原、被告离婚，判决于 2013 年 12 月 16 日生效。法院判决以后，原、被告夫妻仍然没有任何联系。原、被告结婚后未生育子女，婚姻关系存续期间无共同财产及债务纠纷。现原告起诉要求与被告离婚。

（二）本案主要争议焦点

原告认为自己在婚姻缔结后曾多次前往香港看望被告，已为夫妻感情的修复做了足够努力，但是由于婚前双方认识时间短，缺乏了解草率结婚，婚后性格各异，常因家庭琐事引发纠纷，共同生活期间无法建立夫妻感情。原告于 2011 年 7 月 19 日返回宁德，至今原告与被告没有联系且双方均未履行夫妻之间应尽的义务，其夫妻关系名存实亡，感情完全破裂。被告未作答辩。

法院经审理认为：原、被告依法登记结婚，其婚姻关系合法有效。现双方因感情不和，无法共同生活，长期分居，原告起诉要求与被告离婚，并提供充分证据，应认定夫妻感情确已破裂。从双方的婚姻基础、婚后感情、离婚原因、夫妻关系的现状、有无和好可能等方面综合分析后，法院对原告的离婚诉求予以支持。

综上，原告的离婚诉讼请求得到了法院的支持，本案的争议焦点为原告与被告是否属于《婚姻法》第三十二条规定的感情确已破裂的情形。

（三）裁判要旨

本案主要涉及涉港婚姻关系中夫妻感情破裂的认定。在审理过程中，原告黄某曾多次以探亲的方式前往香港，反映出涉港婚姻关系中，由于夫妻双方长期分居两地，聚少离多而带来的感情问题。关于如何处理涉港离婚诉讼，本案的法院从双方的婚姻基础、婚后感情、离婚原因、夫妻关系等方面展开综合考量，最终根据《婚姻法》第三十二条的规定以夫妻感情确已破裂为由准予离婚。

二　相关法律条文

对于应当准予离婚的情形，《婚姻法》第三十二条作了如下规定：男女一方要求离婚的，可由有关部门进行调解或直接向人民法院提出离婚诉讼。人民法院审理离婚案件，应当进行调解；如感情确已破裂，调解无效，应准予离婚。

有下列情形之一，调解无效的，应准予离婚：

（一）重婚或有配偶者与他人同居的；

（二）实施家庭暴力或虐待、遗弃家庭成员的；

（三）有赌博、吸毒等恶习屡教不改的；

（四）因感情不和分居满二年的；

（五）其他导致夫妻感情破裂的情形。

一方被宣告失踪，另一方提出离婚诉讼的，应准予离婚。

三 裁判启示

本节两个典型案例的离婚纠纷都涉及当事人以分居两地、感情破裂为由起诉离婚，但是得到了不同的裁判结果。法院在审理过程中对于分居两地进行两个维度的分析。首先是事实分析，对于华侨、港澳台同胞与我国内地居民登记结婚，一般为定居国外的华侨与港澳台居民，针对夫妻双方都会面临异地生活的情况，感情也因物理距离而变淡，这也是当事人一方提起离婚诉讼的重要依据之一。其次是法理分析，分居可作为《婚姻法》规定夫妻感情确已破裂的法定理由，由两部分组成，一是事实上的分居，由分居导致的感情破裂；二是由于感情变淡而选择分居，以分居证明夫妻感情不和。因此，不能片面地以分居两地作为衡量夫妻感情破裂的标准，婚姻的缔结应以感情为基础，而判断夫妻感情是否破裂，应当从婚姻基础、婚后夫妻感情的培养、离婚的原因、夫妻关系现状和有无和好的可能等方面综合分析。另外，针对涉外婚姻当事人常年分居两地，除了提起离婚诉讼外，可采取何种方式进行救济，应如何构建和完善我国的探亲制度，有待深入研究。尽管在法院审理的过程中，以维护婚姻家庭的完整和谐为出发点，主张有事善意沟通，各自克服异地的缺点来改善夫妻关系。但是法院在审理该类似案例的过程中也不能"和稀泥"，一味地追求婚姻家庭的稳定，对于符合《婚姻法》第三十二条规定的情形，仍应当准予离婚。

四 涉侨保护要点

本节中的当事人多为一方为境外定居的华侨或者港澳台居民，另一方为中国内地居民，因此，对于分居两地的涉外婚姻关系，极易出现离婚纠纷，一方面，原因在于聚少离多，难以实现夫妻共同生活，另一方面在于探亲申请程序的冗长以及期限限制。夫妻一方为内地居民，想要远赴境外或者港澳台地区探亲，《港澳台出入境管理办法》《申请赴港探亲签注办事指南》都规定了严格的探亲审批程序，行政审批流程的冗长，也导致夫妻不能长期有效地见面和共同生活。

针对此种情况，应当如何实现对宜居境外的华侨以及港澳台居民的婚姻关系的特殊保护是目前涉外离婚纠纷中心的一大难题。若适当减低门槛，安排较长的探亲假期，根据相关法律规定可取得永久居留权，更有利于维持婚姻家庭的和谐稳定。

第四节 离婚共同财产分割

夫妻财产关系是夫妻关系的重要内容。处理涉外离婚案件，变更夫妻人身关系的同时必然会涉及夫妻财产关系的认定与处理。首先，在处理这类案件时我国法院进行审理的前提是具有管辖权，对于当事人提出的程序异议进行严格审查。其次，审查当事人提出的实体异议，当事人居住在国外的夫妻财产关系，可根据《涉外民事关系法律适用法》第二十四条的规定适用实体法。允许夫妻双方协议选择调整夫妻财产关系的法律主要有：（1）一方当事人经常居所地法律；（2）国籍国法律；（3）主要财产地法律。除此之外，在涉外离婚纠纷中对于夫妻间共同财产的认定主要集中于房屋产权的分割纠纷。本节通过对于两个典型案例的梳理总结发现，司法裁判中主要是从婚后以个人名义购买的房产是否为夫妻共同财产，尚未进行明确产权登记的房屋能否分割，作为华侨腾退房的房产能否进行分割等几个方面进行审查。

一 典型案例

案例一 朱某某与程某某离婚纠纷案①

（一）案件主要事实

上诉人（原审原告）朱某某与被上诉人（原审被告）程某某均为华侨，两人经自由恋爱于 2001 年登记结婚，并于 2002 年生育一子朱甲。2008 年，朱某某带儿子至加拿大生活，2009 年 6 月程某某亦赴加拿大与朱某某、儿子共同生活。因生活、工作变动，双方产生矛盾，致夫妻不睦。2011 年 7 月，双方开始分居至今。孩子随程某某共同生活。朱某某认为夫妻感情破裂，诉至法院请求离婚。

（二）本案争议焦点

上诉人不服原审判决中抚养权归于被上诉人。法院经审理认为，儿子目前已满 13 周岁，其愿意今后继续与程某某共同生活，综合考虑朱某某、程某某的年龄身体状况等因素，法院认为双方离婚后，儿子随程某某共同生活为宜。因双方分居多年，且自 2013 年起儿子就一直跟随程某某生活，法院支持原判。

上诉人主张被上诉人支付江桦路房屋一半价值的款项给上诉人，理由为该房屋首付款由夫妻共同财产支付。程某某提出抗辩，关于江桦路房屋，程某某以个人财产支付首付为由提出江桦路房屋系个人财产，法院认为漕溪北路房屋登记在程某某一人名下，且朱某某、程某某通过协议方式约定所有权归程某某所有并经公证，故漕溪北路房屋为程某某的个人财产。法院结合证据，认可程某某以个人财产支付江桦路房屋首付款的说法，但江桦路房屋在夫妻婚姻存续期间取得，应认定为夫妻共同财产。综上，江桦路房屋应按照该房屋的出售价格扣除剩余贷款及归还上诉人女儿之钱款后的余款，双方予以分割，本院将考虑该房屋的出售时间、双方的生活支出等本案实际情况对该款项酌情予以分割。关于昆明奥宸房屋，现双方均明确尚未办理产权登记，原审在本案中不予处理并无不当，双方可另案诉讼解决。综上所述，原审认定事实清楚，判决并无不当。

---

① 上海市第二中级人民法院（2016）沪 02 民终 2925 号民事判决书。

综上，法院维持原判对房屋的分割处理，本案的争议焦点为夫妻关系存续期间所取得的房屋应当如何根据购房款性质进行分割。

(三) 裁判要旨

本案主要涉及判断购房款的来源以及对夫妻关系存续期间取得的房屋进行产权认定和财产分割的问题。本案当事人都为加拿大华侨，但涉案的房屋在中国境内，因此根据《涉外民事关系法律适用法》第二十四条的规定适用国籍国或者主要财产所在地法律，即我国国内法。由此，法院严格适用《婚姻法》第十七条对于夫妻共同财产的认定。已经明确的是，以夫妻一方个人财产支付的房屋首付，产权为个人所有。而本案被上诉人提出其以个人财产支付江桦路房屋首付，法院根据相关证据无法认定首付系个人财产，故根据《婚姻法》第十七条判定婚姻存续期间取得的房屋为夫妻共同财产。

案例二 黄某与刘某离婚纠纷案①

(一) 案件主要事实

原告黄某和被告刘某均为香港永久性居民。在广东省惠州市博罗县民政局登记结婚，后原、被告分居多年，并且被香港特别行政区法院判令原、被告离婚，因内地法院不直接承认香港地区法院离婚令，故原告黄某诉至博罗县人民法院请求判决原、被告离婚，分割原、被告婚姻关系存续期间被告受让的位于深圳市龙岗区龙岗镇××路××村×栋×××房50%的产权。

(二) 本案争议焦点

被告认为本案的管辖权存在异议，本案中原、被告属于香港人，在博罗没有固定住所。根据民事诉讼法及其司法解释的相关规定，不应当由博罗县人民法院管辖，原告也并未在内地法院取得不予承认离婚判决的裁定，故本案不具备受理条件。

深圳市龙岗区人民法院认为，原、被告均系香港特别行政区永久性居民，虽然双方的婚姻关系已由香港特别行政区法院作出了解除婚姻关系的判决，但因内地对香港特别行政区的法院作出的离婚判决尚未作出

---

① 广东省博罗县人民法院 (2015) 惠博法民三初字第99号民事判决书。

承认的程序性安排，故香港特别行政区法院作出的离婚判决在内地不能当然得到承认，原告应当在内地有管辖权的法院就婚姻关系提起离婚诉讼，只有在内地法院提起离婚诉讼后，原告才能就婚姻存续期间的共同财产请求一并处理。有鉴于此，原告仅凭香港特别行政区法院作出的解除婚姻关系的判决就在内地起诉分割共同财产缺乏法律依据。深圳市龙岗区人民法院作出（2014）深龙法地民初字第1452号民事裁定书，驳回原告的起诉。

法院认为，原、被告均系香港特别行政区永久性居民。双方于2014年1月2日在香港特别行政区被法院判决解除婚姻关系。由于本院管辖地是原、被告双方婚姻缔结地，现原告请求判决原、被告离婚，应予准许。龙岗镇××路××村×栋×××房房产的认定问题，被告的母亲肖某英为华侨，享有华侨腾退房。据原、被告提供的房产查询资料显示，位于深圳市龙岗区龙岗镇××路××村×栋×××房权利人为肖某英、刘某，各占1/2份额，使用权来源为统建房，房屋性质为拆迁补偿房，属免收地价的华侨腾退房，该房在深圳市龙岗区龙岗街道办事处归国华侨联合会，登记的权利人系肖某英，且原告未提供证据证明原夫妻有出资购买该涉案房产的证据，根据《婚姻法解释（三）》第七条的规定，法院认为该涉案房产其中1/2份额应认定为被告的个人财产。

综上，本法院准予离婚，并驳回原告其他诉讼请求。本案的争议焦点如下：（1）本案法院是否拥有管辖权。（2）华侨腾退房能否作为夫妻共同财产予以分割。

（三）裁判要旨

本案涉及香港法院的管辖权和离婚判决的承认与执行问题，夫妻共同财产认定的问题以及华侨腾退房能否作为夫妻共同财产予以分割的问题。首先，本案的当事人均为香港居民，且夫妻关系已由香港法院判决解除。但是根据《广东省高级人民法院关于暂时不予承认香港特别行政区法院离婚判决法律效力的批复》的规定，内地暂不承认香港判决。其次，根据《民诉法解释》第十三条的规定，认定本案法院拥有管辖权，并准予离婚。第三，关于夫妻共同财产的认定，涉案的主要财产为房屋，华侨腾退房即为安置房，其产权属于被告和其母亲所有。因此根据《婚姻法司法解释（三）》第七条的规定，该涉案房产不属于夫妻共同财产，不应当予以分割。

二 相关法律条文

（1）《涉外民事关系法律适用法》第二十四条：夫妻财产关系，当事人可以协议选择适用一方当事人经常居所地法律、国籍国法律或者主要财产所在地法律。当事人没有选择的，适用共同经常居所地法律；没有共同经常居所地的，适用共同国籍国法律。

（2）《婚姻法解释（三）》第六条的规定：婚前或婚姻关系存续期间，双方约定将一方所有的房产赠与另一方，一方在赠与房产的权利转移之前撤销赠与，另一方请求判令继续履行的，人民法院不予支持，但已经办理公证的除外。

（3）《婚姻法》第十七条规定：夫妻共有财产夫妻在婚姻关系存续期间所得的下列财产，归夫妻共同所有：

（一）工资、奖金；
（二）生产、经营的收益；
（三）知识产权的收益；
（四）继承或赠与所得的财产，但本法第十八条第三项规定的除外；
（五）其他应当归共同所有的财产。

夫妻对共同所有的财产，有平等的处理权。

三 裁判启示

通过对以上两个典型案例的分析，可以总结出华侨与港澳台同胞的离婚诉讼中财产纠纷主要集中于房屋产权纠纷。《涉外民事关系法律适用法解释》第十二条规定："涉外民事争议的解决须以另一涉外民事关系的确认为前提时，人民法院应当根据该先决问题自身的性质确定其应当适用的法律。"因此，应先对案涉房产权属来确定应适用的法律。《涉外民事关系法律适用法》第二十四条规定："夫妻财产关系，当事人可以协议选择适用一方当事人经常居所地法律、国籍国法律或者主要财产所在地法律。当事人没有选择的，适用共同经常居所地法律；没有共同经常居所地的，适用共同国籍国法律。"华侨与港澳台同胞的涉案财产一般在国内，因此，在法院拥有管辖权并且适用我国国内法的基础上，如何认定涉外夫妻共同财产是处理涉外离婚纠纷的核心问题。涉外夫妻共同财产的认定应严格适用《婚姻法》第十七条的规定，首先，主体必须是夫妻双方或者一方主体定居于国外的华侨或者港澳台同胞，且须以共同生活为基础，若未共同生活，就不能达到财产上权利与义务的统一。其次，夫妻共有财产必须是夫妻关系存续期间一方或两方所取得的合法财产。例如案例二中，华侨腾退房归属于刘某及其母亲，属于刘某的婚前个人财产，不得分割。综上，涉外离婚纠纷的当事人应当慎重选择其适用的法律来维护自己的合法权益。

四 涉侨保护要点

华侨多为定居在国外，尽管《涉外民事关系法律适用法》第二十四条规定了夫妻双方可协议选择调整夫妻财产的法律，但关于当事人选择夫妻财产关系准据法的时间，尚未规定。由于当事人在国外，在信息的接收和法院文书的传达上都存在着一定的迟延，当事人究竟在婚前还是婚后，还是离婚诉讼期间作出法律的适用选择具有很大的不确定性。同时，面临涉案财产不仅在国内，在多国均有财产的情况下，当事人应当如何选择适用来保护自己的合法权益。建议除在结婚地约定夫妻财产处理方法外，在财产所在国（地）也分别作出约定。

第五节 子女抚养权纠纷

子女抚养权纠纷是指父母双方因子女抚养问题产生矛盾引发的案件，一般包括抚养关系纠纷和抚养费给付纠纷两种类型。该类案件往往与离婚案件交织，又涉及人身关系、财产关系等多重关系，因此处理起来比较复杂，不仅要审查涉案家庭过去或现时的事实因素，还要在审查法定因素后综合考量诸多酌定因素。审理该类纠纷的法律依据主要是《婚姻法》、最高人民法院《关于人民法院审理离婚案件如何认定夫妻感情确已破裂的若干具体意见》等相关规定。

在侨主体的子女抚养权纠纷中，还会出现因国别、居住地等现实问题引起的一些法律困境。现结合典型案例，厘清侨主体子女抚养权纠纷的法律问题，对此类侨主体案件的审理思路和裁判要点进行梳理、提炼和总结。

一 典型案例
案例一 刘某某与萧某甲子女抚养权纠纷案[①]

（一）案件主要事实

原告刘某某系广东中山板芙镇人，被告萧某甲系美籍华侨，祖籍广东中山，常年在中山、广西两地工作、居住。后两人经朋友介绍认识、恋爱，并于2003年8月19日在中山市民政局登记结婚，婚后感情一般。同年12月26日生育儿子萧某乙，后原告带儿子跟随被告一同前往广西生活。但因二人年龄差距22岁，感情基础薄弱，加上生活环境改变，在其共同生活期间经常因家庭琐事发生争吵、冷战。由于感情不和，原告带儿子回到户籍地广东中山，而被告再未去到广东中山与原告和儿子共同生活，并于2004年年底回到美国后音信全无。自此二人未再有联系，两地分居长达十年，原告也不曾向被告支付过婚生子萧某乙的生活费。目前原告称已失去与被告的全部联络方式，为维护自身合法权益，故向法院提起离婚诉讼。

（二）案件争议焦点

原告认为其与被告两地分居已长达十年，无法再继续维持这样的婚姻关系了，因此为解决双方关系，保障婚生儿子的正当权益，请求法院判令原、被告双方离婚，取得婚生子萧某乙的抚养权，请求被告一次性支付婚生子萧某乙至18岁的抚养费72000元。经法院登报公告送达后，被告未出庭应诉及提交书面答辩意见和证据。

法院经审理认为：原、被告婚前经人介绍认识不久即登记结婚、生育小孩，再加上被告系归国华侨，在国内无固定居所，原告对被告了解不深，因此二人婚姻基础确实不牢。由于二人相差22岁，在双方发生矛盾后，被告的处理方式是不关心、不联络、不挽回，而原告性格较强势，也不主动沟通联络，最后导致双方感情日益淡薄。当事人有争议的案件焦点为：（1）原告的离婚请求是否可以被法院支持。现双方已逾十余年无共同生活及联络，说明感情确已破裂，无法修复。依照最高人民法院《关于人民法院审理离婚案件如何认定夫妻感情确已破裂的若干具体意

[①] 广东省中山市第一人民法院（2014）中一法三民一初字第813号民事判决书。

见》第二条规定，当予准许两人离婚。（2）婚生子萧某乙的抚养权应当归谁。被告无故失去联络，置原告感情及婚生子萧某乙生活于不顾，确实存在较大过错，且长期以来是由原告单独抚养婚生子萧某乙，被告未尽到应有的抚养义务，故在双方解除婚姻关系后，婚生子萧某乙的抚养权应归原告。（3）原告主张被告一次性支付婚生子萧某乙至18岁的抚养费72000元的诉请是否可以被法院支持。原告获得婚生子萧某乙的抚养权，被告应支付一定的抚养费。根据《最高人民法院关于人民法院审理离婚案件处理子女抚养问题的若干具体意见》第七条关于子女抚养费数额的规定，法院酌情按每月1000元予以支持，即被告应当一次性支付原告抚养费共计72000元。

综上所述，本案的争议焦点如下：（1）原告的离婚请求是否可以被法院支持。（2）婚生子萧某乙的抚养权应当归谁。（3）原告主张被告一次性支付婚生子萧某乙至18岁的抚养费72000元的诉请是否可以被法院支持。

（三）裁判要旨

第一，婚前缺乏了解，草率结婚，婚后未建立起夫妻感情，难以共同生活的，视为夫妻感情确已破裂。第二，一方下落不明满二年，对方起诉离婚，经公告查找确无下落的，应当准许离婚。第三，在处理子女抚养权纠纷、确认抚养权归属时，应当查明案件的基本事实，以未成年人最大利益与平衡各方利益为主要原则，重点考虑子女健康发展的需要。

案例二　王某甲与林某子女抚养权纠纷案[①]

（一）案件主要事实

原告林某甲为加拿大国籍，被告林某为现居住于加拿大的中国公民。原、被告经人介绍认识，于2006年4月12日登记结婚，并育有两子，两子均为加拿大国籍，且在加拿大生活、受教育。因婚前了解较少，且婚前生活环境差别大，双方各方面观念不一致，婚后夫妻感情一般。被告曾于2005年8月3日以按揭贷款的方式购买一处房产，2013年3月21日，被告离家出走，从未回家，也未告知原告及家人住处。双方在共同

---

① 福建省福州市鼓楼区人民法院（2015）鼓民初字第1711号民事裁定书。

生活过程中摩擦不断,婚姻难以为继,被告已于 2015 年 2 月 4 日向加拿大卑诗省高等法院提起与原告的离婚诉讼,该离婚纠纷现处于诉讼阶段。另外,被告自 2007 年开始经营淘宝店,从事网络代购,有经营收入。原告针对以上事实提出以下诉讼请求:(1)准予原被告离婚;(2)由原告抚养两子,被告支付抚养费;(3)被告支付房产补偿费;(4)依法分割网店经营收入。

(二)案件争议焦点

原告认为其与被告夫妻感情已彻底破裂,无和好可能,且原告在加拿大工作、生活,没有语言障碍,便于照顾孩子生活、学习。而被告在加拿大无固定工作,且有语言障碍,抚养、照顾孩子较为困难,故两名婚生子由原告抚养更适合。房产以及网店都是在婚姻存续期间的共同财产,应当予以依法分割。而被告认为抚养权的归属应根据子女的生活习惯、跟随意愿以及抚养人的经济能力、教育水平等诸多因素进行考量确定。两名婚生子均出生在加拿大,今后也将继续在加拿大生活、学习,因此,婚生子的抚养权归属由加拿大卑诗省高等法院作出判令更具现实意义。根据《民诉法解释》第十三条的规定,在国内结婚并定居国外的华侨,如定居国法院以离婚诉讼须由婚姻缔结地法院管辖为由不予受理,当事人向人民法院提出离婚诉讼的,由婚姻缔结地或者一方在国内的最后居住地人民法院管辖。本案中,被告已向定居国加拿大法院提起离婚诉讼并被受理,虽然前述法条并未明释在该种情形下国内法院可不予受理,《民诉法解释》第五百三十二条规定若在享有管辖权的外国法院对于事实的审查更方便的,人民法院可以裁定驳回原告的起诉,告知其向更方便的外国法院提起诉讼。从该法条蕴含的法律精神和现实意义来看,在定居国法院已受理离婚诉讼的情形下,婚姻缔结地法院不应受理同一离婚诉讼。

法院经审理认为:本案中,原告系加拿大籍华人,被告系定居加拿大华侨,原、被告离婚诉讼原则上应向定居国申请办理,在定居国法院以离婚诉讼须由婚姻缔结地法院管辖为由不予受理的情况下,才根据《民诉法解释》第十三条的规定,由婚姻缔结地或者一方在国内的最后居住地人民法院管辖。故在被告已向定居国加拿大法院提起离婚诉讼并被受理的情况下,原告再向本院提起离婚诉讼的,人民法院无管辖权,本院依法不予受理。

综上，法院裁定驳回原告的起诉。本案的争议焦点如下：（1）我国法院对案件是否享有管辖权。（2）抚养权的归属问题。（3）婚姻存续期间以按揭贷款方式购买的房产以及开网店所获得经营收入能否作为夫妻共同财产予以分割。

（三）裁判要旨

本案在审理中涉及多个要素，双方婚后的感情状况、子女抚养、财产状况等事实的认定都存在一定的障碍。并且，定居国法院已经受理了同一婚姻关系下的离婚诉讼。因此，根据《民诉法解释》第五百三十二条规定所蕴含的"不方便法院理论"，即外国法院对案件享有管辖权，且审理该案件更加方便，法院裁定驳回起诉。表明法院对于管辖权的准确适用，以及对于厘清子女抚养的事实要素进行综合考量，严格认定抚养权的归属。

二 相关法律条文

（1）《婚姻法》第三十二条：男女一方要求离婚的，可由有关部门进行调解或直接向人民法院提出离婚诉讼。人民法院审理离婚案件，应当进行调解；如感情确已破裂，调解无效，应准予离婚。有下列情形之一，调解无效的，应准予离婚：（一）重婚或有配偶者与他人同居的；（二）实施家庭暴力或虐待、遗弃家庭成员的；（三）有赌博、吸毒等恶习屡教不改的；（四）因感情不和分居满二年的；（五）其他导致夫妻感情破裂的情形。一方被宣告失踪，另一方提出离婚诉讼的，应准予离婚。

（2）最高人民法院《关于人民法院审理离婚案件如何认定夫妻感情确已破裂的若干具体意见》第二条：婚前缺乏了解，草率结婚，婚后未建立起夫妻感情，难以共同生活的。

（3）最高人民法院《关于人民法院审理离婚案件如何认定夫妻感情确已破裂的若干具体意见》第十二条：一方下落不明满二年，对方起诉离婚，经公告查找确无下落的。

（4）《民诉法解释》第五百三十二条规定：涉外民事案件同时符合下列情形的，人民法院可以裁定驳回原告的起诉，告知其向更方便的外国法院提起诉讼：（一）被告提出案件应由更方便外国法院管辖的请求，或者提出管辖异议；（二）当事人之间不存在选择中华人民共和国法院管辖的协议；（三）案件不属于中华人民共和国法院专属管辖；（四）案件不涉及中华人民共和国国家、公民、法人或者其他组织的利益；（五）案件争议的主要事实不是发生在中华人民共和国境内，且案件不适用中华人民共和国法律，人民法院审理案件在认定事实和适用法律方面存在重大困难；（六）外国法院对案件享有管辖权，且审理该案件更加方便。

三　裁判启示

第二个案例虽然最终裁判结果是裁定不予受理，但其中对于抚养权的争讼仍然典型。由于主体身份的特殊性，在侨主体子女抚养权纠纷案件中，关键要解决的是我国法院是否具有管辖权的问题以及受案后、在审理时适用哪国法律的问题。此问题在前文中已有探讨，在此不作赘述。

通过检索大量侨主体子女抚养权纠纷案件可以看出，当事人的诉求一般是请求获得子女的抚养权以及主张对方支付子女的抚养费。法院在审理上述案件时，通常会依照法律规定，在充分保障未成年人健康成长的前提下，结合父母双方的具体情况对子女抚养权的归属进行判决。处理时，对有识别能力的子女，要事先征求并尊重其本人愿随父或母生活的意见。另外，两周岁以下的子女以随母亲生活为原则。对于子女抚养费的数额认定，其标准要参照子女的实际需要、父母双方的负担能力、当地的实际生活水平等。其中，有特殊情况的，如子女长期患有重大疾病或子女残疾的，可适当增加。

四　涉侨保护要点

在审理侨主体子女抚养权纠纷案件时，法院会在适用法定规则的基础上，根据案件的具体情况，结合酌定因素予以判定。因此，侨主体在争夺子女抚养权时，可以从酌定因素上入手，通过父母品行、抚养意愿以及与子女亲厚程度、抚养能力等角度向法院主张抚养权，使自身的利益最大化。

第六节　涉侨离婚纠纷中的应注意事项

通过对华侨以及港澳台同胞离婚纠纷案例的整理，本书分析总结了侨主体的身份确认、离婚的管辖适用、分居两地的离婚判决、夫妻共同财产的分割、子女抚养权纠纷这五个典型涉侨纠纷的裁判要旨，并归纳出涉侨保护的核心要点。同时，本节针对侨主体范围的适当扩大、管辖权的合理适用、探亲制度的完善、夫妻共同财产的分配原则等婚姻家庭领域提出相关的完善建议。

一　侨主体的身份认定

针对华侨的法律适用，主要集中在《民诉法解释》的第十三条和第十四条，适用该条款的前提是华侨的身份认定。然而，我国在华侨权益保护的立法中首先表现出来的是法律保护的主体界定不清晰、不明确等问题。例如在诸多规范性文件中使用"华侨华人"的表述，这里涉及一个问题，即"华侨"与"华人"如何区别，对此，我国现行法律中有关华侨问题的立法较为粗糙，《归侨侨眷权益保护法》第二条仅规定："华侨是指定居在国外的中国公民。"国务院侨务办公室关于印发《关于对华侨定义中"定居"的解释（试行）》的通知对于"定居"的概念有作进一步明确的规定。然而，"定居"由什么机关来认定？认定机关又根据什么来认定或者如何认定？对此，尚未以立法的方式根据法律作出明确的界定。

华侨等侨主体作为中国公民中的一个特殊群体，应当通过立法明确其身份，以保护侨主体的合法权益。在立法上，颁布实施全国性的确认侨主体身份的法律法规或者部门规章；在实践中，取消由所在工作单位或街道办事处、乡镇政府、派出所先行审核出具归国情况或亲属关系证明的规定，改为确认侨主体身份申请均由侨务部门直接审批，以减少证明成本，有效维护其权益。

二　管辖权的适用

我国关于侨主体离婚诉讼管辖权独立于涉外离婚特殊规定的法律较少，现行立法有关涉外离婚案件准据法的规定为适用法院地法。在司法实践中，也常常出现平行诉讼、诉讼竞合，或者当事人诉讼无门等困境。其原因在于《涉外民事关系法律适用法》第二十四条规定了当事人可协议适用法律，但往往导致同一婚姻关系的离婚纠纷由不同国家法院进行审理，由于在适用法律、社会环境以及法律理念等方面的不同，其结果存在诸多不确定性，继而引发离婚判决不一、当事人无所适从、执行无从着手等问题，令法院判决成为一纸空文。此外，本国法院可以作为不方便法院主动拒绝对涉外民事案件行使管辖权，这一方面体现了民事诉讼管辖权的国际协调精神，从诉讼经济与有效利用司法资源角度，也能够更有效地分配我国司法资源，避免当事人对选择法院程度的滥用。

针对此类立法和司法现状，建议我国涉侨离婚诉讼管辖权以国籍为主、经常居所地为辅的依据选择，并且在立法上允许当事人有条件地协议确定离婚诉讼的管辖法院。在司法实践中提倡引入先受诉法院原则，但在夫妻双方皆为中国公民，仅一方具有华侨身份或者双方都为华侨但经常居所地不一致的情况下不引入先受诉法院原则，以及基于对华侨国民权益的保护，谨慎地适用不方便法院原则。

三 探亲制度的完善

通过对以上典型案例的分析，可以看出分居两地、聚少离多对于华侨以及港澳台同胞的婚姻关系存在一定影响。因此，为了维护婚姻家庭的和谐，我国规定了探亲制度。根据《关于归侨、侨眷职工出境探亲待遇问题的通知》，归侨、侨眷职工按国家规定享受的探亲待遇，可用于在国内会见国外（不包括港澳）回来的配偶或父母。在国内会见国外回来的配偶，每年给假一次，假期为30天。其适用对象为华侨、归侨以及侨眷。根据《出入境管理办法》第七条至第十条的规定，凭我国公安机关签发的港澳同胞回乡证或者入出境通行证，内地居民和港澳同胞可以互相前往对方所在地探亲。其适用对象为在香港、澳门有定居的近亲属。虽然《出入境管理办法》规定了应当在十日内制作港澳通行证，但事实上公安机关出入境管理部门转送港澳等有关部门调查核实、协助面见、申请人补正申请材料、亲子鉴定以及公示时间，不计入办理时限。综上，由于行政审批程序的相对冗长和烦琐，导致夫妻双方不能经常、及时见面。根据《国籍法》的相关规定，中国公民取得外国永久居留权证具有严格限制。因此，作为定居在国外的夫妻一方，由于无法长期与自己的配偶相处，也多以感情变淡为由提出离婚诉讼。针对华侨以及港澳台同胞探亲难的现状，在行政审批上，应适当降低审批门槛，简化办事程序，优化审批流程，完善国家移民管理局政务服务平台。

四 夫妻共同财产分配原则

关于华侨的财产应当如何分配,《婚姻法》第十七条以及最高人民法院《关于人民法院审理离婚案件处置财产分配问题的若干具体意见》(以下简称《财产分配意见》)都作了规定。结合司法实践,人民法院在审理离婚案件分配夫妻共有财产时,应当遵循以下原则:(1)男女平等原则。男女平等原则既反映在《婚姻法》的各条法律规范中,又是人民法院处置婚姻家庭案件的办案指南。该原则体现在离婚财产分配上,就是夫妻两方有平等地分配共有财产的权利,平等地承受共有债务的义务。(2)照看子女和女方利益原则。这里的"照看",既能够在财产份额上予以女方适当多分,也能够在财产种类上将某项生活特别需要的财产,比如住房,分配给女方。毕竟从传统因素的影响所导致的障碍上,从妇女的家务负担、生理特点上讲,离婚后通常妇女在寻找工作和谋生本领上也较男子要弱,更需要社会予以更多的帮助。同时,在分配夫妻共有财产时,要特别注意保护未成年人的合法财产权益。未成年人的合法财产不能列入夫妻共有财产进行分配。(3)有利生活,方便生活原则。在离婚分配共有财产时,不应损害财产效用、性能和经济价值。在对共有财产中的生产资料进行分配时,应尽可能分给需要该生产资料、能更好发挥该生产资料效用的一方;在对共有财产中的生活资料进行分配时,要尽量满足个人从事专业或职业需要,以发挥物的使用价值。不可分物按实际需要和有利发挥效用原则归一方所有,分得方应依平等原则,按离婚时的实际价值给另一方相应的补偿。(4)权利不得滥用原则。离婚分配夫妻共有财产时不得把隶属国家、集体和他人所有的财产当作夫妻共有财产进行分配,不得借分配夫妻共有财产的名义损害他人合法利益。夫妻一方所有的财产,在共有生活中消磨、毁损、灭失的,另一方不予赔偿。这是司法实践经验的总结,符合夫妻关系和婚姻生活本质的要求,有利于避免不必要的纷争。

五 离婚纠纷中子女抚养权的认定

在侨主体的子女抚养权纠纷中,出现了因国别、居住地等现实问题引起的一些法律困境。法院应当以未成年利益最大化以及子女的真实意愿为原则，综合考量包括未成年人子女的年龄、生活状态、独立表达权以及与华侨父母之间的联系等多种因素，分析利弊，审慎确定未成年子女的抚养权归属问题。首先，子女抚养权归属的认定，应考虑年龄、生活状态等基础的影响，《最高人民法院关于人民法院审理离婚案件处理子女抚养问题的若干具体意见》第一条规定，两周岁以下的子女，一般随女方生活。在司法实践中，对于两周岁以上但仍属年龄较小的孩子，也认为由母亲照顾更为细致全面。其次，也应当考虑到抚养权的变更对于子女的生活状态的影响。涉侨案例中的子女一般为常年在国外或者内地生活，抚养权的变更会导致生活环境发生较大改变，因此应当将抚养权交由更利于子女成长的一方。同时，还有基于对父母抚养权的考量。相对来说华侨一般具有较好的经济能力，能为子女提供一个更为舒适的生活环境。当然这只是一方面，还应将未成年子女作为独立的权利主体，充分尊重其对自身权益相关的意愿表达权。综上，应当首先在儿童利益最大化的立场上，全面审视未成年子女的情感和利益需要，再对父母抚养能力和抚养条件进行综合判断。

综上，在婚姻家庭领域，华侨权益保护的专门立法尚属空白。因此，建议采用多元化立法的方式，使华侨权益保护立法具有鲜明的时代性和地方性特征。针对不同环境、不同地区、不同领域的涉侨法律关系，用不同形态、内涵的法律规则进行调整。

第七节　本章典型案例裁判文书

一　夏某、李某离婚纠纷案

辽宁省沈阳市中级人民法院
民事裁定书

（2020）辽01民终4939号

上诉人（原审原告）：中文名：夏某，女，澳大利亚国籍，住所（略）。

委托诉讼代理人：马乃东，北京大成（上海）律师事务所律师。

委托诉讼代理人：华丹菁，北京大成（上海）律师事务所律师。

被上诉人（原审被告）：尹某，男，中国国籍，户籍地：中华人民共和国辽宁省沈阳市浑南区。

委托诉讼代理人：张蕊，北京盈科（沈阳）律师事务所律师。

上诉人夏某因与被上诉人尹某离婚纠纷一案，不服中华人民共和国辽宁省沈阳市浑南区人民法院（2019）辽 0112 民初 6068 号民事裁定，向本院提起上诉。本院于 2020 年 3 月 26 日立案后，依法组成合议庭审理了本案。本案现已审理终结。

上诉人夏某提出的主要上诉意见称：其已入澳大利亚国籍，对中国国籍自动丧失，在案证据亦显示尹某近两年在澳大利亚居留时间不足五个月，双方非定居国外的华侨，故一审法院作出"双方当事人均为华侨"的认定系错误；双方当事人亦不符合《民诉法解释》第十四条规定的主体身份，一审法院适用该条认定双方当事人的主体身份，亦系适用法律错误；尹某系中国国籍，住所地在沈阳市浑南区，沈阳市浑南区人民法院受理本案符合法律规定，故一审法院作出不属其法院受理范围的认定，亦系不当。请求二审法院撤销原审裁定，并指令沈阳市浑南区人民法院审理本案。

尹某提出的答辩意见称：其华侨身份符合国务院侨办《关于界定华侨外籍华人归侨侨眷的规定》的认定标准，属于华侨，沈阳市浑南区侨务办公室出具的《证明》，亦证实其具备华侨身份；《外交部、最高人民法院、民政部、司法部、国务院侨办〈关于驻外使领馆处理华侨婚姻问题的若干规定〉》中规定，"夫妻双方均系外籍华人，或一方系华侨，另一方系外籍华人，要求离婚，应向居住国有关机关申请办理离婚手续"，且一审法院适用《民诉法解释》第十四条认定本案，并无不当。请求二审法院维持原审裁定。

一审法院认为，本案系离婚纠纷，夏某已加入澳大利亚国籍，尹某亦取得澳大利亚永久居住权，双方均定居国外，且在国外登记结婚。根据《最高人民法院关于适用〈中华人民共和国民事诉讼法〉的解释》第十四条规定，在国外结婚并定居国外的华侨，如定居国法院以离婚诉讼须由国籍所属国法院管辖为由不予受理，当事人向人民法院提出离婚诉讼的，由一方原住所地或在国内的最后居住地人民法院管辖。夏某、尹某的离婚诉讼可适用该条规定。夏某直接向浑南区人民法院提起离婚诉讼不属该院受案范围，应裁定驳回起诉。

一审法院依照《中华人民共和国民事诉讼法》第一百一十九条、《最高人民法院关于适用〈中华人民共和国民事诉讼法〉若干问题的意见》第二百零八条、《最高人民法院关于适用〈中华人民共和国民事诉讼法〉的解释》第十四条之规定裁定：裁定驳回夏某的起诉。案件受理费人民币79050元，全部退回夏某；保全费人民币5000元，由夏某承担。

二审期间，尹某提供证据如下：（1）沈阳市浑南区侨务办公室出具的证明，用以证实其具备华侨身份；（2）案件受理号为FAM2002698的案件申请，澳大利亚墨尔本家事法庭用以证实其与夏某就双方财产分割等事项已进入澳大利亚墨尔本家事法庭的调解程序，以及澳大利亚墨尔本家事法庭已受理并下法令要求财产评估等。夏某的质证意见为：对证据的真实性均无异议，但认为沈阳市浑南区侨务办公室出具的《证明》限于子女办理入学使用；认为其他证据虽能证实尹某就子女抚养和财产分割在澳大利亚国法院起诉，但不能证实就离婚事宜亦进行起诉。本院鉴于尹某提供的证据具有真实性，与本案亦具有关联性，故对尹某提供的证据，可予采纳。

本院认为，夏某在起诉本案之前，已取得澳大利亚国国籍，尹某之前亦已取得澳大利亚国永久居住权。另查，夏某与尹某系在澳大利亚国注册结婚，且生育三名子女，双方的主要婚姻生活地及与子女共同生活地均为澳大利亚国，双方的三名子女亦均为澳大利亚国国籍，故双方的夫妻感情是否发生矛盾和夫妻感情是否破裂及与抚育子女有关的相关事实，均发生在澳大利亚国。再查，尹某就双方子女抚养、双方财产分割以及离婚事宜已向澳大利亚国法院提起诉请，相关诉请在澳大利亚国法院经过诉前调解程序后已进入诉讼程序。

夏某以要求与尹某离婚、分割夫妻共同财产、尹某对其存在家暴之事由向中国辽宁省沈阳浑南区人民法院起诉，并请求支持其上述诉请。《中华人民共和国民事诉讼法》第二十一条规定"被告住所地与经常居住地不一致的，由经常居住地人民法院管辖"，且《中华人民共和国民事诉讼法》第二条规定"中华人民共和国民事诉讼法的任务，是保护当事人行使诉讼权利，保证人民法院查明事实，分清是非，正确适用法律，及时审理民事案件，确认民事权利义务关系，保护当事人的合法权益等"。根据本案夏某与尹某的婚姻缔结地在澳大利亚国，双方婚后主要共同生活和与抚育子女相关的生活亦均发生在澳大利亚国，以及双方和双方子女现有国籍身份的实际情况，浑南区人民法院并无法正常履行上述《民事诉讼法》第二条规定的"查明事实，分清是非，及时审理案件，保护当事人合法权益"之职能，且尹某作为被告，对夏某向浑南区人民法院提起诉讼提出异议，认为本案管辖应由澳大利亚国法院审理。另查，法院处理离婚案件时，亦应同时处理相关的子女抚养问题，因双方共有的三名子女均为澳大利亚国籍，均未在中国实际生活，故浑南区人民法院在适用法律上确实存在不方便管辖，参照国际私法对婚姻家事案件亦"适用由与案件事实最紧密联系的国家法院管辖"，故就本案事实，澳大利亚国法院审理相较我国法院审理更利于查明双方夫妻感情是否破裂及与子女抚养相关的涉案事实，故一审法院裁定驳回夏某的起诉，并无不当。

依夏某的国籍身份，虽一审法院对其与尹某均适用《最高人民法院关于适用〈中华人民共和国民事诉讼法〉的解释》第十四条之规定，认定二人均系华侨存在不当，但此情节并不影响一审法院裁判结果的正确性。

综上，夏某的涉案上诉意见不能成立，本院不予支持；一审裁定并无不当，应予维持。依照《中华人民共和国民事诉讼法》第一百七十条第一款第（一）项之规定，裁定如下：

驳回上诉，维持原裁定。

本裁定为终审裁定。

审判长 洪淳
审判员 赵楠楠
审判员 孙硕
二〇二一年二月三日
法官助理 彭博
书记员 张娓娓

二　C某、蒋某离婚纠纷案

江西省南昌市中级人民法院
民事裁定书

（2020）赣 01 民终 1584 号

上诉人（原审原告）：C某，男，1988 年 12 月 7 日出生，美国公民，住菲律宾。

被上诉人（原审被告）：蒋某，女，1988年11月2日出生，汉族，户籍所在地：江西省南昌市高新技术产业开发区。

上诉人C某因与被上诉人蒋某离婚纠纷一案，不服江西省南昌市高新技术产业开发区人民法院（2019）赣0191民初1546号民事裁定，向本院提出上诉，本院依法组成合议庭对本案进行了审理。现已审理终结。

C某上诉请求：撤销一审裁定，裁定南昌市高新技术产业开发区人民法院实体审理。事实和理由：一审法院认定"蒋某定居在国外"系认定事实不清，蒋某的户籍信息及身份信息均显示其户籍地、居住地在高新区，其家人并未提供任何证据证明其目前人在国外，即便"人在国外"并不等于《民诉法解释》中的"定居在国外的华侨"。一审法院适用法律错误，且违反了《民法总则》关于应诉管辖的规定。综上，请求二审法院依法支持上诉人诉请。

一审法院审查认为，原、被告双方于×××年××月××日在国内登记结婚。原告为外国公民，婚后原、被告双方及婚生小孩均居住在菲律宾，其在该国也购置了房产。《最高人民法院关于适用〈中华人民共和国民事诉讼法〉的解释》第十三条规定，在国内结婚并定居国外的华侨，如定居国法院以离婚诉讼须由婚姻缔结地法院管辖为由不予受理，当事人向人民法院提出离婚诉讼的，由婚姻缔结地或者一方在国内的最后居住地人民法院管辖。原告向本院提出离婚诉讼时，未提交其定居国法院认为该离婚诉讼须由婚姻缔结地法院管辖的相关证据。原、被告双方的婚姻缔结地不在本院辖区，双方也未举证被告在国内的最后居住地是在本院辖区，本院对本案无管辖权。依照《最高人民法院关于适用〈中华人民共和国民事诉讼法〉的解释》第十三条、第二百零八条第三款的规定，裁定如下：驳回原告C某的起诉。

本院经审查认为，根据《最高人民法院关于适用〈中华人民共和国民事诉讼法〉的解释》第十三条规定，在国内结婚并定居国外的华侨，如定居国法院以离婚诉讼须由婚姻缔结地法院管辖为由不予受理，当事人向人民法院提出离婚诉讼的，由婚姻缔结地或者一方在国内的最后居住地人民法院管辖。本案中，上诉人为外国公民，与被上诉人结婚后，夫妻双方及婚生小孩均在菲律宾生活，其在该国也购置了房产，起诉时也并未提交其定居国法院认为该离婚诉讼须由婚姻缔结地法院管辖的相关证据。故一审法院对本案没有管辖权，一审法院裁定驳回起诉并无不当。因此上诉人的上诉理由不成立，其上诉请求本院不予采纳。依照《中华人民共和国民事诉讼法》第一百七十条第一款第（一）项、第一百七十一条之规定，裁定如下：

驳回上诉，维持原裁定。

本裁定为终审裁定。

审判长　陈建华

审判员　祝春芳

审判员　彭　岚

二○二○年七月十四日

法官助理　杨美艳

书记员　陈应鹏

三　叶某甲与叶某乙离婚纠纷案

浙江省丽水市莲都区人民法院

民事判决书

（2015）丽莲民初字第690号

原告：叶某甲。

委托代理人（特别授权）：叶某长。

被告：叶某乙，男，1978年11月28日出生，汉族，住浙江省青田县汤垟镇，现住巴西联邦共和国圣保罗市。

原告叶某甲与被告叶某乙离婚纠纷一案，本院受理后，依法组成由审判员雷文兵担任审判长、代理审判员周苏琦、人民陪审员叶小虹参加评议的合议庭，于2015年5月29日公开开庭进行了审理。原告叶某甲的委托代理人叶进长到庭参加诉讼，被告叶某乙经本院合法传唤，无正当理由拒不到庭参加诉讼。本案现已审理终结。

原告叶某甲诉称：原、被告均在巴西生活，双方经自由恋爱后，于××××年××月××日在巴西结婚。××××年××月××日生育一子，取名叶某丙。儿子出生后半年，即跟原告的父母一起生活，由原告父母抚养。抚养费原、被告承担。原、被告的性格向来不和，结婚后经常吵架。被告是巴西青田同乡总会名誉会长，社会活动能力强，是进出口生意做得很不错的一个人才。原告为了有个依靠，一忍再忍。但是随着两人的共同生活时间的延长，双方的矛盾越来越尖锐。2008年，被告在双方发生矛盾时经常拔出手枪威胁原告，原告的生命安全受到严重的威胁，并于年底独自回国。至今一直居住在丽水父母家中。2012年年初，被告回国，原告以为他总应该回来看一下儿子，没想到他连自己亲生儿子都不愿意来看一眼。因被告一向高收入，儿子从小就富养，现在，被告置原告母子于不顾，原告失去了生活来源。儿子以前习惯了高消费一时又难以改变，生活也陷入了困难。为了解决生活出路，原告卖掉了父亲的一辆轿车，用来开设了一家咖啡馆，但因为初做生意，规模小，只能勉强维持经营，没有结余。原告以为，原告和被告的感情已彻底破裂，无和好可能。请求依法判决原、被告离婚。被告和原告结婚之前，与前妻生有一男一女，原告只有叶某丙一个孩子，被告长期在外经商，没有时间照顾孩子，他前妻的两个孩子也只是寄养在别人家里。为此，请求将叶某丙判归原告抚养。被告擅长经商，是高收入阶层。为了不影响儿子的正常生活，由被告承担每月4500元的抚养费。为此，请求判令：（1）原、被告离婚。（2）婚生儿子叶某丙归原告抚养，由被告承担每月4500元抚养费。

被告叶某乙未作答辩。

经审理本院认定：原、被告均在巴西联邦共和国工作、生活，均获得巴西的永久居留证。双方认识后，于××××年××月××日在巴西圣保罗市登记结婚。××××年××月××日生育一子叶某丙。在婚姻生活期间，原、被告因价值观、生活习惯等差异产生矛盾，加之沟通不善，夫妻感情逐渐产生裂痕。原告遂于2013年向本院起诉请求离婚，同年12月18日撤诉。现原告再次向本院起诉，请求离婚。

本院采信并据以认定上述事实的证据有原告提供的户口本、翻译、公证书、护照、结婚证、出生医学证明、民事裁定书及当事人庭审陈述。

本院认为：原、被告在巴西联邦共和国登记结婚。原、被告现居住巴西，但双方为中国公民。根据《最高人民法院关于适用〈中华人民共和国涉外民事关系法律适用法〉若干问题的解释（一）》第一条第（二）、（四）项之规定，本案为涉外民事诉讼。关于本案的管辖，《中华人民共和国民事诉讼法》第二百五十九条规定，在中华人民共和国领域内进行涉外民事诉讼，适用本编规定。本编没有规定的，适用本法其他有关规定。《最高人民法院关于适用〈中华人民共和国民事诉讼法〉若干问题的解释》第十四条规定，在国外结婚并定居国外的华侨，如定居国法院以离婚诉讼须由国籍所属国法院管辖为由不予受理，当事人向人民法院提出离婚诉讼的，由一方原住所地或者在国内的最后居住地人民法院管辖。原告原住所地在本院辖区内，故本院对本案具有管辖权。关于本案的法律适用，《中华人民共和国涉外民事关系法律适用法》第二十七条规定，诉讼离婚，适用法院地法律。现原告叶某甲向本院起诉要求与被告叶某乙离婚，故此本案适用中华人民共和国法律处理本案纠纷。

本案原、被告在婚姻生活期间因价值观、生活习惯等差异产生矛盾，未能妥善、合理地加以解决，导致关系恶化。原告曾于2013年向法院起诉要求离婚，后撤诉。嗣后，双方未沟通和往来，视双方夫妻关系现状已无和好可能，应认定夫妻感情确已破裂。故原告叶某甲再次起诉要求与被告叶某乙离婚，本院予以准予。原、被告儿子叶某丙一直随原告方共同生活，为有利于子女健康成长，叶某丙由原告抚养为宜，由被告支付相应的抚养费。本院酌定每月抚养费为1000元。被告叶某乙经本院合法传唤，无正当理由拒不到庭参加诉讼，视为对原告诉请及所举证据放弃抗辩和质证的权利，不影响本院依法对本案作出判决。为此，依照《中华人民共和国婚姻法》第三十二条、第三十七条，《中华人民共和国民事诉讼法》第一百四十四条的规定，判决如下：

一、准予原告叶某甲与被告叶某乙离婚；

二、原、被告婚生子叶某丙由原告叶某甲抚养，由被告叶某乙从本判决生效之日的次月起每月支付抚养费1000元至叶某丙独立生活止。

案件受理费300元，由原告叶某甲负担。

如不服本判决，原、被告可在判决书送达之日起三十日内，向本院递交上诉状，并按对方当事人的人数提出副本，上诉于浙江省丽水市中级人民法院。

审判长雷文兵
代理审判员周苏琦
人民陪审员叶小虹
二〇一五年六月三十日
代书记员何烨

四 张某与曾某甲离婚纠纷案

广东省佛山市顺德区人民法院
民事判决书

(2016)粤 0606 民初 3491 号

原告张某,女,汉族,住广东省佛山市顺德区,香港永久性居民身份证号码×××0881。

被告曾某甲,男,汉族,住香港屯门,香港永久性居民身份证号码×××6218。

原告张某与被告曾某甲因离婚纠纷一案,本院于 2016 年 3 月 16 日受理后,依法由审判员何瑾担任审判长,与人民陪审员张静、刘虹组成合议庭,适用普通程序,于 2016 年 5 月 13 日公开开庭进行了审理。原告张某到庭参加诉讼。被告曾某甲经本院合法传唤未到庭。本案现已审理终结。

原告张某诉称,原告与被告于××××年××月××日登记结婚,婚后夫妻感情一般。于××××年××月××日生育儿子曾某乙,××××年××月××日再生育儿子曾某丙。一直以来经常吵闹,被告还有暴力倾向,使原告身心受到伤害。现原告对被告已毫无感情可言,夫妻感情已完全破裂,也多年没有见面。为维护原告的合法权益,特向法院提起诉讼,请求判令:(1)原告与被告离婚;(2)婚后生两儿子全由被告抚养,所有财产不要;(3)本案受理费由原告承担。

诉讼中,原告提供的证据及证明意见如下:

(1)原被告身份证香港复印件各一份、原被告港澳居民往来内地通行证复印件各一份,证明双方诉讼主体资格。

(2)结婚证原件一份、户口簿原件一本、佛山市顺德区公安局出入境管理大队调取的原告的出入境记录查询结果原件一份、原告顺德农商银行流水一份,证明原被告于××××年××月××日在顺德登记结婚,及原告一直在顺德居住生活。

被告曾某甲经本院传票合法传唤,无正当理由既不到庭参加诉讼,也未提供证据,视为放弃举证和质证的权利。

经过庭审辩证、质证,本院对证据材料作如下认证:

对于原告提供的全部证据，经审查，上述证据来源合法、客观真实，与本案具有关联性，本院对其真实性予以确认。

案经开庭，根据本院采信的证据，结合当事人的陈述，可查明如下事实：

××××年××月××日原告张某与被告曾某甲在顺德登记结婚，结婚证字号为：（99）顺婚字第074号。2005年4月12日张某迁往香港。据佛山市顺德区公安局出入境管理大队出入境记录查询结果显示，张某在2011年至2013年曾多次往返香港和内地，自2013年12月后，仅于2015年3月、4月去过两次香港，其他时间再未经顺德去过香港。据张某的佛山市顺德区农村商业银行账户流水显示，自2015年5月至今，张某的银行卡均有在顺德存取款或消费。

原告张某自述，其与被告曾某甲于1996年认识，之后进行谈恋爱，××××年登记结婚。婚后被告每周均会从香港回来与原告待一天左右。两人于××××年××月××日和××××年××月××日共同生育两个小孩。2002年左右，原告随被告去往香港。因原告与被告感情不和，原告于2005年自己搬回内地生活，两个小孩一直随被告在香港居住生活。期间原告有去看望被告和小孩，但每次均会与被告吵架甚至打架。2010年左右，原告与被告基本没有来往，只是看过两三次小孩。

庭审中，张某称无夫妻共同财产或债务需要在本案中处理。

本院认为，原告张某、被告曾某甲均为香港居民，故本案属涉港民事纠纷。根据《最高人民法院关于适用〈中华人民共和国民事诉讼法〉的解释》第十三条规定："在国内结婚并定居国外的华侨，如定居国法院以离婚诉讼须由婚姻缔结地法院管辖为由不予受理，当事人向人民法院提出离婚诉讼的，由婚姻缔结地或者一方在国内的最后居住地人民法院管辖。"第五百五十一条规定："人民法院审理涉及香港、澳门特别行政区和台湾地区的民事诉讼案件，可以参照适用涉外民事诉讼程序的特别规定。"本案中原告张某自述从2010年起一直在佛山市顺德区居住，结合佛山市顺德区公安局出入境管理大队的查询记录和张某的银行流水记录，可以确定张某至今已在佛山市顺德区居住已超过一年以上，本院属于在本辖区内对涉港民事案件有管辖权的人民法院，且符合级别管辖的规定，故本案应由本院管辖。另根据《中华人民共和国涉外民事关系法律适用法》第二十七条规定："诉讼离婚，适用法院地法律。"故应适用中华人民共和国法律审理。

根据《中华人民共和国婚姻法》第三十二条及相关法律规定，离婚案件中准予或不准离婚应以夫妻感情是否破裂作为区分的界限。判断夫妻感情是否确已破裂，应当从婚姻基础、婚后感情、离婚原因、夫妻关系的现状和有无和好的可能等方面综合分析。本案中，原、被告于××××年结婚，2002年左右原告即随被告去往香港共同生活，2005年原告亦将户口迁往香港，可见原、被告之间既有共同生活的愿望，亦有共同生活之事实，且至今已有十余年。虽然原告称其之后独自回大陆生活，自2010年起便少有去往，双方聚少离多，夫妻沟通极少。但据佛山市顺德区公安局出入境管理大队出入境记录统查询结果显示，张某在2013年12月之前频繁去往香港居住。虽然在2013年12月之后原告去往香港的次数减少，但并无证据证明被告亦未在该期间返回大陆与原告相聚，故现有证据不足以证明原告与被告之间感情确已破裂，已无和好的可能，对原告张某要求离婚的诉讼请求，本院不予支持。

关于受理费的承担问题。由于原告在起诉中自愿要求承担本案受理费，该请求是原告对自有权利的处分，未违反法律规定，本院予以支持，故本案的受理费用应由原告负担。

综上，根据《中华人民共和国婚姻法》第三十二条，《中华人民共和国涉外民事关系法律适用法》第二十七条，《中华人民共和国民事诉讼法》第一百四十四条，《最高人民法院关于适用〈中华人民共和国民事诉讼法〉的解释》第十三条、第五百五十一条之规定，缺席判决如下：

一、不准予原告张某与被告曾某甲解除婚姻关系；

二、驳回原告张某其他诉讼请求。

本案受理费300元（原告已预交），由原告张某负担。

如不服本判决，可在判决书送达之日起三十日内，向本院递交上诉状，并按对方当事人人数提交副本，上诉于广东省佛山市中级人民法院。

审判长　何瑾

人民陪审员　刘虹

人民陪审员　张静

二〇一六年五月三十日

书记员　杨翀

五　冯某甲与吴某离婚纠纷案

广东省恩平市人民法院
民事判决书

（2016）粤 0785 民初第 558 号

原告冯某甲，男，旅美华侨，现住美国。

委托代理人陈开明，广东协诚律师事务所律师。

被告吴某，女，住恩平市。身份证号码：×××3760。

原告冯某甲诉被告吴某离婚纠纷一案，本院于 2016 年 4 月 7 日立案受理后，依法适用普通程序，并依法组成合议庭于 2016 年 6 月 13 日公开开庭进行了审理。原告委托代理人陈开明到庭参加诉讼。被告吴某经本院传票传唤，无正当理由拒不到庭参加诉讼。本案现已审理终结。

原告诉称：××××年初，原告通过媒人介绍认识被告并很快开始谈婚论嫁。××××年××月××日，原、被告到恩平市民政局办理了结婚登记手续。婚后原、被告于××××年××月××日生育了女儿冯某乙。由于原、被告结婚仓促，彼此之间缺乏了解，婚后原告始知被告生活作风不正派，并长期赌博，造成夫妻感情破裂。同时，原、被告婚后长期分居异国他乡，聚少离多，难以培养好的夫妻感情，该婚姻关系再也无法继续维持下去。鉴于此，特向贵院提起离婚诉讼，请求判令：（1）原告与被告离婚；（2）原、被告婚生女儿冯某乙由被告抚养，抚养费由被告承担；（3）本案诉讼费由被告承担。

原告对其诉称在举证期限内提交的证据有：（1）原告护照复印件，证明原告的主体资格；（2）被告常住人口信息登记资料复印件，证明被告主体资格；（3）结婚证复印件，证明原、被告婚姻关系。

被告辩称：一、原告旅居外国且没有回国，恳请法庭查清其代理人的授权的真实性和合法性。根据《民事诉讼法》第五十九条第三款，"侨居在国外的中华人民共和国公民从国外寄交或者托交的授权委托书，必须经中华人民共和国驻该国的使领馆证明；没有使领馆的，由与中华人民共和国有外交关系的第三国驻该国的使领馆证明，再转由中华人民共和国驻该第三国使领馆证明，或者由当地的爱国华侨团体证明"的规定，如果原告在国外出具授权委托书，该授权委托书应当经当地中国使领馆公证、认证后才具备真实性和合法性。据被告所知，原告近期未曾回到国内，恳请法庭按照上述法律规定谨慎审查原告代理人的代理资格。

二、原告作为离婚诉讼案件的原告，如果没有参与庭审，本案应当按撤诉处理。根据《民事诉讼法》第六十二条"离婚案件有诉讼代理人的，本人除不能表达意思的以外，仍应出庭"及第一百四十三条"原告经传票传唤，无正当理由拒不到庭的，或者未经法庭许可中途退庭的，可以按撤诉处理"的规定，本案属于离婚案件，如果原告作为原告而并没有出庭参加庭审，法庭应当按撤诉处理。

三、原告在民事起诉状的陈述和事实不相符，也没有对该陈述履行举证义务，法庭应当驳回其诉讼请求。原告在其民事起诉状中对被告"生活作风不正派，并长期赌博"的陈述与事实不相符，被告没有赌博陋习。根据最高人民法院《关于民事诉讼证据的若干规定》第二条"当事人对自己提出的诉讼请求所依据的事实或者反驳对方诉讼请求所依据的事实有责任提供证据加以证明，没有证据或者证据不足以证明当事人的事实主张的由负有举证责任的当事人承担不利后果"的规定，原告也没有对上述主张履行举证责任，应当承担相应的不利后果。更进一步来说，原告以此作为夫妻感情破裂、请求判令离婚的理由，属于证据不足，恳请法庭驳回诉讼请求。

四、原告与被告的夫妻感情良好，应当共同抚养年幼的女儿，被告不愿意离婚，原告是被其姐姐怂恿才提起本次诉讼，并非原告的真实意愿，法庭应当驳回其诉讼请求。2010年，被告与原告在朋友聚会上认识。当时，双方均经历了一段不幸的婚姻，这次相遇令两人惺惺相惜，在深入了解后堕入爱河。期间，原告一直声称努力为被告办理出国手续，早日在外国共同打拼。经历了数年的恋爱关系后，原告与被告于××××年登记结婚。婚后，原告与被告在××××年××月××日生育了女儿冯某乙。被告必须说明的是，其经历过不幸的婚姻，对婚姻是渴望而谨慎。之所以和原告结婚并生育女儿，是因为被告和原告经过长期的交往，形成了深厚的感情，深思熟虑后认为应当组织新的家庭；而且，只要为了家庭的幸福，大家是可以克服暂时的异地分隔。因此，被告与原告绝非一时头脑发热而结婚、生育，相反夫妻感情是十分深厚的，未曾因为暂时的物理距离而变淡。被告与原告的家人的关系一直十分和睦。可爱的女儿出生后,更是为这个家庭再添快乐。但是,令被告不解的是原告的姐姐一直对被告颇有微词,甚至多次无故挑起事端离间被告与原告的夫妻关系。据被告了解到,原告是被其姐姐怂恿才提起本次诉讼,并非原告的真实意愿,法庭应当驳回其诉讼请求。

被告提交的证据有:婚生女儿冯某乙的出生医学证明,证明女儿冯某乙的出生情况。

经审理查明:××××年前后,原、被告经人介绍相识。××××年××月××日双方办理结婚登记手续。××××年××月××日生育女儿冯某乙。由于原、被告相识不久即登记结婚,且婚后两人聚少离多,导致夫妻感情发生变化。原告诉称被告生活作风问题及长期赌博问题,但是未能举证证明。被告认为双方经过长期了解才建立婚姻关系,婚后生育一女,夫妻感情深厚,两地分居未能影响夫妻感情,因与原告家人之间产生矛盾,原告才提起离婚诉讼。

本院认为:本案属离婚纠纷。原、被告经依法登记结婚,其婚姻关系合法,应受法律保护。婚姻的缔结应以感情为基础,而判断夫妻感情是否破裂,应当从婚姻基础、婚后夫妻感情的培养、离婚的原因、夫妻关系现状和有无和好的可能等方面综合分析。本案中,根据双方陈述,原、被告是在相互认识了解的基础上建立婚姻家庭关系,建立婚姻家庭的期间并没有发生较大的矛盾分歧,对于婚姻家庭的完整和谐,双方都有责任予以维护,不应当因聚少离多、缺乏沟通等原因损害夫妻之间的感情,今后,只要两人多加强沟通,夫妻关系是可以改善的。且双方婚后育有一女,女儿尚且年幼,为了女儿今后的健康成长考虑,双方也应努力建立和谐稳定的家庭环境。综上所述,本院认为,原、被告之间并未达到夫妻感情完全破裂,必须离婚的程度。今后夫妻间只要互相尊重,有事善意沟通,各自克服缺点,吸取教训,夫妻关系是可以改善的。因此,原告主张离婚理由不充分,证据不足,本院不予支持。被告经本院合法传唤,无正当理由拒不到庭参加诉讼,不影响本院对本案的审理。依照《中华人民共和国婚姻法》第三十二条、《中华人民共和国民事诉讼法》第一百四十四条的规定,判决如下:

一、不准予原告冯某甲与被告吴某解除婚姻关系。

二、本案受理费300元,由原告冯某甲负担。

如不服本判决，原告可在判决书送达之日起三十日内，被告可在判决书送达之日起十五日内，向本院递交上诉状，并按对方当事人的人数提出副本，上诉于广东省江门市中级人民法院。

审判长　马文娟

人民陪审员　吴番长

人民陪审员　吴坚文

二〇一六年六月二十四日

六　黄某甲与郑某某离婚纠纷案

福建省宁德市蕉城区人民法院
民事判决书

（2014）蕉民初字第 1749 号

原告黄某甲，男，1979 年 11 月 10 日出生，汉族，宁德市人，住宁德市东侨经济开发区。

被告郑某某，女，1979 年 7 月 20 日出生，香港特别行政区居民，住香港特别行政区沙田。

原告黄某甲诉被告郑某某离婚纠纷一案，本院于 2014 年 7 月 15 日立案受理后，依法组成合议庭，公开开庭进行了审理。原告黄某甲到庭参加诉讼，被告郑某某经本院合法传唤无正当理由拒不到庭参加诉讼。本案现已审理终结。

原告黄某甲诉称：2008 年原、被告经朋友介绍认识一次见面后就于同年 1 月 30 日在香港登记结婚。登记后原告即返回宁德，同年 3 月 24 日原告以探亲方式再次前往香港。因与被告性格不合无法共同生活，不久原告就返回内地。此后原告为了与被告培养夫妻感情还前往香港探亲，因性格不合双方仍然无法相处，不得已原告又返回宁德。从 2011 年 7 月 19 日至今双方再无任何联系。原告于 2013 年 1 月 5 日在万般无奈的情况下向法院起诉要求与被告离婚，法院以证据不足为由不准予原、被告离婚，判决于 2013 年 12 月 16 日生效。法院判决以后，原、被告夫妻仍然没有任何联系。原、被告结婚后未生育子女，婚姻关系存续期间无共同财产及债务纠纷。现原告起诉要求与被告离婚。

被告郑某某未答辩。

经审理查明：原、被告双方于 2008 年 1 月 30 日在香港特别行政区登记结婚。原告于 2013 年 1 月 5 日在宁德市蕉城区人民法院起诉要求与被告离婚，宁德市蕉城区人民法院于 2013 年 9 月 16 日作出不准予原、被告离婚的判决。原告在法院判决后继续与被告分居至今。双方婚后未生育子女。

以上事实有原告提供的如下证据证明：(1) 结婚证、方成生律师的证明，证明原、被告双方于 2008 年 1 月 30 日在香港特别行政区登记结婚；(2) (2013) 蕉民初字第 1324 号民事判决书及生效证明，证明原告于 2013 年 1 月 5 日在宁德市蕉城区人民法院起诉要求与被告离婚，宁德市蕉城区人民法院于 2013 年 9 月 16 日作出不准予原、被告离婚的判决；(3) 签注，证明原告曾去过香港的事实；(4) 宁德市东侨华侨新村社区居委会证明，证明原、被告在香港特别行政区办理结婚后，原告即返回宁德，由于婚前双方认识时间短，缺乏了解草率结婚，婚后性格各异，常因家庭琐事引发纠纷，共同生活期间无法建立夫妻感情。原告于 2011 年 7 月 19 日返回宁德，至今原告与被告没有联系且双方均未履行夫妻之间应尽的义务，其夫妻关系名存实亡，感情完全破裂；(5) 证人黄某乙、廖某某证言，证明原、被告夫妻二人因性格不合，原告于 2012 年 7 月 19 日从香港返回宁德后，就未再次赴香港探亲，被告也未到宁德探亲，双方互不联系。2013 年 9 月 16 日法院判决不准予原、被告离婚后双方也没有任何联系，存在夫妻关系名存实亡的事实，原告与被告继续分居至今。

以上证据符合证据的三性，结合原告的陈述，本院予以采信。该证据证明的事实，本院予以认定。

本院认为：原、被告依法登记结婚，其婚姻关系合法有效。现双方因感情不和，无法共同生活，长期分居，原告起诉要求与被告离婚，并提供充分证据，应认定夫妻感情确已破裂。从双方的婚姻基础、婚后感情、离婚原因、夫妻关系的现状、有无和好可能等方面综合分析后，本院对原告的离婚诉求予以支持。被告未到庭，依法缺席判决。依照《中华人民共和国婚姻法》第三十二条、《中华人民共和国民事诉讼法》第一百四十四条的规定，判决如下：

准予原告黄某甲与被告郑某某离婚。

案件受理费人民币 245 元，由原告负担。

如不服本判决，原告黄某甲可在判决书送达之日起十五日内，被告郑某某可在判决书送达之日起三十日内，向本院递交上诉状，并按对方当事人的人数提出副本，上诉于宁德市中级人民法院（上诉案件受理费缴纳办法：到本院领取省财政厅印制的人民法院诉讼费用缴费通知书，上诉案件受理费至迟在上诉期满后七日内预交到宁德市中级人民法院，逾期不交按自动撤回上诉处理）。

审判长　王石华
人民陪审员　石晓霞
人民陪审员　林丽娇
二〇一五年二月十日
书记员　杨小芳

七　朱某某与程某某离婚纠纷案

上海市第二中级人民法院
民事判决书

（2016）沪02民终2925号

上诉人（原审原告）：朱某某，男，1942年12月1日出生，现住加拿大不列颠哥伦比亚省。

委托诉讼代理人：潘雄，上海市君和律师事务所律师。

委托诉讼代理人：钱丽萍，上海市君和律师事务所律师。

被上诉人（原审被告）：程某某，女，1967年6月30日出生，汉族，户籍所在地上海市黄浦区，现住加拿大不列颠哥伦比亚省。

委托诉讼代理人：陈钦文，上海中村律师事务所律师。

上诉人朱某某因离婚纠纷一案，不服上海市黄浦区人民法院（2014）黄浦民一（民）初字第1141号民事判决，向本院提起上诉。本院依法组成合议庭对本案进行了审理。本案现已审理终结。

原审法院经审理查明：朱某某、程某某于1998年7月相识，1999年开始交往，2000年5月同居，2001年12月26日在上海市徐汇区登记结婚。2002年2月24日双方生育一子取名朱甲。婚后，朱某某、程某某共同在上海生活期间，感情较好。2008年，朱某某带儿子至加拿大生活，2009年6月程某某亦赴加拿大与朱某某、儿子共同生活。因生活、工作变动，双方产生矛盾，致夫妻不睦。2011年7月，双方开始分居至今。孩子随程某某共同生活。现朱某某认为夫妻感情破裂，诉至法院，请求判令：（1）准予双方离婚。（2）婚生子朱甲归朱某某抚养，程某某按月支付儿子抚养费400加元（折合人民币1880元），至其18周岁时止。（3）要求程某某按照市值人民币249万元支付朱某某上海市浦东新区江桦路×××弄×××号×××室房屋（以下简称"江桦路房屋"）一半的折价款。（4）要求程某某按照市值人民币80.43万元支付朱某某昆明奥宸财富广场×××幢×××单元×××室房屋（以下简称"昆明奥宸房屋"）一半的折价款。

原审庭审中，朱某某表示在加拿大靠每月领取1400加元的养老金为生。程某某表示认可。

原审另查明：2004年1月2日，朱某某、程某某达成协议，约定程某某于2003年12月31日以个人名义购买的上海市徐汇区漕溪北路×××号×××室房屋（以下简称"漕溪北路房屋"）为程某某个人财产。如上述房屋设定抵押，程某某个人承担银行还款义务，朱某某将不承担该房屋的还款义务。该协议同时经上海市公证处公证。2005年3月12日，程某某将漕溪北路房屋以人民币190万元出售，扣除尚未归还的贷款，实际得款人民币1246573.45万元。同年8月12日，程某某与昆明城建房地产开发股份有限公司签订《商品房购销合同》，约定程某某以人民币365561元购买昆明湖畔之梦×××幢×××号商铺。同年8月18日，朱某某、程某某签订《夫妻财产约定协议书》，约定上述商铺的合同权益以及今后的商铺所有权归程某某所有。该《夫妻财产约定协议书》经云南省第二公证处公证。2007年6月22日，程某某与上海天祥华侨城投资有限公司签订《上海市商品房预售合同》，约定以人民币796039元购得江桦路房屋。其中，首付款约为人民币24.6万元，余款均以程某某名义贷款偿还。2013年6月19日，程某某与案外人邵某某签订《上海市房地产买卖合同》，约定转让房款总价为人民币152万元。因对江桦路房屋的出售价格存争议，经程某某申请，法院委托上海大雄房地产估价有限公司进行评估，估价结果是江桦路房屋于2013年6月19日的市场价值为人民币195万元，2015年5月20日的市场价值为人民币249万元。评估费为人民币7800元。双方对评估结果及评估费均无异议。

原审庭审中，朱某某陈述夫妻双方曾向朱某某的女儿借款130万元港币用来炒房，程某某现已偿还上述借款。

原审又查明：昆明奥宸房屋系程某某于2011年2月购买，尚未签订正式的预售合同，也未办理房屋产权证明。出卖方云南奥宸房地产开发有限公司称项目开发暂停，现无法正常竣工交付办理产证。原审庭审中，双方认可上述房屋首付款为人民币478843元。

原审法院经审理后认为，婚姻关系的维系应以夫妻感情为基础。朱某某、程某某虽经长时间恋爱后自主结合，有着深厚的感情基础。但在程某某去加拿大与朱某某、儿子共同生活期间，双方因经济等原因致夫妻失和，并自2011年7月起分居至今。现朱某某、程某某均要求离婚，于法无悖，法院予以准许。

孩子的抚育应从有利于孩子成长的角度出发予以考虑。儿子目前已满13周岁，其愿意今后继续与程某某共同生活，综合考虑朱某某、程某某的年龄身体状况等因素，法院认为双方离婚后，儿子还是随程某某共同生活为宜。因双方分居多年，且自2013年起儿子就一直跟随程某某生活，故程某某提出的自2014年起2月计算子女抚养费的诉讼请求，法院予以支持。法院根据孩子的需要和朱某某、程某某的经济状况酌情确定朱某某应以每月400加元（折合人民币1880元）的标准给付儿子抚养费。

关于江桦路房屋，程某某以个人财产支付首付为由提出江桦路房屋系个人财产，法院认为漕溪北路房屋登记在程某某一人名下，且朱某某、程某某通过协议方式约定所有权归程某某所有并经公证，故漕溪北路房屋为程某某的个人财产。法院结合证据，认可程某某以个人财产支付江桦路房屋首付款的说法，但江桦路房屋在夫妻婚姻存续期间取得，应认定为夫妻共同财产。鉴于程某某以个人财产支付首付款，故扣除卖房时尚未偿还的贷款以及首付款后，余款系夫妻共同财产，双方应各得二分之一。该房产出售后，朱某某对程某某出售行为并未提出异议，故该房产买卖行为应视为有效。至于朱某某认为出售价格过低，鉴于程某某出售时未事先征得朱某某同意，故法院认定该房屋的出售价格以评估价格即人民币195万元为准。现程某某辩称售房款用以偿还朱某某女儿借款，朱某某亦在审理中自认该借款由程某某偿还完毕，故法院推定上述售房款已消费完毕，无剩余房款分割。

关于昆明奥宸房屋，因开发商无法交付房屋并办理房产证明，朱某某、程某某亦未能就房屋事宜达成一致，故在本案中不予处理。

原审法院据此作出判决：一、准予朱某某与程某某离婚；二、离婚后，婚生子朱甲随程某某共同生活，朱某某自判决生效之日起十日内按照每月400加元（折合人民币1880元）的标准一次性支付自2014年2月起至孩子18周岁时止的子女抚养费共计人民币133480元；三、驳回朱某某其他诉讼请求。

原审判决后，上诉人朱某某不服，向本院提起上诉称：被上诉人于2005年将漕溪北路房屋出售后，先后在昆明购买别墅和商铺，上述两套房屋是在购买江桦路房屋之后才出售，故江桦路房屋的首付款是用夫妻共同财产支付。归还上诉人女儿借款的行为发生在江桦路房屋出售之前，从时间逻辑上看，江桦路房屋的售房款不可能用于偿还借款。被上诉人私自出售江桦路房屋后将钱款转账给其父亲和兄嫂，其转移隐匿钱款的行为侵犯了上诉人的利益。被上诉人先后共购买八套房产，夫妻双方买卖房屋都是赚钱的，被上诉人不存在借款的必要性。上诉人对被上诉人的借款不知情且没有用于夫妻共同生活，故该债务与上诉人无关。且被上诉人所陈述向其亲属借款与偿还上诉人女儿130万元港币之间没有必然的关联性，购买昆明奥宸房屋的首付款系夫妻共同财产，该房屋自2011年就已经交付给被上诉人，一直处于出租状态，只是开发商还没有办理产权证。上诉人有权要求分割该房屋及房屋租金。上诉人现年迈不具备劳动能力且身体状况不好，原审判决上诉人支付的抚养费超出上诉人的承受能力。请求撤销原审判决第二、三项，发回重审或依法改判上诉人每月支付孩子抚养费200加元；被上诉人出售房屋的所有房款，上诉人要求分得一半；要求明确昆明奥宸房屋是双方共同共有；由被上诉人承担本案一、二审诉讼费用。

被上诉人程某某答辩称：上诉人从与被上诉人结婚至2007年，没有工作和收入。江桦路房屋的首付是上诉人个人财产支付。向上诉人女儿的借款是由被上诉人向父母及亲戚借款后归还，江桦路的售房款归还了向父母的借款。原审对该房屋售房款的处理并无不当。昆明奥宸房屋没有交付，也没有办理产权证，无法处理。上诉人在原审中表示愿意每月支付孩子的抚养费400加元，根据上诉人在加拿大的情况，是有这个能力的。原审认定事实无误。请求驳回上诉，维持原判。

本院经审理查明，原审查明事实属实，本院予以确认。

二审审理中，本院调取被上诉人程某某名下招商银行账户明细。上诉人与被上诉人对该银行明细的真实性均无异议。上诉人认为从该银行交易明细中无法看出江桦路房屋的首付款是用程某某的个人财产支付，被上诉人有多个股票账户，交易频繁，资金额巨大，无须对外借款。被上诉人认为该账户交易明细可以证明被上诉人用个人财产来支付家庭开销。虽然现在无法提供证据证明江桦路房屋的首付款是用被上诉人的个人财产支付，但根据双方的收入情况，夫妻没有能力用共同财产支付首付款。本院将根据本案实际情况对该证据材料综合分析认定。

二审审理中，上诉人认为根据被上诉人在原审提交的证据，被上诉人通过其亲戚向上诉人的女儿分四次汇款共计120万元港币，合计人民币104万元。但被上诉人归还其亲戚人民币149万元，系转移财产的行为。被上诉人认为被上诉人向亲戚借款120万元港币给上诉人的女儿，再加上上诉人写给被上诉人的人民币10万元借条，归还了向上诉人女儿的130万元港币的借款。被上诉人连同利息共归还给亲戚人民币130万元。

本院认为，上诉人与被上诉人虽系自主婚姻，但双方忽略了夫妻感情的维护，使夫妻关系疏远，并长期分居，导致夫妻感情破裂。原审中，双方均同意离婚，原审法院判决准予双方离婚，本院予以维持。双方离婚后，子女随父亲或母亲一方生活，另一方应给付子女的抚养费。原审法院综合双方当事人的经济条件、生活现况、孩子的实际需要等多方因素所确定的抚养费数额，尚属合理，本院予以支持。上诉人要求每月支付200加元抚养费，缺乏依据，本院不予支持。关于江桦路房屋，该房屋系在夫妻关系存续期间取得，双方对该房屋的权属亦无约定，故原审认定该房屋系夫妻共同财产并由双方各半取得售房款，无不当，本院予以认可。现该房屋争议之处在于：一、该房屋首付款的性质。被上诉人认为该房屋首付款系用出售漕溪北路房屋的钱款支付，但从被上诉人的银行交易明细及被上诉人购买、出售房屋的时间等情况，无法看出江桦路房屋的首付款系漕溪北路的售房款，故对被上诉人的该项主张，本院无法采纳。二、该房出售款是否用于归还向上诉人女儿的借款。被上诉人在原审中提交由被上诉人父亲等人向上诉人女儿的汇款凭证，上诉人认为被上诉人亲属归还给其女儿的钱款系被上诉人转账给其亲属的,但并未提供证据予以证明,故对被上诉人的该项主张,本院予以采纳。关于归还女儿借款的具体金额,本院根据相关证据予以认定。原审以评估价格认定江桦路房屋的价格并无不当,对此本院予以确认。综上,江桦路房屋应按照该房屋的出售价格扣除剩余贷款及归还上诉人女儿之钱款后的余款,双方予以分割,本院将考虑该房屋的出售时间、双方的生活支出等本案实际情况对该款项酌情予以分割。关于昆明奥宸房屋,现双方均明确尚未办理产权登记,原审在本案中不予处理并无不当,双方可另案诉讼解决。综上所述,原审认定事实清楚,判决并无不当。据此,依照《中华人民共和国婚姻法》第十七条、第三十九条第一款,《最高人民法院关于适用若干问题的解释(二)》第二十一条第一款,《中华人民共和国民事诉讼法》第一百七十条第一款之规定,判决如下:

一、维持上海市黄浦区人民法院(2014)黄浦民一(民)初字第1141号民事判决第一、二项;

二、撤销上海市黄浦区人民法院(2014)黄浦民一(民)初字第1141号民事判决第三项;

三、程某某于本判决生效之日起十日内给付朱某某人民币250000元;

四、朱某某的其他诉讼请求不予支持。

如果未按本判决指定的期间履行给付金钱义务,应当依照《中华人民共和国民事诉讼法》第二百五十三条之规定,加倍支付迟延履行期间的债务利息。

一审案件受理费人民币16750元,由朱某某、程某某各半负担人民币8375元,公告费人民币260元,由程某某负担。评估费人民币7800元,由朱某某、程某某各半负担人民币3900元。二审案件受理费人民币16750元,由朱某某负担人民币11550元,程某某负担人民币5200元。

本判决为终审判决。

审判长 岑华春
审判员 李迎昌
审判员 王江峰
二〇一六年十月二十八日
书记员 张承恩

八　黄某与刘某离婚纠纷案
广东省博罗县人民法院
民事判决书

（2015）惠博法民三初字第 99 号

原告黄某，香港特别行政区永久性居民，身份证号码：P9400。

委托代理人廖刚、曾水廷（律师助理），广东国悦律师事务所律师。

被告刘某，香港特别行政区永久性居民。

委托代理人李庚，广东斯明律师事务所律师。

原告黄某诉被告刘某离婚纠纷一案，本院立案受理后，依法组成合议庭，公开开庭进行了审理。原告黄某及委托代理人廖刚、曾水廷，被告委托代理人李庚到庭参加诉讼。本案现已审理终结。

原告黄某诉称，原、被告于×××年××月××日在广东省惠州市博罗县民政局登记结婚，后原、被告分居多年，并且被香港特别行政区法院 FCMC2012 年第 11777 号离婚令判令原、被告离婚，由于中国香港地区作出的离婚命令不能直接得到在内地地区法院的承认，所以原告只有依据《中华人民共和国民事诉讼法》有关规定重新向内地地区婚姻缔结地法院提起民事诉讼，请求人民法院依法支持原告的诉讼请求。原告诉讼请求：（1）判决原、被告离婚；（2）分割原、被告婚姻关系存续期间被告受让的位于深圳市龙岗区龙岗镇向东路龙侨村××栋×××房 50% 的产权，即人民币 260000 元。

被告刘某辩称，被告方认为本案的管辖权存在异议，本案中原、被告属于香港人，在博罗没有固定住所。根据民事诉讼法及其司法解释的相关规定，不应当由博罗县人民法院管辖。根据（2007）6 号《广东省高级人民法院关于暂时不予承认香港特别行政区法院离婚判决法律效力的批复》明确说明香港回归后香港特别行政区与内地尚未就相互承认生效判决达成相关安排，对于香港法院作出的离婚判决暂时不予承认为宜。香港法院在裁定不承认该离婚判决的法律效力时应告知当事人可向内地人民法院提起离婚诉讼。我院认为本案并未取得不予承认离婚判决的裁定，不具备受理条件。涉案的房产系被告母亲肖某某的免收地价华侨腾退房，权利人是肖某某，并非原、被告双方购买，因被告常年患有

××，没有工作能力，故肖某某让一半的房产登记给被告。其意图是帮助被告安生养老。并没有赠予原告的意思表示。根据《最高人民法院关于适用〈中华人民共和国婚姻法〉若干问题的解释（三）》第七条之规定，该房屋的一半产权应认定为被告一方的个人财产。被告患有××，没有生活来源，在香港靠领取综援为生，2000年起，原告就与被告分居，完全抛弃了被告，没有尽到婚姻法规定的扶养的义务。现在却要求分割被告赖以生存的房产，不仅有违法律，还违反了公序良俗。

经审理查明，原、被告均系香港特别行政区永久性居民。双方于×××年××月××日在广东省博罗县民政局办理结婚登记手续，于2014年1月2日在香港特别行政区被法院判决解除婚姻关系。2014年，原告曾向深圳市中级人民法院申请要求对香港特别行政区区域法院就原、被告离婚一案作出的离婚判决进行承认，深圳市中级人民法院于2014年10月23日作出（2014）深中法涉外初字第149号民事裁定书，认定内地对香港特别行政区法院作出的离婚判决尚未作出承认的程序性安排，裁定准许原告撤回申请。

原告又向深圳市龙岗区人民法院提起诉讼，请求依法分割原、被告婚姻关系存续期间被告受让的位于深圳市龙岗区龙岗镇向东路龙侨村×栋×××房50%的产权。深圳市龙岗区人民法院认为，原、被告均系香港特别行政区永久性居民，虽然双方的婚姻关系已由香港特别行政区法院作出了解除婚姻关系的判决，但因内地对香港特别行政区的法院作出的离婚判决尚未作出承认的程序性安排，故香港特别行政区法院作出的离婚判决在内地不能当然得到承认，原告应当在内地有管辖权的法院就婚姻关系提起离婚诉讼，只有在内地法院提起离婚诉讼后，原告才能就婚姻存续期间的共同财产请求一并处理。基此，原告仅凭香港特别行政区法院作出的解除婚姻关系的判决就在内地起诉分割共同财产缺乏法律依据。深圳市龙岗区人民法院作出（2014）深龙法地民初字第1452号民事裁定书，驳回原告的起诉。

另查，原告申请对位于深圳市龙岗区龙岗镇向东路龙侨村×栋×××房进行评估，博罗县物价局价格认证中心以2015年5月13日作为价格鉴定基准日作出鉴定结论，权属人肖某某、刘某位于深圳市龙岗区龙岗镇向东路龙侨村×栋×××房的价值为842475元，原告支付鉴定费8425

元。被告提供深圳市新永基房地产评估顾问有限公司（估价作业日期为2013年2月4日至8日）作出的《房地产估价报告书》，估价结果为权属人肖某某、刘某位于深圳市龙岗区龙岗镇向东路龙侨村×栋×××房市场价值为238280元。被告提供深圳市龙岗区龙岗街道办事处归国华侨联合会于2014年7月17日出具的《证明》，位于深圳市龙岗区龙侨新村×栋×××室，属免收地价的华侨腾退房，权利人肖某某。据原、被告提供的房产查询资料显示，位于深圳市龙岗区龙岗镇向东路龙侨村×栋×××房权利人为肖某某、刘某，各占1/2份额，使用权来源为统建房，房屋性质为拆迁补偿房，属免收地价的华侨腾退房，房产登记日期为1999年7月22日，使用年限为70年（从1995年6月21日起至2065年6月20日止）。肖某某、刘某系母子关系。

本院认为，原、被告均系香港特别行政区永久性居民。双方于2014年1月2日在香港特别行政区被法院判决解除婚姻关系。由于本院管辖地是原、被告双方婚姻缔结地，现原告请求判决原、被告离婚，应予准许。关于位于深圳市龙岗区龙岗镇向东路龙侨村×栋×××房房产的认定问题，据原、被提供的房产查询资料显示，位于深圳市龙岗区龙岗镇向东路龙侨村×栋×××房权利人为肖某某、刘某，各占1/2份额，使用权来源为统建房，房屋性质为拆迁补偿房，属免收地价的华侨腾退房，该房在深圳市龙岗区龙岗街道办事处归国华侨联合，登记的权利人系肖某某，且原告未提供证据证明原夫妻有出资购买该涉案房产的证据，根据《最高人民法院关于适用〈中华人民共和国婚姻法〉若干问题的解释（三）》第七条的规定，该涉案房产其中1/2份额应认定为被告的个人财产，原告请求该涉案房产按夫妻共同财产进行分割，证据不足，应予驳回。依照《中华人民共和国婚姻法》第十八条第三（项）、第三十二条，《最高人民法院关于适用〈中华人民共和国婚姻法〉若干问题的解释（三）》第七条，《中华人民共和国民事诉讼法》第六十四条第一款的规定，判决如下：

一、准许原告黄某与被告刘某离婚。

二、驳回原告黄某的其他诉讼请求。

案件受理费600元，由原告承担。

如不服本判决，可在判决书送达之日起十五日内，向本院递交上诉状,并按对方当事人的人数提出副本,上诉于广东省惠州市中级人民法院。

审判长　邓茂军
审判员　张笔通
人民陪审员　邱伟平
二〇一五年十一月十一日
书记员　杨锐雯

九　刘某某与萧某某离婚纠纷案

广东省中山市第一人民法院
民事判决书

(2014)中一法三民一初字第813号

原告:刘某某,女,1970年12月16日出生,汉族,住广东省中山市。

委托代理人:吴飞跃,系广东泰力律师事务所律师。

被告:萧某甲,男,1948年12月14日出生,祖籍广东中山,现籍美国。

原告刘某某诉被告萧某甲离婚纠纷一案,本院于2014年9月1日受理后,依法组成合议庭适用普通程序,于2015年4月15日公开开庭进行了审理。原告刘某某及其委托代理人吴飞跃到庭参加了诉讼,被告萧某甲下落不明,经依法公告传唤,期满未到庭应诉。本案现已审理终结。

原告诉称:2003年,原告与被告萧某甲经人介绍认识并恋爱,后于同年8月19日自愿结婚。2003年12月26日生育儿子萧某乙。婚后被告主要在广西从事农产品进出口生意,后经济环境不好,经营不善,被告声称在美国宣告破产。自2004年年底开始,被告回美国后音信全无,未再与原告联系,也从未向原告支付婚生子萧某乙的生活费。至今双方分居长达十年,且原告无法与被告取得联络,为维护自身合法权益,故诉至法院,请求:(1)判令原、被告双方离婚;(2)判令婚生子萧某乙由原告抚养,被告一次性支付婚生子萧某乙至18岁的抚养费72000元;(3)诉讼费及有关费用由被告承担。

原告对其主张的事实及诉讼请求提供以下证据：（1）身份证明；（2）结婚证明；（3）被告在美国的婚姻登记相关翻译资料、判决书、婚姻状况证明、办理结婚登记申请表、结婚谈话记录、原告身份证和被告美国永久居住证；（4）户口本、出生医学证。

被告萧某甲为美籍华侨，祖籍广东中山，因原告所提供的被告在美国的地址无法送达，且未能提交其国内的其他住址。本院依职权向中山市公安局出入境管理支队调查，亦未能查知被告的有效送达地址，故依法登报公告送达。期满被告未出庭应诉及提交书面答辩意见和证据。

据原告陈述及经审理查明：原告刘某某系广东中山板芙镇人，被告祖籍广东中山，常年在中山、广西两地工作、居住。后两人经朋友介绍认识、恋爱。于2003年8月19日在中山市民政局登记结婚，婚后感情一般。同年12月26日生育儿子萧某乙，后原告带儿子跟随被告一同前往其工作地广西生活，由于生活环境改变，共同生活期间，双方经常因家庭琐事产生矛盾而争吵。原告遂带儿子回到户籍地广东中山，双方一度冷战。而被告自此未再回中山与原告共同生活，且未联系。原告称已失去与被告的全部联络方式，且无法获知其近况。现为解决双方关系，保障婚生儿子的正当权益，故诉至法院，提出本案诉讼请求。

另查：被告与原告结婚系其二次婚姻，其第一次婚姻于1997年4月7日缔结，于2003年7月17日在美国北卡罗来纳州吉尔福德县解除，且育有一名婚生子。

本院认为：本案系离婚纠纷。原、被告均系成年人，婚前经人介绍认识不久即登记结婚，生育小孩，婚姻基础确实不牢。加之，被告系来广东中山工作的美籍华侨，在国内无固定居所，原告对被告了解不深，且双方年龄差距22岁，因此在发生矛盾后极容易产生不信任感及不负责任的心态。故而导致在婚生子不足一岁时，出现了双方争吵后被告对原告不关心、不联络、不挽回的处理方式。而原告亦性格较强，虽想维系婚姻，但寄希望于被告回心转意，不主动、不沟通、不联络，最后导致双方感情日益淡薄，长期分居至无法联系。因此，双方均存在过错。在婚姻家庭关系中，长期离家分居甚至断绝联络，当属感情破裂的重要表现。如原告所述属实，被告萧某甲无故失去联络，置原告感情及婚生子萧某乙生活于不顾，确实存在较大过错。而夫妻关系属社会关系的一种，双方均应肩负对家庭、子女的相应责任。但在慎重对待、兼顾稳定的基础上，也属公民自主范围内一定权利。现双方已逾十余年无共同生活及联络，说明感情确已破裂，无法修复。依照最高人民法院《关于人民法院审理离婚案件如何认定夫妻感情确已破裂的若干具体意见》第二条，当予准许两人离婚。关于儿子萧某乙的抚养权问题，长期以来原告单独抚养儿子，被告未尽到应有的抚养义务，双方解除婚姻关系后，儿子萧某乙当由原告抚养，由被告支付一定的抚养费。原告自愿放弃双方解除婚姻关系之前及分居期间单独抚养儿子的抚养费，系其对自身权益的自主处分，本院予以核准。且鉴于被告在国内无固定居所及财产，故对其要求被告一次性支付婚生子萧某乙自解除婚姻关系后至年满18周岁止这期间6年的抚养费，本院予以支持。根据《最高人民法院关于人民法院审理离婚案件处理子女抚养问题的若干具体意见》第七条，子女抚养费的数额，可根据子女的实际需要、父母双方的负担能力和当地的实际生活水平确定。有固定收入的，抚养费一般可按其月总收入的20%至30%的比例给付。无固定收入的，抚养费的数额可依据当年总收入或同行业平均收入，参照上述比例确定。由于原告未能提供被告萧某甲的收入情况证明，本院酌情按1000元每月予以支持。即按原告诉求，萧某乙现年12岁，至18周岁时计6年，共72000元（1000元/月×12个月×6年）。

综上，依照《中华人民共和国婚姻法》第三十二条、最高人民法院《关于人民法院审理离婚案件如何认定夫妻感情确已破裂的若干具体意见》第二条、第七条，《中华人民共和国民事诉讼法》第六十四条、第二百六十七条第二款第（八）项之规定，判决如下：

一、准许原告刘某某与被告萧某甲离婚；

二、判令婚生子萧某乙（男，2003年12月26日出生，公民身份号码为4420002003×××××××）由原告刘某某抚养，被告萧某甲于本判决生效之日起五日内一次性支付向原告支付抚养费72000元。

案件受理费300元，公告送达费300元，共计600元（原告已交），由被告萧某甲负担（被告萧某甲于本判决生效之日起七日内向本院缴纳）。

如不服本判决，原告可在判决送达之日起十五日内，被告萧某甲可在判决送达之日起三十日内向本院递交上诉状，并按对方当事人的人数提出副本，上诉于广东省中山市中级人民法院。

审判长伍青花
审判员吴立和
代理审判员唐群
二〇一五年五月七日
书记员魏曼曼；林雷

第五章

涉侨继承纠纷

在继承法律关系中如何保护华侨、归侨、侨眷、港澳台同胞及其眷属合法权益是本章的核心内容。当事人是否具有侨主体的身份认定在司法案件中具体表现为华侨侨眷的产权公证书、继承公证证明书、过继和收养子女身份认定问题，而政策性房屋继承纠纷的特殊性体现在涉案的遗产是国家当年落实华侨私房政策的房屋。继承遗产的主张能否得到法官支持取决于继承主体资格的取得双方产生争议的根源主要在于继承份额分配问题，侨主体作为特殊主体，继承纠纷案件涉及跨境法律关系和历史遗留政策等与普通主体不同的继承关系处理争议，适用法律不同，会影响到侨主体相关合法权益的实现。《最高人民法院关于适用涉外民事法律关系适用法若干问题的解释（一）》第二条、第三条规定了对于涉外民事关系案件适用法律的时间效力，当时有法律规定的，适用当时的法律；当时没有法律规定的，可以参照涉外民事关系法律适用法的规定确定。

第一节 华侨侨眷产权认定

《公证法》第三十九条规定公证书效力瑕疵补正程序，华侨侨眷产权认定需要公证机构出具的公证书确认其产权归属，公证的产权份额会直接影响到侨主体的继承份额。继承公证案件中，公证机构出具公证书的行为，侨主体应当提起行政诉讼，请求法院审查公证机构等行政机关的行政行为，提起民事诉讼的适格当事人只能是与本案继承纠纷有关系的自然人。

一 典型案例
范某甲与范某乙继承公证纠纷案

（一）案件主要事实

原告范某甲是（87）清证内字第 86 号继承权证明书的利害关系人，1906 年范某丙父亲去世，遗产由范某丙同父异母的大哥范某丁（范某戊的父亲）继承。抗日战争胜利后，归侨范某戊和几个姐姐从国外回家，依族规，原告范某甲被过继成为范某丁的嫡孙，又是归侨范某戊的财产继承人，新街 43 号和新街左二巷一号都过户到原告范某甲的监护人范某新名下，查范宅 NO.073106 号房屋登记簿，范宅二房新主是范某新。1980 年 8 月 11 日归侨范某戊意图经过法院见证后转发给范某甲委托书，但原清远人民法院法官王某明刻意扣发归侨范某戊所写的委托书，让归侨范某戊的堂妹范某乙有机可乘。被告范某乙提交虚假材料，把（86）04、（86）05 两份通知书送给清远县公证处，骗取（87）清证内字第 86 号继承权证明书。因此，原告范某甲起诉范某乙请求法院判决范某乙办理的（87）清证内字第 86 号继承权证明书无效。

（二）本案争议焦点

（87）清证内第 86 号继承证明书是否有效。

（三）裁判要旨

本案属于继承公证纠纷，就该公证书效力问题根据《公证法》第三十九条："当事人、公正事项的利害关系人认为公证书有错误的，可以向出具该公证书的公证机构提出复查。公证书的内容违法或者与事实不符的，公证机构应当撤销该公证书并予以公告，该公证书自始无效；公证书有其他错误的，公证机构应当予以更正。"原告可向公证机构提出复查。法院认为不属于本院受理的范围，应予以驳回。

二 相关法律条文解读

（一）适用法律

（1）《民事诉讼法》第一百二十四条：人民法院对下列起诉，分别情形，予以处理：（一）依照行政诉讼法的规定，属于行政诉讼受案范围的，告知原告提起行政诉讼；（二）依照法律规定，双方当事人达成书面仲裁协议申请仲裁、不得向人民法院起诉的，告知原告向仲裁机构申请仲裁；（三）依照法律规定，应当由其他机关处理的争议，告知原告向有关机关申请解决；（四）对不属于本院管辖的案件，告知原告向有管辖权的人民法院起诉；（五）对判决、裁定、调解书已经发生法律效力的案件，当事人又起诉的，告知原告申请再审，但人民法院准许撤诉的裁定除外；（六）依照法律规定，在一定期限内不得起诉的案件，在不得起诉的期限内起诉的，不予受理；（七）判决不准离婚和调解和好的离婚案件，判决、调解维持收养关系的案件，没有新情况、新理由，原告在六个月内又起诉的，不予受理。

（2）《民事诉讼法》第一百五十四条：裁定适用于下列范围：（一）不予受理；（二）对管辖权有异议的；（三）驳回起诉；（四）保全和先予执行；（五）准许或者不准许撤诉；（六）中止或者终结诉讼；（七）补正判决书中的笔误；（八）中止或者终结执行；（九）撤销或者不予执行仲裁裁决；（十）不予执行公证机关赋予强制执行效力的债权文书；（十一）其他需要裁定解决的事项。对前款第一项至第三项裁定，可以上诉。

（3）《公证法》第三十九条：当事人、公证事项的利害关系人认为公证书有错误的，可以向出具该公证书的公证机构提出复查。公证书的内容违法或者与事实不符的，公证机构应当撤销该公证书并予以公告，该公证书自始无效；公证书有其他错误的，公证机构应当予以更正。

（二）立法目的与适用难点

《公证法》第三十九条明确了公证效力，规范公证活动，保障公证机构和公证员依法履行职责，预防纠纷，保障自然人、法人或者其他组织的合法权益。公证是公证机构根据自然人、法人或者其他组织的申请，依照法定程序对民事法律行为、有法律意义的事实和文书的真实性、合法性予以证明的活动。

《民事诉讼法》是以宪法为根据，保障当事人行使诉讼权利，保证人民法院查明事实，分清是非，正确适用法律，及时审理民事案件，确认民事权利义务关系，制裁民事违法行为，保护当事人的合法权益，教育公民自觉遵守法律，维护社会秩序、经济秩序，保障社会主义建设事业顺利进行。人民法院受理公民之间、法人之间、其他组织之间以及他们相互之间因财产关系和人身关系提起的民事诉讼。

三 裁判启示

在继承案件中,在华侨侨眷产权继承问题上,侨主体对于《公证法》中关于公证书效力的法律规定了解不够全面,以至于将案件直接起诉到人民法院。涉及侨主体关于公证书效力影响继承的纠纷案件中,侨主体作为受公证书法律关系影响的一方,其诉求也多集中于公证书效力的认定,这将直接关系侨主体的继承份额。

将类似案件进行归纳总结可以发现,关于华侨侨眷的产权公证案件纠纷是行政机关针对具体行政相对人所做出的具体行政行为,而侨主体针对此类公证书的效力认定,并没有提起行政诉讼,而是提起民事诉讼来请求法院确认公证书无效。

四 涉侨保护要点

继承公证纠纷案件中关于公证书的效力直接影响到侨主体继承份额,侨主体对于公证书效力的起诉问题是行政诉讼,不属于民事诉讼纠纷。《公证法》从公证机构、公证员、公证程序、公证效力等方面明确了当事人、公证事项的利害关系人的公证程序和权益,法院在裁判书中明确了侨主体应当向公证机构提出复查,且提起的诉讼应当是行政诉讼。这些典型案例为解决此类纠纷提供了范例,保护侨主体继承权益。

第二节 遗产分配

遗产分配问题在继承纠纷案件中需要法官根据实际情况进行裁量,为确保公民私有财产的继承权,《继承法》以及《最高人民法院关于贯彻执行〈中华人民共和国继承法〉若干问题的意见》规定了继承时间、遗产范围、继承类型、遗产处理以及法律适用时效等问题,为法官裁判案件提供了法律依据。《继承法》第五条规定:"继承开始后,按照法定继承办理;有遗嘱的,按照遗嘱继承或者遗赠办理;有遗赠扶养协议的,按照协议办理。"《民法典》继承编对于继承相关问题进行了必要的完善,解决了许多实践中难以解决的继承纠纷,而侨主体作为特殊主体,因继承遗产或者居住地不在中国境内,其合法权益难以得到有效保障,相关保障路径仍需在司法实践中通过典型案例予以提炼。

一 典型案例
梅州市梅江区法定继承案

(一)案件主要事实

被继承人叶某某、曾某某夫妇为印尼华侨,生有一子二女,儿子为叶森某,女儿为叶云某、1某乙(即被告1)。1960年叶某某夫妇由印尼回中国,在广西柳州定居并入户;1961年,叶某某在广西柳州因病去世。曾某某在丈夫去世后于1962年回到梅州,居住在"德荣居",直至1987年去世。叶森某1997年去世,其与配偶吴某某(2004年去世)生育一子一女,即原告5某、原告6某。叶云某2014年2月去世,其与配偶钟某某(2002年已去世)生育一子四女,即原告1某甲、原告2某甲、原告3某、原告7某。叶某某、曾某某各自父母早于其两人去世。被告2某乙为丘某某养子,对于丘某某是否是叶某某小老婆原被告之间存在争议。被继承人叶某某、曾某某是原告1、2、3、4的外祖父母、原告5、6的祖父母和被告1的父母。被继承人在梅州市梅江区金山芹洋村第一村民小组留下了房地产,被梅州市梅江区土地房屋征收安置中心以0000307号和0000338号分别与被告1签订了《房屋征收货币补偿安置协议书》、被告2签订了《房屋征收产权置换补偿协议书》,有关0000307后的补偿款638600元被被告1侵占,有关0000338号的补偿款980321元被被告2侵占。原告与被告就继承遗产分割(拆迁补偿款)产生纠纷。

(二)本案争议焦点

"德荣居"是否是由叶某某出钱建造,被告2某乙拆迁时是否向拆迁部门出示过"德荣居"1953年《土地房产所有证》原件。

(三)裁判要旨

本案争议焦点一是继承主体资格认定问题,本案是法定继承纠纷,《继承法》第十条,遗产按照下列顺序继承:第一顺序:配偶、子女、父母。第二顺序:兄弟姐妹、祖父母、外祖父母。继承开始后,有第一顺序继承人继承,第二顺序继承人不继承;没有第一顺序继承人继承的,由第二顺序继承人继承。本法所说的子女,包括婚生子女、非婚生子女、养子女和有扶养关系的继子女。本法所说的父母，包括生父母、养父母和有扶养关系的继父母。本法所说的兄弟姐妹，包括同父母的兄弟姐妹、同父异母或者同母异父的兄弟姐妹、养兄弟姐妹、有扶养关系的继兄弟姐妹。本案中丘某某中华人民共和国成立前虽未与叶某某实际举行婚礼及共同生活，但一直以叶某某小老婆身份在"德荣居"生活几十年，其身份、地位已获得当地群众普遍认可；曾某某1962年回"德荣居"后亦于丘某某、2某乙共同生活至1987年去世。鉴于中华人民共和国成立前我国"一夫多妻"现象较为普遍，从尊重历史及保障妇女权益角度出发，应当认定邱某玲作为叶某某"二房老婆"的身份，具有继承遗产的资格。同理，2某乙从小由邱珍玲收养，并由丘某某抚养长大，该事实也已获得当地群众普遍认同，应认定其为叶某某、丘某某养子。根据法律规定，子女包括具有扶养关系的继子女，应当有资格继承遗产。

本案争议焦点二《土地房产所有证》是否具有物权效力，1953年的《土地房产所有证》是源于1950年《土地改革法》第三十条的规定："土地改革完成后，由人民政府发给土地所有证。"此特殊时期国家承认个人拥有土地所有权。此后，1982年我国《宪法》确立了城市土地归国家所有，农村土地归村集体所有的二元土地所有制。实质上，我国1982年《宪法》已经否认了土地改革时期的土地所有权归个人所有。所以1953年的《土地房产所有证》因历史及政策、法律变迁，已不再有物权效力，仅可以作为"德荣居"物权来源的参考。当地村委证明、当地群众走访、调查笔录以及1989年梅州市府国用总字第011630号《国有土地使用证》等证据，证实坐落于梅江区金山街道办事处芹洋村委会第一村民小组的"德荣居"是被继承人叶某某在中华人民共和国成立前出资建造的。

二　相关法律条文解读

（一）适用法律

（1）《继承法》第五条：继承开始后，按照法定继承办理；有遗嘱的，按照遗嘱继承或者遗赠办理；有遗赠扶养协议的，按照协议办理。①

---

①　现为《民法典》第一千一百二十三条：继承开始后，按照法定继承办理；有遗嘱的，按照遗嘱继承或者遗赠办理；有遗赠扶养协议的，按照协议办理。

（2）《继承法》第十条，遗产按照下列顺序继承：第一顺序：配偶、子女、父母。第二顺序：兄弟姐妹、祖父母、外祖父母。继承开始后，有第一顺序继承人继承，第二顺序继承人不继承；没有第一顺序继承人继承的，由第二顺序继承人继承。本法所说的子女，包括婚生子女、非婚生子女、养子女和有扶养关系的继子女。本法所说的父母，包括生父母、养父母和有扶养关系的继父母。本法所说的兄弟姐妹，包括同父母的兄弟姐妹、同父异母或者同母异父的兄弟姐妹、养兄弟姐妹、有扶养关系的继兄弟姐妹。①

（3）《继承法》第十四条：对继承人之外的依靠被继承人扶养的缺乏劳动能力又没有生活来源的人，或者继承人以外的对被继承人扶养较多的人，可以分给他们适当的遗产。②

（4）《最高人民法院关于贯彻执行〈中华人民共和国继承法〉若干问题的意见》第四十四条：人民法院在审理继承案件时，如果知道有继承人而无法通知的，分割遗产时，要保留其应继承的遗产，并确定该遗产的保管人或保管单位。

（5）《最高人民法院关于贯彻执行〈中华人民共和国继承法〉若干问题的意见》第五十二条：继承开始后，继承人没有表示放弃继承，并于遗产分割前死亡的，其继承遗产的权利转移给他的合法继承人。

（6）《民事诉讼法》第一百四十四条：被告经传票传唤，无正当理由拒不到庭的，或者未经法院许可中途退庭的，可以缺席判决。

（7）《最高人民法院关于民事诉讼证据的若干规定》第二条：当事人对自己提出的诉讼请求所依据的事实或者反驳对方诉讼请求所依据的事实有责任提供证据加以证明。没有证据或者证据不足以证明当事人的事实主张的，由负有举证责任的当事人承担不利后果。

---

① 现为《民法典》第一千一百二十七条：遗产按照下列顺序继承：（一）第一顺序：配偶、子女、父母；（二）第二顺序：兄弟姐妹、祖父母、外祖父母。继承开始后，由第一顺序继承人继承，第二顺序继承人不继承；没有第一顺序继承人继承的，由第二顺序继承人继承。本编所称子女，包括婚生子女、非婚生子女、养子女和有扶养关系的继子女。本编所称的父母，包括生父母、养父母和有扶养关系的继父母。本编所称的兄弟姐妹，包括同父母的兄弟姐妹、同父异母或者同母异父的兄弟姐妹、养兄弟姐妹、有扶养关系的继兄弟姐妹。

② 现为《民法典》第一千一百三十一条：对继承人以外的依靠被继承人扶养的人，或者继承人以外的对被继承人扶养较多的人，可以分给适当的遗产。

(二)立法目的与法理基础

《继承法》第五条规定了继承种类的效力位次,继承的种类有:遗嘱继承、法定继承、代位继承和转继承,遗嘱继承优先于法定继承。第十条规定了法定继承顺序,为解决继承案件纠纷提供了法院依据。与其他法律关系不同的是,法定继承的各方当事人是亲属,各方关系密切且有很强烈的情感联系,明确规定法定继承顺位,有效地规避了矛盾冲突爆发的危险,适用法律解决问题,有助于保护亲属关系以及家庭情感。

《最高人民法院关于贯彻执行〈中华人民共和国继承法〉若干问题的意见》第四十二条明确规定了若继承人无法通知,分割遗产时,应当保留其继承的遗产。从司法解释的层面充分地保护了继承人的合法权益,也有效地提高了解决继承纠纷案件中继承份额分割的效率问题。第五十二条规定了转继承,若继承人没有表示放弃继承,并于遗产分割前死亡的,其继承遗产的权利可以移转给他的合法继承人。该条对于继承法法条的解释,是回应了司法实践中许多法官需要解决的权利冲突问题,继承人死亡,其所继承遗产的权利应当保护。

(三)理论争议与适用难点

实践中,法定继承出现了"分家"规则及"脱节"现象[①],《继承法》第十条明确规定了一条"分家"规则:在没有遗嘱的情况下,夫妻一方死亡后,遗产应当首先由配偶、子女、父母继承。也就是说,死亡的夫妻一方的财产,将在其配偶、子女、父母之间按比例分配。从传统观念来看,这种分产行为便意味着"分家"。夫妻一方死亡后,除了遗嘱中有明确要求等特殊情况,我国民众通常不考虑继承问题。即便发生继承,原本夫妻的共同财产也应该由健在的一方继续占有、使用。直到夫妻双方都离世,方由子女等进行财产分割。在夫妻一方健在的情况下,子女或者其他亲属主张继承权,分割家产,往往会遭受道德谴责。

中国的传统观念认为只有在父母死亡后子女才可以继承父母留下的遗产,实践中,特别是广大的农村地区大多如此。这就造成了依据大陆法系传统设计的继承制度与我国传统家庭继承模式脱节的问题。遗产继

---

① 李平:《论法定继承顺位的立法策略与实践中的家文化坚守》,《法制与社会发展》2020年第26期。

承纠纷案件相比于其他民事案件，其中掺杂的不仅仅是各方当事人的利益纠纷，因此法官在裁量案件时应更多兼顾到家庭关系的维护以及家庭情感的维系。

三　裁判启示

本案中侨主体的诉求主要在于继承主体资格认定，以及1953年的《土地房产所有证》的效力认定。涉及侨主体法定继承争议的同类案件中，侨主体作为其中一方当事人其诉求也多集中在是否具有继承资格以及继承份额的多德等方面。本案中各方当事人对于法定继承并没有异议，关于法定继承的顺位，《民法典》继承编并没有对继承顺位进行修改，而是保留了原有的继承顺位。这也证明该继承顺位的规定经过了实践的考验，能够为法官裁量案件提供有效的依据。1953年的《土地房产所有证》效力属于历史遗留问题，是否具有物权效力，可以在相关法律条文中得到结论。

将类似案件进行梳理归纳可以发现，无论是何种诉求，法定继承的核心纠纷总是源于继承主体资格，只有具有继承资格，才会存在继承份额多少的问题。继承主体资格的认定，取决于当事人是否能够提供有效的证据材料。

四　涉侨保护要点

法定继承案件中侨主体多为具有争议的一方当事人，虽与其他当事人处于平等的法律地位，但由于侨主体的跨境特殊性，其对自身继承资格的证明需要提供更有力的证据。《民法典》继承编以及司法解释等规定明确了法定继承的相关内容，《民事诉讼法》也规定了相关的举证责任，法官对于相关案件的审理，应充分平衡各方当事人的合法权益，保护侨主体的继承权益，不因其主体的特殊性，造成继承份额分割的不公。

第三节　养子女继承权

在遗产继承纠纷中，首先要确定的便是继承权主体，即哪些人具有遗产继承资格。继承权主体，也就是享有继承权、能行使继承权的主体。

根据《继承法》的相关规定，继承权主体可以通过法律的直接明确规定，或者是合法有效的遗嘱制定，也可以通过被继承人与他人签订的遗嘱扶养协议指定。

遗嘱扶养协议指定的继承人，《继承法》第三十一条规定：公民可以与扶养人签订遗嘱扶养协议。按照协议，扶养人承担该公民生养死葬的义务，享有受遗赠的权利。公民可以与集体所有制组织签订遗嘱扶养协议。按照协议，集体所有制组织承担该公民生养死葬的义务，享有受遗赠的权利。①

一 典型案例

陈某1与陈某2收养关系继承纠纷

（一）案件主要事实

此案为二审上诉案件，上诉人陈某1为菲律宾华裔，陈某1与陈某2就陈某3遗产继承发生纠纷，陈某1认为陈某2提交的《声明书》中"陈某3"签名与本人签字不一致，鉴定意见不应采信。一审法院对《声明书》确认其真实性依据不足。《声明书》不是收养关系公证，不具合法性，不能证明陈某3与陈某2之间存在合法收养关系。上诉人陈某1认为陈某3与陈某2之间不存在事实收养关系，一审法院酌定陈某2可继承讼争房产20%的产权份额，没有事实和法律依据，且显失公平。

（二）本案争议焦点

陈某3是否收养了陈某2；陈某2是否有权继承讼争房产。

（三）裁判要旨

本案的争议焦点属于养子女的继承权资格。

（1）关于适用法律依据问题，《最高人民法院关于办理过继和收养关系公证的通知》（1979年6月5日发布、实施）、《最高人民法院司法行政厅关于收养子女公证问题的函》（1965年4月2日发布、实施）。两个文件规定："华侨、港澳同胞要求过继和收养他们亲友的子女，确是为了

---

① 现为《民法典》第一千一百五十八条：自然人可以与继承人以外的组织或者个人签订遗嘱扶养协议。按照协议，该组织或者个人承担自然人生养死葬的义务，享有受遗赠的权利。

接管产业和照顾生活的，不受年龄限制，只要双方当事人自愿，被收养人同意，经查属实，公证处即应为其出具过继或收养关系证明书""关于收养子女的公证问题，没有同意规定……请根据实际情况研究，如认为坚持要求公证的，可以办理公证……"故《公证书》可作为陈某2系陈某3养子之依据。因此，上诉人陈某1的诉讼请求无法得到支持。《公证书》的公证内容、公证程序、收养条件、收养效力等均符合当时的法规政策规定，《收养法》于1991年发布，1992年4月1日开始实施，于1998年修正，没有溯及既往的效力。因此申请、审查、办理收养公证的真实性与合法性，均应依照1984年及以前的法律、法规、司法解释、政策等有关收养公证的规定。现行《涉外民事关系法律适用法》没有溯及既往的效力，更不能作为1984年公证处审查、办理收养公证的法律依据，也不能作为一审判决认定公证效力的法律依据。

（2）关于陈某2提交的1984年经公证的陈某3《声明书》真实性问题。经一审法院委托鉴定，鉴定意见认定《声明书》系陈某3的签字；一审法院还向永春县公证处调取档案材料，该公证档案材料附有陈某3手写声明书及《收养协议书》，可予以佐证。

（3）关于收养是否合法问题。根据本案情况，陈某2自幼父亲早亡，一直由侨居菲律宾的叔父陈某3寄款接济，陈某3在1984年回国期间自愿办理收养陈某2的手续，此时陈某2虽已成年，但基本符合当时的收养政策及司法解释，可以认定陈某3与陈某2的收养关系于当时成立具有法律效力。

（4）关于陈某2是否可以继承陈某3遗产的问题。虽然陈某3已有婚生子，陈某1及孙辈可以继承财产及照顾生活，不需要特地收养陈某2，由于陈某3已经去世，没有办法考证其与陈某2签署《收养协议书》的真实意图。根据1984年的公证档案，即陈某3与陈某2的《收养协议书》所载"双方有相互继承遗产的权利"的条款，可以认定陈某3对于收养陈某2的法律后果是清楚的。鉴于没有证据表明陈某3对讼争房产作了遗嘱处分，认定陈某2对讼争房产有继承权，酌定陈某2可继承讼争房产20%的产权份额，基本适当。

二 相关法律条文解读

（一）适用法律

（1）《最高人民法院关于办理过继和收养关系公证的通知》：（一）华侨、港澳同胞要求过继和收养他们亲友的子女，确是为了接管产业和照顾生活的，不受年龄限制，只要双方当事人自愿，被收养人同意，经查属实，公证处即应为其出具过继或收养关系证明书。（二）过继和收养双方已有过继或收养协议的（包含口头的），经查属实者，公证处可以为其补办公证手续。（三）中国血统外籍人，要求过继或收养他们在华亲属的子女，可参照上述规定办理。

（2）《最高人民法院司法行政厅关于收养子女公证问题的函》：关于收养子女的公证问题，没有统一规定，多数地区不办理公证，由派出所办理户口登记；少数地方给予公证。请根据实际情况研究，如认为坚持要求公证的，可以办理公证，请提出意见连同收费标准，报请党委决定。办理收养子女的公证，不仅应查明双方有无欺骗、强迫及其他不法情况，还应以阶级观点、政策观点查明他们的动机。如地主与贫农之间的收养关系，家居农村与家居城市之间的收养关系，等等，前者有的为了降低阶级出身，后者有的为了报入城市户口。

（3）《继承法》第二条：继承从被继承人死亡时开始。①

（4）《继承法》第五条：继承开始后，按照法定继承办理；有遗嘱的，按照遗嘱继承或者遗赠继承办理；有遗赠扶养协议的，按照协议办理。②

（5）《继承法》第十条：遗产按照下列顺序继承：第一顺序：配偶、子女、父母。第二顺序：兄弟姐妹、祖父母、外祖父母。继承开始后，由第一顺序继承人继承，第二顺序继承人不继承。没有第一顺序继承人继承的，由第二顺序继承人继承。本法所说的子女，包括婚生子女、非

---

① 现为《民法典》第一千一百二十一条：继承人从被继承人死亡时开始。相互有继承关系的数人在同一事件中死亡，难以确定死亡时间的，推定没有其他继承人的人先死亡。都有其他继承人，辈份不同的，推定长辈先死亡；辈份相同的，推定同时死亡，相互不发生继承。

② 现为《民法典》第一千一百二十三条：继承开始后，按照法定继承办理；有遗嘱的，按照遗嘱继承或者遗赠办理；有遗赠扶养协议的，按照协议办理。

婚生子女、养子女和有扶养关系的继子女。本法所说的父母，包括生父母、养父母和有扶养关系的继父母。本法所说的兄弟姐妹，包括同父母的兄弟姐妹、同父异母或者同母异父的兄弟姐妹、养兄弟姐妹、有扶养关系的继兄弟姐妹。①

(6)《继承法》第十三条：同一顺序继承人继承遗产的份额，一般应当均等。对生活有特殊困难的缺乏劳动能力的继承人，分配遗产时，应当予以照顾。对被继承人尽了扶养义务或者与被继承人共同生活的继承人，分配遗产时，可以多分。继承人协商同意的，也可以不均等。②

(二) 立法目的与法理基础

因《收养法》1992年4月1日开始实施，所以此案中对1984年的收养关系判定应当参考《最高人民法院关于办理过继和收养关系公证的通知》以及《最高人民法院司法行政厅关于收养子女公证问题的函》这两个文件对收养关系的解答。《最高人民法院关于办理过继和收养关系公证的通知》明确规定了华侨、港澳同胞过继和收养的条件，公证处出具过继或收养关系证明书应当充分尊重双方当事人意思自治，被收养人同意，并需要查证属实，此条款的规定充分保障了侨主体的合法权益，确认了收养、过继的法律关系的合法性，进一步解决了在收养关系继承纠纷中的核心争议问题。

(三) 理论争议与适用难点

中国传统观念中，很多人认为养子女不是养父母所生，因此不能享有继承权，但我国法律明确规定了养子女同婚生子女一样享有合法的继承权，且如果养子女对养父母尽了主要赡养义务，养子女还可依据《继

---

① 现为《民法典》第一千一百二十七条：遗产按照下列顺序继承：（一）第一顺序：配偶、子女、父母；（二）第二顺序：兄弟姐妹、祖父母、外祖父母。继承开始后，由第一顺序继承人继承，第二顺序继承人不继承；没有第一顺序继承人继承的，由第二顺序继承人继承。本编所称子女，包括婚生子女、非婚生子女、养子女和有扶养关系的继子女。本编所称父母，包括生父母、养父母和有扶养关系的继父母。本编所称兄弟姐妹，包括同父母的兄弟姐妹、同父异母或者同母异父的兄弟姐妹、养兄弟姐妹、有扶养关系的继兄弟姐妹。

② 现为《民法典》第一千一百三十条：同一顺序继承人继承遗产份额，一般应当均等。对生活有特殊困难又缺乏劳动能力的继承人，分配遗产时，应当予以照顾。对被继承人尽了主要扶养义务或者与被继承人共同生活的继承人，分配遗产时，可以多分。有扶养能力和有扶养条件的继承人，不尽扶养义务的，分配遗产时，应当不分或者少分。继承人协商同意的，也可以不均等。

承法》第十三条多分遗产。①

在收养关系继承案件中，核心争议的内容在于收养、过继公证书的效力，是否具有继承主体资格对于本案的判决结果有着重要的影响。《最高人民法院关于贯彻执行〈中华人民共和国继承法〉若干问题的意见》中第二十五条、第二十六条、第二十七条对于代位继承也作了进一步的说明，明确了代位继承不受辈数的限制，以及养子女、继子女在代位继承中如何处理的情况。继子女代位继承的取得以形成扶养关系为前提，在形成相应扶养关系的情况下，继子女的代位继承权应当被肯定。但在现实操作中，判定继父母与继子女之间是否形成扶养关系是一个难点。在办理继承公证时，具体到每一个案例，公证员应坚持具体问题具体分析。

三 裁判启示

本案中侨主体的诉求主要在于收养、继承关系公证书的效力与认定代位继承有效的法律适用问题。涉及侨主体收养、过继关系争议的同类案件中，侨主体作为一方当事人的诉求也多集中于收养、过继关系的公证书认定以及法律适用等方面。《最高人民法院关于办理过继和收养关系公证的通知》以及《最高人民法院司法行政厅关于收养子女公证问题的函》对于侨主体的收养、过继关系等有明确的规定，但收养、过继关系的确认与案件事实息息相关，本案中双方当事人对于遗产的份额划分并没有异议，但是对于收养关系公证书的效力以及适用法律问题存在争议。

将类似案件进行梳理归纳可以发现，无论是何种诉求，收养、过继关系继承争议的核心纠纷总是源于收养、过继法律关系的确认以及适用法律问题，侨主体作为一方当事人考虑的是自身的合法权益能否得到充分地保护。因政策改变以及历史变迁，证明收养、过继关系的相关文件是否具有法律效力，如何衡量双方的利益诉求以及如何判定法律适用问题，是法官在裁量案件时的核心内容。

---

① 现为《民法典》第一千一百三十条：同一顺序继承人继承遗产份额，一般应当均等。对生活有特殊困难又缺乏劳动能力的继承人，分配遗产时，应当予以照顾。对被继承人尽了主要扶养义务或者与被继承人共同生活的继承人，分配遗产时，可以多分。有扶养能力和有扶养条件的继承人，不尽扶养义务的，分配遗产时，应当不分或者少分。继承人协商同意的，也可以不均等。

四 涉侨保护要点

收养、过继关系争议案件中侨主体多为争议的一方当事人,《最高人民法院关于办理过继和收养关系公证的通知》《最高人民法院司法行政厅关于收养子女公证问题的函》以及《收养法》已经失效,不能再作为法官裁判案件的依据。对于收养、过继关系的认定,《民法典》第一千一百零九条规定了涉外收养:"外国人依法可以在中华人民共和国收养子女。外国人在中华人民共和国收养子女,应当经由所在国主管机关依照该国法律审查同意。收养人应当提供由其所在国有权机构出具的有关其年龄、婚姻、职业、财产、健康、有无受过刑事处罚等状况的证明材料,并与送养人签订书面协议,亲自向省、自治区、直辖市人民政府民政部门登记。前款规定的证明材料应当经收养人所在国外交机关或者外交机关授权的机构认证,并经中华人民共和国驻该国使领馆认证,但是国家另有规定的除外。"从该条规定可以得知国家对于涉外收养的程序进行了严格的规定,并且对于收养人的审查也更加严格。关于养子女的继承顺位问题,《最高人民法院关于适用〈中华人民共和国民法典〉继承编的解释(一)》第十二条规定,养子女与生子女之间、养子女与养子女之间,系养兄弟姐妹,可以互为第二顺位继承人。被收养人与其亲兄弟姐妹之间的权利义务关系,因收养关系的成立而消除,不得互为第二顺序继承人。

对于适用法律问题,《涉外民事关系法律适用法》第二十八条、第二十九条详细地规定了收养、扶养的法律适用,为法官裁量案件适用法律的选择提供了依据,完善了相关的规定,保障侨主体的继承权益。①

第四节 政策性房产继承问题

侨房政策是侨务政策的重要组成部分,主要涉及华侨华人、归侨及

---

① 《涉外民事关系法律适用法》第二十八条:收养的条件和手续,适用收养人和被收养人经常居所地的法律。收养的效力,适用收养时收养人经常居所地法律。收养关系的解除,适用收养时被收养人经常居所地法律或者法院地法律。第二十九条:扶养,适用一方当事人经常居所地法律、国籍国法律或者主要财产所在地法律中有利于保护被扶养人权益的法律。

侨眷，直接关系到侨主体的财产权益。自1990年《归侨侨眷权益保护法》颁布实施和其他保护我国公民权益的法律日臻完备，侨主体的房屋财产有了相关法律依据支撑。中共中央办公厅、国务院办公厅转发了《关于加快落实华侨私房政策的意见》，该意见指出，落实华侨私房政策，保护华侨的合法权益，激发他们的爱国热情，对促进四化建设和实现祖国统一大业具有重要意义。

一 典型案例

侨房法定继承纠纷案

（一）案件主要事实

易某1和林某6系夫妻关系，二人育有子女三人，分别为林某4、林某2和林某5。林某和曾某系夫妻，育有两子，林某1和林某3，林某5和庄某3系夫妻，育有两子，庄某1和庄某2。林某6于1962年去世，易某1于1972年去世，林某4于2009年去世，林某5于1977年去世。林某5去世后，庄某3与王某于1982年再婚，庄某3后于2012年11月30日去世。原北京市东城区东四六条55号院3号、4号房屋原系被继承人易某1名下房产，登记为7间房屋，建筑面积123.3平方米。1964年8月，3号房屋被出售，易某1名下登记房屋变为5间，总建筑面积89.6平方米。1966年9月，剩余5间房屋被收为公有。1986年北京市东城区落实私房政策办公室出具《发还产权通知》，主要内容为"现将1966年9月交出的东城区东四×条×私房五间予以发还"。1986年2月28日林某2交纳东四×条×号房屋"文革产结算补交款"2440元。2001年12月14日，林某2和林某4之子林某3到北京市东城区公证处办理继承权公证。当日，北京市东城区公证处作出第×号《公证书》，主要内容为："被继承人易某1死亡后在北京市东城区东四×条×号遗有房产五间。死者生前无遗嘱，其父母均于中华人民共和国成立前死亡，其丈夫林某6于1962年在新加坡死亡。根据我国法律的有关规定，被继承人易某1的房产将由其儿子林某2、林某4共同继承。" 2001年12月20日，林某2和林某4委托代理林某3共同到登记机关原北京东城区房屋土地管理局申请办理房屋继承登记，并填写了房屋产权登记书，同时提交了第×号《公证书》、（2001）琼证内字第×号《委托公证书》及相关身份证明材料。经审查，东城房产局认为申请人申报登记的房屋产权来源清楚、证据齐全，并于2002年6月3日以市国土房管局的名义向林某2、林某4颁发了京房东私字×号房屋所有权证及京房东私共字×号房屋共有权证。2002年2月27日林某2、林某4二人取得坐落于北京市东城区东四×条×号房屋7间所有权，建筑面积为93.7平方米。

2012年，庄某3与庄某1、庄某2向北京市公证处申请复查第×号《公证书》。该公证处于2012年12月25日作出第11号复查决定，以原第×号《公证书》认定的事实与结论遗漏了合法继承人为由，决定予以撤销。

原告王某、庄某1（住香港特别行政区）、庄某2起诉林某1、曾某、林某2、林某3，原告认为登记在被继承人易某1名下位于北京市东城区东四×条×号院×号、×号房屋由原告和被告共同继承，三原告共有三分之一产权份额。

（二）本案争议焦点

本案争议焦点系遗产份额划分问题，遗产是公民死亡时遗留的合法财产，公民死亡后继承已经开始。林某6与易某1均未留有遗嘱，故对二人之遗产应依据法定继承原则予以处理，林某4、林某5在其父母去世后亦已经去世，其应继承父母的遗产的份额转由其配偶、子女予以继承。庄某3在林某5死亡后去世，其再婚妻子、生子女对于其遗产有权予以继承。至1966年9月收归公有前，原北京市东城区东四×条×号院×号房屋5间系被继承人易某1名下房产。虽房屋现状与《发还产权通知》载明的间数与面积存在差异，但系特定历史条件下非可归咎于当事人的原因造成，"文革产结算补交款"2440元并非购买房屋的对价，北京市东城区东四×条×号房屋5间之转化。其性质应认定为林某6与易某1的遗产。《继承法》第十三条："对被继承人尽了主要扶养义务或者与被继承人共同生活的继承人，分配遗产时，可以多分。有扶养能力和有扶养条件的继承人，不尽扶养义务的，分配遗产时，应当不分或者多分。继承人协商同意的，也可以不均等。"① 双方当事人对被继承人未尽到主要的

---

① 现为《民法典》第一千一百三十条：同一顺序继承人继承遗产份额，一般应当均等。对生活的有特殊困难又缺乏劳动能力的继承人，分配遗产时，应当予以照顾。对被继承人尽了主要扶养义务或者与被继承人共同生活的继承人，分配遗产时，可以多分。有扶养能力和有扶养条件的继承人，不尽扶养义务的，分配遗产时，应当不分或者少分。继承人协商同意的，也可以不均等。

赡养义务，故应采取等分原则。

(三) 裁判要旨

本案属于侨主体因历史遗留问题产生的遗产继承纠纷，应当在现行法的基础上，结合我国《民法典》继承编的基本原则，如权利与义务相一致、养老育幼照顾病残、互谅互让、和睦团结等原则来有效地处理当事人之间的利益纠纷。法院应以纠纷化解为核心目标，充分考虑历史与社会背景，不宜机械地适用法条，从而有效保护侨主体的合法权益，实现社会价值与法的价值相统一。

二　相关法律条文解读

(一) 适用法律

(1)《继承法》第三条：遗产是公民死亡时遗留的个人合法财产，包括：(一) 公民的收入；(二) 公民的房屋、储蓄和生活用品；(三) 公民的林木、牲畜和家禽；(四) 公民的文物、图书资料；(五) 法律允许公民所有的生产资料；(六) 公民的著作权、专利权中的财产权利；(七) 公民的其他合法财产。[1]

(2)《继承法》第十条：遗产按照下列顺序继承：第一顺序：配偶、子女、父母。第二顺序：兄弟姐妹、祖父母、外祖父母。继承开始后，由第一顺序继承人继承，第二顺序继承人不继承。没有第一顺序继承人继承的，由第二顺序继承人继承。本法所说的子女，包括婚生子女、非婚生子女、养子女和有扶养关系的继子女。本法所说的父母，包括生父母、养父母和有扶养关系的继父母。本法所说的兄弟姐妹，包括同父母的兄弟姐妹、同父异母或者同母异父的兄弟姐妹、养兄弟姐妹、有扶养关系的继兄弟姐妹。[2]

---

[1] 现为《民法典》第一千一百二十二条：遗产是自然人死亡时遗留的个人合法财产。依照法律规定或者根据其性质不得继承的遗产，不得继承。

[2] 现为《民法典》第一千一百二十七条：遗产按照下列顺序继承：(一) 第一顺序：配偶、子女、父母；(二) 第二顺序：兄弟姐妹、祖父母、外祖父母。继承开始后，由第一顺序继承人继承，第二顺序继承人不继承；没有第一顺序继承人继承的，由第二顺序继承人继承。本编所称子女，包括婚生子女、非婚生子女、养子女和有扶养关系的继子女。本编所称的父母，包括生父母、养父母和有扶养关系的继父母。本编所称的兄弟姐妹，包括同父母的兄弟姐妹、同父异母或者同母异父的兄弟姐妹、养兄弟姐妹、有扶养关系的继兄弟姐妹。

(3)《继承法》第十三条：同一顺序继承人继承遗产的份额，一般应当均等。对生活有特殊困难的缺乏劳动能力的继承人，分配遗产时，应当予以照顾。对被继承人尽了主要扶养义务或者与被继承人共同生活的继承人，分配遗产时，可以多分。有扶养能力和有扶养条件的继承人，不尽扶养义务的，分配遗产时，应当不分或者少分。继承人协商同意的，也可以不均等。①

（二）立法目的与法理基础

《继承法》第三条明确规定了遗产的范围，将遗产范围进行了大致的界定，而《民法典》对此条进行了修改："遗产是自然人死亡时遗留的个人合法财产。依照法律规定或者根据其性质不得继承的遗产，不得继承。"此条的修改整体上删去了列举式规定，仅保留了原本对遗产的概括性规定，同时增加了排除性规定，即依照法律规定或者根据其性质不得继承的遗产，不得继承。所谓根据其性质不得继承的遗产，主要是指具有人身专属性的财产权利。

《继承法》第十条明确规定了遗产的继承顺位，第十三条规定了同一顺序继承人的继承条件，《民法典》继承编增加规定被继承人的兄弟姐妹的子女适用代位继承制度，扩大了法定继承人的范围。《民法典》在保持《继承法》规定的法定继承人范围和顺序的基础上，部分扩张了法定继承人的范围，使被继承人的兄弟姐妹的子女即被继承人的侄、甥也纳入了代位继承人的范围，符合遗产流转规律的要求和我国继承传统。

三　裁判启示

本案中侨主体的诉求主要集中在侨房遗产的继承范围。在涉及侨主体法定继承争议的同类案件中，侨主体作为一方当事人的诉求也多集中于侨房遗产的份额划分。《民法典》继承编对遗产的重新界定，纠正了对遗产列举无论达到何等详细程度，在财产类型日益增加和财产形式不断

---

① 现为《民法典》第一千一百三十条：同一顺序继承人继承遗产份额，一般应当均等。对生活有特殊困难又缺乏劳动能力的继承人，分配遗产时，应当予以照顾。对被继承人尽了主要扶养义务或者与被继承人共同生活的继承人，分配遗产时，可以多分。有扶养能力和有扶养条件的继承人，不尽扶养义务的，分配遗产时，应当不分或者少分。继承人协商同意的，也可以不均等。

丰富的情形下，也无法涵盖遗产的全部范围，甚至可能发生法律属性争议的弊病。政策性房产继承问题中尤其重要的是关于侨主体的侨房继承，由于很多住房建造时间较早，产权并不清晰，而当地有关部门又多出台了一些侨住房政策，而这些政策与我国《物权法》和现行《民法典》并不相符，由此导致在司法裁判中出现法律适用难题。法官在进行此类案件的裁判时应当注重平衡侨主体和另一方当事人之间的利益对政策性房产继承份额的划定，应避免因机械适用法条而实际导致侨主体权益减损。

四　涉侨保护要点

政策性房产争议案件中多为侨房遗产争议，其所争议的遗产多为国家当时根据惠侨政策而给予侨主体的具有福利性的财产，此遗产受国家政策影响较大。由于侨主体的跨境特殊性，国务院侨务办公室《关于加快落实华侨私房政策的意见》明确指出："党的十一届三中全会以来，各地在落实华侨私房政策方面，做了大量工作，多数地方已经基本清退十年内乱期间挤占、没收的华侨私房。但对土地改革中没收、征收和私房社会主义改造中错改造的华侨私房以及代管的华侨私房，长期没有归还。对此，归侨、侨眷和海外侨胞反映十分强烈。"各地纷纷采取措施落实该意见的主要内容，依此文件解决侨房遗产的纠纷，保障侨主体民事权益，解决历史遗留问题。

第五节　涉侨继承纠纷中的应注意事项

涉侨继承纠纷中多为法定继承纠纷，遗嘱继承纠纷相对较少。将收集到的涉侨继承纠纷案件进行梳理后，发现涉侨继承纠纷中应当注意以下几点。

第一，应当注意侨主体的继承公证纠纷。《公证法》明确规定了涉案相关公证书的效力问题，明确提出了侨主体有权向公证机构提出复查，《民法典》继承编废除了公证遗嘱效力优先规则，防止出现限制被继承人遗嘱自由的可能性。《民法典》第一千一百四十二条第三款确立了"立有数份遗嘱，内容相抵触的，以最后的遗嘱为准"的遗嘱效力原则，完善了相关公证继承纠纷的法律规定，为侨主体的产权继承争议得以解决提供了依据。

第二，需要关注法定继承中的继承顺序问题。这是侨主体当事人最为关注的核心内容，继承顺序直接关系到遗产继承份额。《民法典》继承编在秉持原有《继承法》的两个继承顺序的基础上，增加第三继承顺序。即将伯叔姑舅姨、侄子女外甥子女、表堂兄弟姐妹纳入法定继承人范围，在顺应计划生育政策变化的同时，保障遗产在近亲属、亲属中流动。① 完善继承顺序的法律规定，保障侨主体等相关法律关系人的继承权利。

第三，养子女的继承权纠纷需要解决的核心问题是子女的继承资格认定。涉及侨主体相关的收养、过继手续的法律认定，需要结合当时《最高人民法院关于办理过继和收养关系公证的通知》《最高人民法院司法行政厅关于收养子女公证问题的函》等相关法律法规的规定，经过时代变迁，认定当时收养、过继公证书的法律效力，应当充分考虑现行法律法规与当时案件事实是否适用，能否溯及既往等相关问题。对于养子女的继承权，《最高人民法院关于适用〈中华人民共和国民法典〉继承编的解释（一）》第十条："被收养人对养父母尽了赡养义务，同时又对生父母扶养较多的，除可以依照民法典第一千一百二十七条的规定继承养父母的遗产外，还可以依照民法典第一千一百三十一条的规定分得生父母的遗产。"第十二条："养子女与生子女之间、养子女与养子女之间，系养兄弟姐妹，可以互为第二顺序继承人。被收养人与其亲兄弟姐妹之间的权利义务关系，因收养关系的成立而消除，不能互为第二顺序继承人。"

第四，政策性房产继承涉及的法律适用问题。由于时代变迁以及政策改变，侨房遗产的继承纠纷需要法官在裁量案件中进行法律适用抉择，《关于加快落实华侨私房政策的意见》明确相关华侨、侨眷以及海外侨胞的权利，保护华侨的合法权益。《涉外民事关系法律适用法》第二条规定"涉外民事关系适用的法律，依照本法确定。其他法律对涉外民事关系法律适用另有特别规定的，依照其规定。本法和其他法律对涉外民事关系法律适用没有规定的，适用与该涉外民事法律有最密切联系的法律"，明确规定了法律适用问题；其第三十一条"法定继承，适用被继承人死亡

---

① 王歌雅：《〈民法典·继承编〉：编纂争议与制度抉择》，《法学论坛》2020年第35期。

时经常居住地法律，但不动产法定继承，适用不动产所在地法律"，明确了法定继承的法律适用问题。

第六节　本章典型案例裁判文书

一　潘某4诉潘某2法定继承纠纷案

中华人民共和国
广东省梅州市中级人民法院

（2014）梅中法民一终字第147号

上诉人（原审原告）：潘某4（又名潘某3）

委托代理人巫清梅：广东诚优律师事务所律师

上诉人（原审被告）：潘某1（又名潘某）现住印度尼西亚雅加达。

委托代理人：潘某2

原审被告：潘某2

委托代理人黄冬日，广东义致律师事务所律师。

上诉人潘某4、潘某1因与原审被告潘某2法定继承纠纷一案，不服梅州市梅县人民法院（2012）梅县法民一初字第40号民事判决，向本院提起上诉。本院于2014年2月10日受理后，依法组成合议庭，于2014年4月8日公开开庭进行了审理。上诉人潘某4及其委托代理人巫清梅，原审被告潘某2的委托代理人黄冬日到庭参加诉讼，上诉人潘某1经本院传票传唤，无正当理由拒不到庭参加诉讼，本院依法缺席审判。本案现已审理终结。

原审认为，本案讼争房屋"继曾庐"系20世纪30年代初由旅居印尼的潘某1的父亲潘某5出资建造，当事人一家的家庭成分为华侨工商业，"继曾庐"在土改登记时，参加确权的有潘某1及其母亲管某某、潘某2及其母亲刘某某、刘某某养子潘某3。（1994）梅民初字第42号民事判决书与（1996）梅民终字第213号民事判决书均确认"继曾庐"为管某某、潘某1、刘某某、潘某3、潘某2五人所有，而原告亦提交梅县人民政府在土改确权后颁发的土地房屋所有证，证明讼争房屋"继曾庐"系管某某、潘某1、刘某某、潘某3、潘某2五人所有。由此可以认定，"继曾庐"房屋所有人为管某某、潘某1、刘某某、潘某3、潘某2五人。

此五人以家庭关系共同取得讼争房屋"继曾庐"的所有权,应为共同共有,而且他们之间无分割协议,根据《最高人民法院关于贯彻执行〈中华人民共和国民法通则〉若干问题的意见》第九十条规定:"在共同共有关系终止时,对共有财产的分割,有协议的,按协议处理;没有协议的,应当根据等分原则处理,……"由此,管某某、潘某1、刘某某、潘某3、潘某2五人对"继曾庐"所占份额应平均分配,各占五分之一。对潘某2提出"继曾庐"为其祖父潘某5出资所建,应为潘某5所有,由潘某5的继承人对"继曾庐"进行继承的抗辩意见,虽"继曾庐"为潘某5出资建造,但潘某5已于土改确权前逝世,土改确权时梅县人民政府确认管某某、潘某1、刘某某、潘某3、潘某2五人为"继曾庐"所有人,并颁发土地房产所有证。根据《最高人民法院〈关于贯彻执行民事政策法律若干问题的意见〉》第五十三条规定,有关土改遗留的房屋确权纠纷,一般应以土改时所确定的产权为准。又根据1950年11月25日中央内务部颁布的《关于填发土地房产所有证的指示》第六条规定:"土地证以户为单位填发,是符合于现在农村经济情况的。但应将该户全体成员的姓名开列在土地证上,不能只记户主一人姓名,以表明此项土地房产为该户成员(男女老幼)所共有。"故,本案诉讼房屋"继曾庐"虽为潘某5所出资建造,但是土改时已经确权为管某某、潘某1、刘某某、潘某3、潘某2所共有,潘某2主张不成立。关于管某某、潘某1、刘某某、潘某2、潘某4一家家庭情况。管某某与潘某5生育一子潘某6,收养一子潘某1,管某某于1970年9月在印尼雅加达逝世,管某某丈夫潘某5已于1949年逝世,儿子潘某6于1942年逝世,庭审中管某某后人均表示管某某父母已于管某某逝世之前逝世,虽无证据证实,但管某某去世时终年78岁,据此推断,对于原、被告主张管某某父母已于管某某逝世之前逝世的主张予以采纳。潘某6与刘某某于1941年10月15日生育一女潘某2,潘某6于1942年逝世后,刘某某收养一子潘某4(1946年8月6日出生),刘某某于1993年去世,刘某某的父亲刘某荣、母亲林某娇已于刘某某逝世之前逝世。对于潘某5与管某某收养潘某1及刘某某收养潘某4的事实,两者都是在《中华人民共和国收养法》实施前发生的,依照《最高人民法院关于贯彻执行民事政策法律若干问题的意见》第四部分第二十八条规定,亲友、群众公认,或有关组织证明确以养父母与养子女关系长期共同生活的,虽未办理合法手续,也应按收养关系对待。本案潘某1、潘某4的收养事实其亲友及其周围群众都公认、侨乡村民委员会亦出具证明证实,可以认定潘某5、管某某与潘某1及刘某某与潘某4的收养关系成立。由于刘某某收养潘某4(1946年出生)时,潘某6已经逝世(1942年逝世),潘某6不可能与潘某4存在事实收养关系,故潘某4为刘某某个人收养子女。关于诉讼时效问题,《中华人民共和国继承法》第八条规定,继承权纠纷提起诉讼的限期为二年,自继承人知道或者应当知道其权利被侵犯之日起计算。但是,自继承开始之日起超过二十年的,不得再提起诉讼。《中华人民共和国继承法》第二十五条第一款规定,继承开始后,继承人放弃继承的,应当在遗产处理前,作出放弃继承的表示;没有表示的,视为接受继承。根据上述两条及查明的事实可知,本案不存在遗产已被处理或继承权利被侵犯的情形,"继曾庐"所属份额一直未进行分割及处理,不存在受诉讼时效制约问题,仍应按分家析产、法定继承处理。关于继承问题。本案"继曾庐"房屋所有权五人中,已有两人逝世,管某某于1970年9月在印尼雅加达逝世,刘某某于1993年10月(即1993年农历八月)在南口逝世。管某某的第一顺位继承人潘某5、潘某6及管某某父母均已先管某某去世。根据《中华人民共和国继承法》第十一条规定,被继承人的子女先于被继承人死亡的,由被继承人的子女的晚辈直系血亲代位继承。代位继承人一般只能继承他的父亲或者母亲有权继承的遗产份额。故,潘某6可继承份额应由其晚辈直系血亲潘某2代位继承,潘某4与潘某6不存在收养关系,潘某4不能继承潘某6财产。现可查明的管某某继承人为潘某1、潘某2。《中华人民共和国继承法》第二条规定,继承从被继承人死亡时开始。本案管某某遗产一直未进行处理,依照《中华人民共和国继承法》第二十五条第一款规定,继承开始后,继承人放弃继承的,应当在遗产处理前,作出放弃继承的表示,没有表示的,视为接受继承。又根据《中华人民共和国继承法》第十三条第一款规定,同一顺序继承人继承遗产的份额,一般应当均等。潘某1、潘某2均未表示放弃继承管某某遗产亦无主张不应均等分配情况,应予均等分配,各得二分之一,管某某拥有"继曾庐"五分之一的所有权,故潘某1、潘某2各自从管某某拥有的"继曾庐"份额中继承"继曾庐"份额的十分之一。关于刘某某拥有的"继曾庐"份额继承问题。刘某某的第一顺位继承人潘某6及刘某某父母刘某荣与林某娇均已先刘某某之前去世。依据《中华人民共和国收养法》第二十三条规定，自收养关系成立之日起，养父母与养子女间的权利义务关系，适用法律关于父母子女关系的规定；养子女与养父母的近亲属间的权利义务关系，适用法律关于子女与父母的近亲属关系的规定。故，潘某2与潘某4依法享有继承刘某某财产的权利。潘某2主张潘某4未对母亲尽赡养义务，甚至是虐待遗弃母亲，根据法律相关规定潘某4无资格对刘某某遗产的继承，并提交了证人证言和申请了部分证人出庭作证，以证实其主张。根据《中华人民共和国继承法》第七条规定，继承人有下列行为之一的，丧失继承权：（一）故意伤害被继承人的；（二）为争夺遗产而杀害其他继承人的；（三）遗弃被继承人的，或者虐待被继承人情节严重的；（四）伪造、篡改或者销毁遗嘱，情节严重的。潘某2提交了书面证人证言及申请了部分证人出庭作证，但是出庭作证的证人均与潘某2是亲戚，有利害关系，证明力相对较弱，又无其他证据予以佐证，且证据内容均显示的是潘某4拿猪栏间给刘某某住，对刘某某辱骂、刘某某逝世时未到场参与等，这些证人证言并不能证实潘某4存在遗弃或者虐待刘某某情节严重的情形，故潘某4对刘某某的遗产有继承权。对刘某50岁左右改嫁的情况，刘某某离开"继曾庐"与黄某华一起生活，双方未领取结婚证亦无举办任何仪式，涉及的当事人刘某某及黄某华均已过世，对此是否存在事实婚姻状况无从查实，本案不予处理。《中华人民共和国继承法》第十三条第三款规定，对被继承人尽了主要抚养义务或者与被继承人共同生活的继承人，分配遗产时，可以多分。刘某某于1990年左右返回"继曾庐"生活，未与潘某4一起生活，后潘某2携带儿媳、儿孙回"继曾庐"与刘某某一起生活，刘某某病重时期生活起居由潘某2打理，刘某某1993年逝世所有事宜亦由潘某2操办，刘某某墓地亦由潘某2建造。刘某某在潘某2海南归来之前一直在外生活，没有靠潘某2与潘某4赡养，后1990年左右刘某某返回南口"继曾庐"生活，于1993年逝世。从刘某某返回"继曾庐"生活到逝世时间相对较短，即靠子女赡养时间不长。但潘某2与刘某某一起生活了一段时间，刘某某病重期间潘某2亦对刘某某尽了主要赡养义务，刘某某逝世所有后事亦由潘某2操办，并且潘某2为刘某某建了坟墓，即潘某2对刘某某的生老死葬尽了主要义务，因此，可以对刘某某的遗产适当多分。而根据潘某2提供的证人证言等可以侧面反映潘某4对刘某某不好，其本人亦承认刘某某年老回南口生活时，其未与刘某某一起生活，也未拿钱给刘某某用，刘某某逝世后事其没有操办，故其对刘某某的遗产应适当少分。据此，酌情认定由潘某2对刘某某拥有"继曾庐"份额享有三分之二的继承权，潘某4对刘某某拥有"继曾庐"份额享有三分之一的继承权。故潘某2从刘某某拥有的"继曾庐"份额中继承"继曾庐"份额的十五分之二，潘某4从刘某某拥有的"继曾庐"份额中继承"继曾庐"份额的十五分之一。综上，潘某4可得"继曾庐"份额为三十分之八，潘某2可得"继曾庐"份额为三十分之十三，潘某1可得"继曾庐"份额为三十分之九。潘某1经法院合法传唤，无正当理由未到庭参加诉讼，应视为自动放弃抗辩与质证的权利，原审依法缺席判决。

本案经原审审判委员会讨论决定，根据《中华人民共和国继承法》第二条、第七条、第十一条、第十三条、第二十五条第一款，《中华人民共和国物权法》第九十三条、第九十五条、第九十九条，《中华人民共和国民事诉讼法》第六十四条、第一百四十四条及《最高人民法院关于民事诉讼证据的若干规定》第二条之规定，于2013年12月13日作出判决：坐落于梅县南口镇梅瑶路侨乡村的二全座（即主屋一座和杂屋一座）平房"继曾庐"由潘某4拥有三十分之八所有权，由潘某2拥有三十分之十三所有权，由潘某1拥有三十分之九所有权。案件受理费100元，由潘某4负担30元，潘某2负担40元，潘某1负担30元。

宣判后，潘某4不服，上诉请求：（1）撤销原判，依法对"继曾庐"二全座房屋进行析产，明确分清各方产权份额及其使用范围、方式。（2）本案一、二审诉讼费由被上诉人承担。潘某4上诉称：（1）原审认定上诉人只系刘某某个人收养的子女不当。潘某4是管某某为承继潘某6一房的血脉而做主收养的，在潘某6先于管某某逝世的情况下，可代位继承养祖母名下的遗产份额。（2）潘某4对养母刘某某尽了主要赡养义务，原审以潘某2从海南回来后一年多的时间与刘某某共同生活为由认定潘某2应多分刘某某名下的遗产份额不当。（3）潘某4未能参加刘某某的后事，是潘某2一家无理取闹所致。（4）原审未对"继曾庐"进行实物分割，不利于明晰产权，请求二审对涉案房屋进行实物分割，方便各自管业。

潘某1不服，上诉请求：（1）撤销原判，改判确认潘某1拥有"继曾庐"50%的所有权，并对房屋进行分割。（2）本案诉讼费由潘某4负担。潘某1上诉称：（1）本案房屋是潘某5出资建造的，所有权人是潘某5和管某某，1953年梅县人民政府颁发的土地房屋证已失效，不能以土改时的确权为依据认定潘某4是权属人。该房屋应由潘某6和潘某4法定继承。（2）潘某4是其养母刘某某独自抱养的。当刘某某年老需要生活照顾护理时，潘某4却对其进行遗弃和虐待，故潘某4丧失刘某某的继承权。刘某某的遗产份额由潘某2继承。

潘某2答辩称："继曾庐"是潘某5出资建造的，所有权人是潘某5和管某某，该房屋应由潘某2和潘某4各继承50%的份额。潘某4由养母刘某某抚养长大，当刘某某年老时却对其进行遗弃和虐待，故潘某4无权继承刘某某的遗产。

经审理查明，本案讼争房屋"继曾庐"二全座（即主屋一座和杂屋一座）平房位于梅县南口镇梅瑶路侨乡村，均坐北向南，主屋共有三个门出入（即正门、东侧小门、西侧小门），共有28间房间、6天井、11厅，杂屋共有15间房间（其中东侧第2小间与东侧第3小间现已合并为1大间）、4间厕所（位于杂屋西侧第2、3、4、5间）、1过道（位于杂屋西侧第8间）。现"继曾庐"主屋东侧小门进入左边第1间、右边第1、2、3间（即现场勘验图所示的右边第1、2、3、9间）由潘某4占有、使用，并以右边第3间与右前堂之间的墙为临界砌砖墙穿过天井连接侧厅墙将潘某4占有使用部分与潘某2占有使用部分隔开，且左边第1间（即现场勘验图所示的右9间）与右边侧厅之间的过道亦用砖墙隔开，形成一个独立使用的空间，经由东侧小门出入。主屋其余房间、天井、厅、大门、西侧小门等现均由潘某2占有、使用。"继曾庐"杂屋东侧第1、2、3、4间房（即现场勘验图所示的左边第1、2、3、4间，其中左2、左3现已经合并为一大间）现由潘某4占有、使用，杂屋其余房间现由潘某2占有、使用。

讼争房屋"继曾庐"系由潘某5出资建造，20世纪50年代，梅县人民政府为"继曾庐"颁发土地房产所有证，所有证上记载：继曾庐平房二全座，占地三亩零分柒厘肆毫，所有人为潘某1、管某某、潘某3、刘某某、潘某2五人。1994年10月31日，潘某1、潘某2、潘某4与潘某启、潘某香因"继曾庐"房产纠纷起诉至梅县人民法院，梅县人民法院于1996年7月5日作出（1994）梅民初字第42号民事判决书，判决：争议的"继曾庐"主屋和杂屋的房间、正厅、廊厅、天井属原告方所有。潘某启、潘某香应于本判决生效后十日内将上述房产交还原告方管业。潘某启、潘某香不服一审判决上诉于梅州市中级人民法院，梅州市中级人民法院于1996年9月19日作出（1996）梅民终字第213号民事判决书，判决：驳回上诉，维持原判。

潘某5与其妻子管某某生育有一子潘某6，收养有一子潘某1。潘某6与其妻子刘某某共生育有一女潘某2，刘某某于潘某6过世后收养一子潘某4。此一家的家庭成分为华侨工商业，"继曾庐"土改登记时，参加确权的有潘某1及其养母管某某、潘某2及其母亲刘某某、刘某某养子潘某3。潘某5于1949年逝世，管某某于1970年逝世，终年78岁，潘某6于1942年逝世，终年25岁，刘某某于1993年逝世，终年75岁。刘某某父亲刘某荣、母亲林某娇于刘某某去世之前去世。双方在庭审中均表示管某某父母先于管某某去世。

另查，刘某某于50岁左右离开"继曾庐"后与梅江区人黄某华一起生活，双方未领取结婚证、未举行任何结婚仪式亦未生育有子女。黄某华过世后，约1990年，刘某某返回"继曾庐"居住。因与潘某4关系一直不和，刘某某未与潘某4一起生活。后潘某2与其儿媳、儿孙回"继曾庐"与刘某某一起生活，刘某某生活起居由潘某2照顾。刘某某1993年过世的所有事宜由潘某2操办，包括后事的处理、安葬、做墓地等，而潘某4未参与这些事项。1994年，潘某1从印尼回来，听潘某2及周围群众投诉潘某4对刘某某不好，未赡养老人，欲将潘某4赶出"继曾庐"，后经镇司法所调解，潘某2与潘某4以"继曾庐"主屋右边侧厅之间的过道为界筑墙分开居住，一直保持到现在。

2008年11月12日，潘某1办理公证委托，特别授权潘某2代理"继曾庐"析产的相关事宜，并将其名下所有的房产份额交潘某2管理和处分。同时，委托书注明代理人潘某2无转委托权。

本院认为，上诉人潘某1及其委托代理人潘某2经本院传票传唤，无正当理由拒不到庭参加诉讼，根据《中华人民共和国民事诉讼法》第一百四十三条规定，按潘某1撤诉处理，对其上诉请求二审不予审查。本案争议焦点是潘某4能否代位继承管某某名下遗产份额以及原审酌定潘某4分得刘某某三分之一的遗产份额是否适当的问题。

对于管某某的遗产继承权问题，刘某某在潘某6逝世后，于1948年按农村风俗收养了潘某4。而管某某已于1948年旅居印尼，与潘某4之间不存在扶养关系，故原审认定潘某4为刘某某个人收养子女与事实相符。潘某4上诉提出其系由管某某为承继潘某6一房的血脉作主收养的，与管某某之间是养祖母与养孙子的关系，但未能提供任何证据证实其主张，故本院对其主张的事实不予采信。潘某4主张代位继承管某某名下的遗产份额缺乏依据，难以支持。

对于原审酌定潘某4分得刘某某三分之一的遗产份额是否适当的问题，刘某某在潘某2海南归来之前一直在外生活，未依靠潘某2与潘某4赡养，1990年刘某某返回"继曾庐"生活，其病重时期生活起居均由潘某2打理，丧事事宜亦由潘某2一手操办，墓地亦由潘某2建造。而潘某4与刘某某一直关系不和，在刘某某年老体弱时亦未尽为人子应尽的养老送终的义务，故原审认定潘某2对刘某某的生老死葬尽了主要义务，可以对刘某某的遗产适当多分，潘某2对刘某某拥有的"继曾庐"份额享有三分之二的继承权，潘某4对刘某某拥有的"继曾庐"份额享有三分之一的继承权并无不妥，亦符合公序良俗。

对于"继曾庐"的析产方式问题，潘某4主张应按实物分割，根据《中华人民共和国物权法》第一百条规定："共有人可以协商确定分割方式。达不成协议，共有的不动产或者动产可以分割并且不会因分割减损价值的，应当对实物予以分割；难以分割或者因分割会减损价值的，应当对折价或者拍卖、变卖取得的价款予以分割。"本案属于法定继承纠纷，该请求不属本案处理范围。如当事人认为"继曾庐"按实物分割更有利于彼此生产生活，可协商确定具体分割方式或另循法律途径解决。

综上所述，原审认定事实清楚，适用法律正确，程序合法，应予维持。上诉人潘某4上诉理由不充分，对该请求不予支持。依照《中华人民共和国民事诉讼法》第一百七十条第一款第（一）项的规定，判决如下：

驳回上诉，维持原判。

二审案件受理费100元,由潘某1、潘某4各负担50元。
本判决为终审判决。

审判长　陈立民
审判员　黄洪远
代理审判员　曾园芳
二〇一四年五月七日
书记员　陈宏群

第六章

涉侨侵权纠纷

涉侨侵权纠纷多为侵犯生命健康权、身体权、名誉权纠纷，侵害集体成员权益纠纷，财产纠纷和交通事故责任纠纷。在名誉权纠纷中，一方主体是华侨身份，另一方主体多为其亲属。或因华侨常年居住海外导致亲属感情单薄易发生矛盾。此类案件中，可能是出于维护海外华侨与国内亲属感情纽带考虑，法院判决多为驳回华侨一方侵害名誉权的诉讼请求。在侵害集体经济组织成员权益纠纷中，争议焦点多为华侨等侨主体是否具备集体经济组织成员资格。涉侨的交通损害赔偿案件、财产纠纷等案件并无特殊性。从司法案例来看，侨主体在侵权类纠纷中仅仅具备身份的特殊性，适用法律方面无异于非侨主体。

第一节 生命健康权、身体权纠纷

生命健康权、身体权纠纷涉及生命权、健康权、身体权等物质性人格权。生命权是以自然人的性命维持和安全利益为内容的人格权。健康权是公民依法享有的身体健康不受非法侵害的权利。身体权是指自然人保持其身体组织完整并支配其肢体、器官和其他身体组织并保护自己的身体不受他人违法侵犯的权利。生命权、健康权、身体权都是既有法律体系下明确保护的权利，因此，有必要正确处理生命健康权、身体权纠纷，保护当事人的合法权益。最高人民法院发布了《最高人民法院关于审理人身损害赔偿案件适用法律若干问题的解释》《最高人民法院关于确定民事侵权精神损害赔偿责任若干问题的解释》等司法解释。生命健康权、身体权纠纷涉及精神损害赔偿以及人身损害赔偿，可以根据《最高人民法院关于确定民事侵权精神损害赔偿责任若干问题的解释》第八条，《最高人民法院关于审理人身损害赔偿案件适用法律若干问题的解释》第十七条以及第二十三条确定。

一 典型案例

傅某某与××××××观音古寺、释某某
生命权、健康权、身体权纠纷案

（一）案件主要事实

原告傅某某系加拿大华侨，2017年3月15日上午，原告与被告二（释某某）在参加由博罗民族宗教事务局主持的关于被告一（××××××观音古寺）的内部管理协调会，会议还没有开始，被告二（释某某）起身无理殴打原告，致使原告头部受伤。原告受伤后，被紧急送往×××人民医院治疗，于次日转入×××第五医院住院治疗，直至同年3月27日出院。经医院诊断为脑震荡。原告在×××人民医院治疗门诊费418.4元，×××第五医院住院治疗费3815.46元。广州康盈护理服务有限公司康复科支出110元，共计治疗费4343.86元。原告请求法院依法判决：（1）两被告向原告支付医疗费4343.86元，住院期间的护理费1650元，住院伙食补助110元，精神损失费100000元，共计106103.86元。（2）判令两被告在广州日报、惠州日报刊登一周向原告道歉的广告，在广州、惠州电视黄金时段播放一周向原告道歉录像。（3）本案的诉讼费由被告承担。

（二）案件争议焦点

原告认为因被告二的侵权行为导致自己身体遭受损害且精神受创，被告二应当赔偿医疗费、护理费、精神损失费。被告二认为因原告在会议期间出言不逊才导致侵害行为发生，因此对于侵权行为的发生原告有过错在先。此外，被告二认为根据×××第五医院《出院记录》中"入院情况"可知原告入院时一切正常。由此说明原告在×××人民医院治疗已康复，无须第二次住院治疗。且原告未提供×××第五医院《入院记录》，无法证明原告第二次住院所谓的头痛与本案存在关联性。原告提供的×××第五医院《出院记录》《疾病证明书》加盖的公章为"×××第五医院康复医学科一区"。顾名思

义"康复医学科"并非急诊或常规病理病房，只是单纯的康复科室，说明原告其实本身并无大碍。×××第五医院第二次住院的医疗费用清单原告也无法提供，故无法证明其在第二次住院期间是否使用了专治脑震荡的专门药物。另外，《出院记录》也只能证明原告第二次住院仅仅是配合物理治疗而已，并无住院治疗疾病的必要。因此，被告二主张自己无须赔偿医疗费。

对于护理费、住院伙食补助费，被告二称原告提供的医院"治疗经过、出院情况及建议"中均未提及"住院期间有人陪护"或"需要陪护"，被告二出于对证据的"三性"及事实考虑，诉请驳回原告护理费、住院伙食补助费请求。对于精神损失费，被告二辩称原告脑震荡的损伤是医院的诊断结论，医院开具的材料在来源合法性、权威性、可采纳性方面存在严重问题。而根据公安机关鉴定原告不存在伤情。此外，根据《最高人民法院关于确定民事侵权精神损害赔偿责任若干问题的解释》规定，因侵权致人精神损害，但未造成严重后果，受害人请求赔偿精神损害的，一般不予支持。原告自始至终不存在严重的身体伤害或名誉损失，故被告二主张无须赔偿原告精神损失费。

综上所述，本案争议焦点如下：（1）被告二是否需要支付医疗费。（2）被告二是否需要承担护理费、住院伙食补助费。（3）被告二是否需要承担精神损失费。

（三）裁判要旨

侵权人造成一方害身体权受损构成侵权行为，应承担侵权责任。根据《民法通则》第一百一十九条、《侵权责任法》第十六条、《最高人民法院关于审理人身损害赔偿案件适用法律若干问题的解释》第十七条的规定，受害人遭受人身损害的，因就医治疗支出的各项费用以及因误工减少的收入，包括医疗费、误工费、护理费、交通费、住宿费、住院伙食补助费、必要的营养费，侵权人应当予以赔偿。具体赔偿数额可参考各地方的人身损害赔偿计算标准，如本案中参考的《广东省2017年度人身损害赔偿计算标准》。

对一方身体权造成损害涉及精神损害赔偿，根据《最高人民法院关于确定民事侵权精神损害赔偿责任若干问题的解释》第八条规定："因侵权致人精神损害，但未造成严重后果，受害人请求赔偿精神损害的，一般不予支持,人民法院可以根据情形判令侵权人停止侵害、恢复名誉、消除影响、赔礼道歉。"对于精神损害赔偿要求侵权行为造成严重后果,尚未造成严重后果的,认定缺乏事实依据不予支持。

二 相关法律条文解读

(一)适用法律

(1)《最高人民法院关于确定民事侵权精神损害赔偿责任若干问题的解释》

第八条:因侵权致人精神损害,但未造成严重后果,受害人请求赔偿精神损害的,一般不予支持,人民法院可以根据情形判令侵权人停止侵害、恢复名誉、消除影响、赔礼道歉。①

因侵权致人精神损害,造成严重后果的,人民法院除判令侵权人承担停止侵害、恢复名誉、消除影响、赔礼道歉等民事责任外,还可根据受害人一方的请求判令其赔偿相应的精神损害抚慰金。

(2)《最高人民法院关于审理人身损害赔偿案件适用法律若干问题的解释》

第十七条:受害人遭受人身损害,因就医治疗支出的各项费用以及因误工减少的收入,包括医疗费、误工费、护理费、交通费、住宿费、住院伙食补助费、必要的营养费,赔偿义务人应当予以赔偿。②

受害人因伤致残的,其因增加生活上需要所支出的必要费用以及因丧失劳动能力导致的收入损失,包括残疾赔偿金、残疾辅助器具费、被扶养人生活费,以及因康复护理、继续治疗实际发生的必要的康复费、护理费、后续治疗费,赔偿义务人也应当予以赔偿。

受害人死亡的,赔偿义务人除应当根据抢救治疗情况赔偿本条第一款规定的相关费用外,还应当赔偿丧葬费、被扶养人生活费、死亡补偿费以及受害人亲属办理丧葬事宜支出的交通费、住宿费和误工损失等其

---

① 原司法解释已被修改,依据为《最高人民法院关于确定民事侵权精神损害赔偿责任若干问题的解释(2020修正)》。

② 原司法解释已被修改,依据为《最高人民法院关于审理人身损害赔偿案件适用法律若干问题的解释(2020修正)》。

他合理费用。①

第二十三条：住院伙食补助费可以参照当地国家机关一般工作人员的出差伙食补助标准予以确定。

受害人确有必要到外地治疗，因客观原因不能住院，受害人本人及其陪护人员实际发生的住宿费和伙食费，其合理部分应予赔偿。②

（3）《民法通则》第一百一十九条：侵害公民身体造成伤害的，应当赔偿医疗费、因误工减少的收入、残废者生活补助费等费用；造成死亡的，并应当支付丧葬费、死者生前扶养的人必要的生活费等费用。③

（4）《侵权责任法》第十六条：侵害他人造成人身损害的，应当赔偿医疗费、护理费、交通费等为治疗和康复支出的合理费用，以及因误工减少的收入。造成残疾的，还应当赔偿残疾生活辅助具费和残疾赔偿金。造成死亡的，还应当赔偿丧葬费和死亡赔偿金。④

（二）立法目的

《侵权责任法》为保护民事主体的合法权益，明确侵权责任，预防并制裁侵权行为，促进社会和谐稳定而制定。

《民法通则》是为了保障公民、法人的合法的民事权益，正确调整民事关系，适应社会主义现代化建设事业发展的需要，根据宪法和我国实际情况，总结民事活动的实践经验而制定。

《最高人民法院关于审理人身损害赔偿案件适用法律若干问题的解释》是为正确审理人身损害赔偿案件，依法保护当事人的合法权益，根据《民法通则》《民事诉讼法》等有关法律规定，结合审判实践，就有关适用法律的问题作出解释而制定。《最高人民法院关于审理人身损害赔偿案件适用法律若干问题的解释》于 2004 年 5 月 1 日实施。这一司法解释的出台，是出于依法公正、及时审理人身损害赔偿案件，保护公民人身权利的需要。随着我国经济和社会发展，侵权人身损害赔偿案件在类型

---

① 原《最高人民法院关于审理人身损害赔偿案件适用法律若干问题的解释》第十七条已不存在。

② 《最高人民法院关于审理人身损害赔偿案件适用法律若干问题的解释（2020 修订）》第十条。

③ 《民法通则》现已失效。

④ 《侵权责任法》现已失效。该条现为《民法典》第一千一百七十九条。

和数量上也发生了重大变化，给审判实践带来了许多新情况、新问题。《民法通则》对人身损害赔偿的法律适用问题未能做较为细致的规定，这一司法解释则可以为司法实践中审理人身损害赔偿案件提供更加具体、操作性更强的依据。

《最高人民法院关于确定民事侵权精神损害赔偿责任若干问题的解释》是为在审理民事侵权案件中正确确定精神损害赔偿责任，根据《民法通则》等有关法律规定，结合审判实践经验，对有关问题作出解释而规定。审判实践中存在大量以维护公民自身合法权益为内容的民事案件，集中体现了公民维权意识的提高，反映出我国社会正在向现代法治社会转型。社会的发展对人民法院的审判工作提出了更高的要求，顺应时代要求，加强对民事权益的司法保护，是人民法院工作的职责所在，也是公正司法的必然要求。

(三) 法理分析

人身损害赔偿是人民法院受理的侵权案件的一种主要类型。从法律关系的角度看，人身损害赔偿体现为一种债的法律关系，即侵权损害赔偿之债。《最高人民法院关于审理人身损害赔偿案件适用法律若干问题的解释》从权利保护范围、赔偿法律关系的主体以及赔偿法律关系的内容三个方面明确了人身损害赔偿的请求权基础、赔偿请求权人以及诉讼请求的内容。[①] 该解释保护范围包含"生命权、健康权、身体权"三项具体人格权。人身损害赔偿包括财产损失和精神损失，财产损害赔偿具体内容由该解释第十七条详细规定。

精神损害赔偿不是单纯的财产补偿，而是对受害人所遭受的精神痛苦给予的物质抚慰和对精神利益减损的补偿以慰藉其精神，促使其恢复身心健康，同时也对侵权人处以了一定的经济惩罚，以示制裁和训诫。因此，精神损害赔偿兼容了抚慰性、补偿性和惩罚性三大功能，最大限度地维护了公民的精神权益。[②] 精神损害赔偿的主体不包括法人仅包含自

[①] 陈现杰：《〈最高人民法院关于审理人身损害赔偿案件适用法律若干问题的解释〉的若干理论与实务问题解析》，《法律适用》2004年第2期。

[②] 肖英：《略论我国民事侵权精神损害赔偿》，《东南大学学报》（哲学社会科学版）2011年第13期。

然人。精神损害赔偿的客体范围主要包括自然人的人格权利，《最高人民法院关于确定民事侵权精神损害赔偿责任若干问题的解释》将保护范围扩大到生命权、健康权、身体权等"物质性人格权"，更加周延地保护公民的民事权益，体现了以人为本的理念。

三　裁判启示

侵害生命健康权、身体权纠纷案件中，涉及财产损害赔偿及精神损害赔偿。本案中侨主体因人身权被侵犯进而主张财产损害赔偿和精神损害赔偿。财产损害赔偿主要包含医疗费、误工费、护理费、补助费等。因侵权行为引发的财产损害赔偿在《民法通则》和《侵权责任法》中都有提及，具体规定可见《最高人民法院关于审理人身损害赔偿案件适用法律若干问题的解释》。精神损害赔偿判定以"严重后果"为标准，本案中未达到"严重后果"的标准，因此法院驳回侨主体的此项诉讼请求。

将类似案件进行梳理归纳可以发现，争议焦点都是围绕在财产损害赔偿和精神损害赔偿二者之间，且这类涉侨案件与普通侵害生命健康权、身体权案件并无本质不同。

四　涉侨保护要点

侨主体在侵害生命健康权、身体权纠纷中仅仅具备身份的特殊性，适用法律方面无异于普通主体。

第二节　交通损害赔偿纠纷

交通损害赔偿纠纷中多涉及"交强险"和"商业三者险"赔偿次序问题。"交强险"的全称是"机动车交通事故责任强制保险"，是由保险公司对被保险机动车发生道路交通事故造成受害人（不包括本车人员和被保险人）的人身伤亡、财产损失，在责任限额内予以赔偿的强制性责任保险。"商业三者险"全称是第三者商业责任险，是指被保险人或其允许的合法驾驶人员在使用被保险车辆过程中发生的意外事故，致使第三者遭受人身伤亡或财产直接损毁，依法应当由被保险人承担经济责任，保险公司负责赔偿。为正确处理交通损害赔偿纠纷中保险赔偿问题，有效保护当事人合法权益，可以根据《保险法》《道路交通安全法》《机动车交通事故责任强制保险条例》《最高人民法院关于审理道路交通事故损害赔偿案件适用法律若干问题的解释》等相关法律法规有效处理交通事故的赔偿问题。

根据《最高人民法院关于审理道路交通事故损害赔偿案件适用法律若干问题的解释》第十六条：同时投保机动车第三者责任强制保险（以下简称"交强险"）和第三者责任商业保险（以下简称"商业三者险"）的机动车发生交通事故造成损害，当事人同时起诉侵权人和保险公司的，人民法院应当按照下列规则确定赔偿责任：

（一）先由承保交强险的保险公司在责任限额范围内予以赔偿；

（二）不足部分，由承保商业三者险的保险公司根据保险合同予以赔偿；

（三）仍有不足的，依照道路交通安全法和侵权责任法的相关规定由侵权人予以赔偿。

被侵权人或者其近亲属请求承保交强险的保险公司优先赔偿精神损害的，人民法院应予支持。

一　典型案例

赵某某与×××长途汽车运输有限公司、A保险公司、B保险公司机动车交通事故责任纠纷案

（一）案件主要事实

原告赵某某系意大利华侨。原告2018年9月7日乘坐浙C×××××小型轿车（在A保险公司投保每座限额100万元客运承运人责任险）。被告×××长途汽车运输有限公司驾驶员徐某某驾驶浙C×××××小型轿车从峃口镇渔局村往瑞安市方向左转弯时，因未停车避让，与由案外人李某某驾驶的从瑞安市方向往文成县方向直行的浙C×××××中型普通客车（在B保险公司投保了交强险）发生碰撞，造成徐某某、赵某某等人和两车不同程度受损的道路交通事故。原告请求法院依法判决：（1）判令被告×××长途汽车运输有限公司赔偿原告医疗费、护理费、误工费、营养费、住院伙食补助费、交通费、鉴定费等各项损失共计人民币41814元；（2）判令被告A保险公司、B保险公司在保险责任范围内对第一项诉讼请求向原告直接承担赔付责任；（3）本案的诉讼费用由被告承担。

（二）案件争议焦点

本案责任认定结果：徐某某负该交通事故的全部责任，原告本案中无任何过错。温州天正司法鉴定所出具温天司鉴所〔2019〕临鉴字第2285号法医临床鉴定意见书表明：原告赵某某因交通事故致多处软组织挫伤、右侧第4肋骨骨折。其误工期限评定为45日，护理期限评定为住院期间需护理，营养期限评定为30日（以上期限自受伤之日起计算）。据此对于原告主张赔偿医疗费、误工费、护理费、营养费、住院伙食补助费、交通费、鉴定费等费用各方均无异议。本案事实清楚，证据充分，无事实上的疑点。

本案属于交通事故赔偿纠纷，涉及的机动车参加不同保险公司的投保。因此唯一争议焦点在于保险责任的承担。

（三）裁判要旨

交通事故责任中因工作人员执行工作任务造成他人损害的，由用人单位承担责任。根据《保险法》《道路交通安全法》《最高人民法院关于审理道路交通事故损害赔偿案件适用法律若干问题的解释》《最高人民法院关于审理人身损害赔偿案件适用法律若干问题的解释》等处理道路交通事故人身损害赔偿的相关法律法规及司法解释的规定，机动车发生交通事故造成人身伤亡、财产损失的，由保险公司在交强险范围内先予赔偿，超过部分，由交通事故各方按各自的过错责任大小分担。

交通事故责任除涉及"交强险"外还涉及第三者责任商业保险。《保险法》第六十五条第一款规定："保险人对责任保险的被保险人给第三者造成的损害，可以依照法律的规定或者合同的约定，直接向该第三者赔偿保险金。"根据上述规定，第三者责任商业保险是以被保险人对第三者的赔偿责任为标的，以填补被保险人对第三者承担赔偿责任所受损失的保险。"第三者"的范围可以根据法律规定或保险合同约定作出界定。"第三者"是指除投保人、被保险人、保险人以外，因意外事故发生遭受人身伤亡或财产损失的保险车辆下的受害者。

本案中原告属于"第三者"，案涉车辆浙C×××××号中型普通客车在被告B保险公司投保了"交强险"，在本次机动车交通事故中，对原告的人身伤害具有关联性，故被告B保险公司应在"交强险"范围内承担赔偿责任。事故车辆浙C×××××号小型轿车在被告A保险公司投保了承运人责任险，由被告A保险公司在承运人责任险范围内直接赔偿原告。仍有不足部分的，由被告×××长途汽车运输有限公司负责赔偿。

二 相关法律条文解读

(一) 适用法律

(1)《保险法》

第六十五条：保险人对责任保险的被保险人给第三者造成的损害，可以依照法律的规定或者合同的约定，直接向该第三者赔偿保险金。

责任保险的被保险人给第三者造成损害，被保险人对第三者应负的赔偿责任确定的，根据被保险人的请求，保险人应当直接向该第三者赔偿保险金。被保险人怠于请求的，第三者有权就其应获赔偿部分直接向保险人请求赔偿保险金。

责任保险的被保险人给第三者造成损害，被保险人未向该第三者赔偿的，保险人不得向被保险人赔偿保险金。

责任保险是指以被保险人对第三者依法应负的赔偿责任为保险标的的保险。

(2)《道路交通安全法》

第七十六条：机动车发生交通事故造成人身伤亡、财产损失的，由保险公司在机动车第三者责任强制保险责任限额范围内予以赔偿；不足的部分，按照下列规定承担赔偿责任：

（一）机动车之间发生交通事故的，由有过错的一方承担赔偿责任；双方都有过错的，按照各自过错的比例分担责任。

（二）机动车与非机动车驾驶人、行人之间发生交通事故，非机动车驾驶人、行人没有过错的，由机动车一方承担赔偿责任；有证据证明非机动车驾驶人、行人有过错的，根据过错程度适当减轻机动车一方的赔偿责任；机动车一方没有过错的，承担不超过百分之十的赔偿责任。

交通事故的损失是由非机动车驾驶人、行人故意碰撞机动车造成的，机动车一方不承担赔偿责任。

（3）《机动车交通事故责任强制保险条例》

第二十一条：被保险机动车发生道路交通事故造成本车人员、被保险人以外的受害人人身伤亡、财产损失的，由保险公司依法在机动车交通事故责任强制保险责任限额范围内予以赔偿。

道路交通事故的损失是由受害人故意造成的，保险公司不予赔偿。

第二十三条：机动车交通事故责任强制保险在全国范围内实行统一的责任限额。责任限额分为死亡伤残赔偿限额、医疗费用赔偿限额、财产损失赔偿限额以及被保险人在道路交通事故中无责任的赔偿限额。

机动车交通事故责任强制保险责任限额由国务院保险监督管理机构会同国务院公安部门、国务院卫生主管部门、国务院农业主管部门规定。

（4）《最高人民法院关于审理道路交通事故损害赔偿案件适用法律若干问题的解释》

第十六条：同时投保机动车第三者责任强制保险（以下简称"交强险"）和第三者责任商业保险（以下简称"商业三者险"）的机动车发生交通事故造成损害，当事人同时起诉侵权人和保险公司的，人民法院应当按照下列规则确定赔偿责任：

（一）先由承保交强险的保险公司在责任限额范围内予以赔偿；

（二）不足部分，由承保商业三者险的保险公司根据保险合同予以赔偿；

（三）仍有不足的，依照道路交通安全法和侵权责任法的相关规定由侵权人予以赔偿。

被侵权人或者其近亲属请求承保交强险的保险公司优先赔偿精神损害的，人民法院应予支持。

（5）《最高人民法院关于审理人身损害赔偿案件适用法律若干问题的解释》《侵权责任法》若干规定。

（二）立法目的

《侵权责任法》为保护民事主体的合法权益，明确侵权责任，预防并制裁侵权行为，促进社会和谐稳定而制定。

《最高人民法院关于审理人身损害赔偿案件适用法律若干问题的解释》是为正确审理人身损害赔偿案件，依法保护当事人的合法权益，根据《民法通则》《民事诉讼法》等有关法律规定，结合审判实践，就有关适用法律的问题作出解释而制定。《最高人民法院关于审理人身损害赔偿案件适用法律若干问题的解释》于2004年5月1日实施。这一司法解释的出台，是出于依法公正、及时审理人身损害赔偿案件，保护公民人身权利的需要。随着我国经济和社会发展，侵权人身损害赔偿案件在类型和数量上也发生了重大变化，给审判实践带来了许多新情况、新问题。《侵权责任法》对人身损害赔偿的法律适用规定比较原则，这一司法解释可以为司法实践中审理人身损害赔偿案件提供更加具体、操作性更强的依据。

《保险法》为了规范保险活动，保护保险活动当事人的合法权益，加强对保险业的监督管理，维护社会经济秩序和社会公共利益，促进保险事业的健康发展而制定。

《机动车交通事故责任强制保险条例》为了保障机动车道路交通事故受害人依法得到赔偿，促进道路交通安全，根据《道路交通安全法》《保险法》制定。

《道路交通安全法》为了维护道路交通秩序，预防和减少交通事故，保护人身安全，保护公民、法人和其他组织的财产安全及其他合法权益，提高通行效率而制定。《侵权责任法》仅对一般侵权行为作出概括性的规定，对于交通损害赔偿纠纷缺乏细致规定。《道路交通安全法》明确了机动车之间发生交通事故，机动车与非机动车或行人发生交通事故的责任划分。《道路交通安全法》在维护道路交通秩序，预防和减少交通事故，提高道路通行效率，保护人身和财产安全等方面发挥着重要作用。

《最高人民法院关于审理道路交通事故损害赔偿案件适用法律若干问题的解释》是为正确审理道路交通事故损害赔偿案件，根据相关法律，结合审判实践而制定。我国道路交通事业高速发展，机动车的保有量飞速增长，道路交通事故多发。道路交通事故损害赔偿案件较为突出的问题：一是在责任主体及其责任范围的判断上，实践中的形态多种多样，如何根据现行法律准确认定责任主体及其责任范围，需要统一裁判尺度。二是"交强险"制度的建立和"商业三者险"的逐步普及，致使此类案件在法律关系上具有复杂性，如何针对不同的法律关系适用相应的法律规范，需要明确裁判依据。三是结合我国的现实国情，在依法保障受害人权益的前提下，如何为相关行业及其他道路交通参与人提供必要的发展空间和行为自由，需要平衡各方利益。四是在依法保障各方当事人实体权利和诉讼权利的目标下，如何为当事人提供具有实效性的一次性诉讼纠纷解决机制、减少当事人的诉累，需要创新诉讼机制。出于对以上现实裁判问题的考虑，为了迅速妥当解决此类纠纷、有效化解矛盾，《最高人民法院关于审理道路交通事故损害赔偿案件适用法律若干问题的解释》颁布实施。

（三）法理分析

关于道路交通事故引发的侵权责任规则适用问题，《道路交通安全法》确立了二元责任制，即机动车与非机动车驾驶人、行人之间因交通事故引发的侵权责任，机动车一方适用无过错责任；机动车与机动车之间因交通事故引发的侵权责任，则适用过错责任。① 此外，为了有效解决道路交通事故引发的赔偿问题即交通损害赔偿，《机动车交通事故责任强制保险条例》《保险法》等相关法律规范规定了我国实行"交强险"和"商业三者险"这两类保险。从世界范围来看，"交强险"大致存在两种模式，一种是责任保险模式，一种是基本保障模式。基本保障模式在理念上更加重视受害人的损失填补，强调"交强险"的社会保障功能，使之与侵权责任相互分离。② 我国现行立法即属此种模式，更加重视对受害人的损失填补。交通损害赔偿责任的分担问题涉及"交强险""商业三者险"与侵权责任的赔偿次序，《最高人民法院关于审理道路交通事故损害赔偿案件适用法律若干问题的解释》作出了相关规定。首先由"交强险"在其责任限额范围内（包括分项限额）予以赔偿；再由商业险赔偿，体现了"商业三者险"对被保险人的风险分散功能；三是由相应的责任主体承担剩余的侵权责任。③ 该解释进一步明确了"交强险"在其责任限额范围内与侵权责任在一定程度上相互分离的结论。正如本案中，被告 B 保险公司在"交强险"范围内承担赔偿责任，被告 A 保险公司在承运人责任险范围内直接赔偿原告。对于仍存在的不足的部分，由被告×××

---

① 杜万华、贺小荣、李明义、姜强：《〈关于审理道路交通事故损害赔偿案件适用法律若干问题的解释〉的理解与适用》，《法律适用》2013 年第 3 期。

② 姜强：《交强险的功能定位及其与侵权责任的关系——审理机动车交通事故损害赔偿案件的制度背景》，《法律适用》2013 年第 1 期。

③ 杜万华、贺小荣、李明义、姜强：《〈关于审理道路交通事故损害赔偿案件适用法律若干问题的解释〉的理解与适用》，《法律适用》2013 年第 3 期。

长途汽车运输有限公司负责赔偿。

三 裁判启示

交通损害赔偿纠纷中赔偿主要涉及"交强险""商业三者险"两类保险。《保险法》《机动车交通事故责任强制保险条例》对保险的适用作出具体规定，《最高人民法院关于审理道路交通事故损害赔偿案件适用法律若干问题的解释》明确了"交强险""商业三者险"与侵权责任的赔偿次序问题。本案严格按照法律规定的赔偿规则划定赔偿责任，将类似案件进行梳理归纳可以发现此类案件争议焦点多为保险的赔偿次序问题，实践中法院基本按照现有规则作出赔偿判决。但是这类涉侨案件与普通的交通损害赔偿纠纷并无二致，不会因此侨主体身份的特殊性导致适用法律不同。

四 涉侨保护要点

侨主体在交通损害赔偿纠纷中仅仅具备身份的特殊性，适用法律方面无异于普通主体。因此，此类涉侨的侵权纠纷类案件与普通侵权纠纷案件在法律适用上具有相同性。

第三节 名誉权纠纷

名誉权纠纷是指侵害公民或法人的名誉权而引起的纠纷。名誉，是指人们对于公民或法人的品德、才干、声望、信誉和形象等各方面的综合评价。名誉权是人格权的一种，指人们依法享有的对自己所获得的客观社会评价、排除他人侵害的权利。名誉权自《民法通则》时代以来就受到法律的保护，是一项不可或缺的人格权。名誉权纠纷中侵权行为多表现为以书面、口头等形式宣扬他人隐私或者捏造事实公然丑化他人人格，以及用侮辱、诽谤等方式损害他人名誉并造成一定影响。名誉权纠纷案件存在许多涉侨主体的案件，对此类案件的剖析有助于提升侨主体权益保障水平。

一 典型案例

张勤某与张美某名誉权纠纷案

（一）案件主要事实

原告张勤某为归国印尼华侨，现居住在香港特别行政区。被告张美某与原告是同胞兄妹，现居住在海南省万宁市兴隆华侨农场。母亲逝世后，被告怀疑原告隐瞒母亲留下的存款并私自使用。原告控诉被告捏造事实，在亲朋好友和邻居中对原告妄加诽谤，使原告遭受无端指责导致其名声一度受损。此外，原告认为被告还伪造律师函恐吓原告，欲将原告起诉至法院，致使原告名誉受到严重损害。原告声称多次返回华侨农场欲找被告对质，被告仍坚持己见。原告认为被告的行为，导致原告生活圈的群众对原告的社会评价极度降低，原告的生活受到了严重的干扰，对原告的名誉造成了极大的损害。原告遂诉请法院依法判决：（1）判令被告立即停止对原告的诽谤，通过《海南日报》刊登声明向原告赔礼道歉，恢复原告名誉；（2）判令被告赔偿原告精神抚慰金人民币1元；（3）本案诉讼费由被告承担。

（二）案件争议焦点

原告主张被告在没有证据的情况下诽谤其偷取母亲的存款，被告则主张其并未诽谤，由于其在母亲生前曾听母亲说在香港开户存款准备用于购买房屋，胞姐对此亦知情，故其有理由怀疑母亲的存款被原告所用。被告是否对原告构成名誉侵权。名誉是社会对特定的民事主体的才干、品德、情操、信誉、资历、声望、形象等的客观综合评价。名誉权是民事主体依法享有的维护自己名誉并排除他人侵害的权利。以书面、口头等形式宣扬他人隐私或者捏造事实公然丑化他人人格，以及用侮辱、诽谤等方式损害他人名誉，造成一定影响的，应当认定为侵犯了公民的名誉权。根据侵权行为的构成要件，是否构成名誉侵权，应当根据受害人确有名誉被损害的事实、行为人行为违法、违法行为与损害后果之间有因果关系、行为人主观上有过错来认定。

综上所述，本案争议焦点在于被告是否侵害原告名誉权。具体到本案中应当结合被告是否存在捏造、散布虚假的事实对原告进行诽谤，以及社会公众对原告的社会评价是否降低等方面进行认定。

（三）裁判要旨

关于此类涉外涉港民事侵权纠纷的管辖和法律适用问题，根据《最高人民法院关于适用〈中华人民共和国涉外民事关系法律适用法〉若干问题的解释（一）》第一条"民事关系具有下列情形之一的，人民法院可以认定为涉外民事关系：（一）当事人一方或双方是外国公民、外国法人或者其他组织、无国籍人"和第十九条"涉及香港特别行政区、澳门特别行政区的民事关系的法律适用问题，参照适用本规定"的规定，审理此类案件应参照涉外民事诉讼的规定。同时根据《民事诉讼法》第二百五十九条"在中华人民共和国领域内进行涉外民事诉讼，适用本编规定。本编没有规定的适用本法其他有关规定"和第二十八条"因侵权行为提起的诉讼，由侵权行为地或者被告住所地人民法院管辖"的规定确定管辖法院。

名誉权是民事主体依法享有的维护自己名誉并排除他人侵害的权利。判断是否构成名誉侵权应当根据《侵权责任法》民事侵权的一般构成要件判断，即违法行为、行为人主观过错、损害结果、违法行为与损害结果的因果关系。具体判断标准考虑以下两点：（1）是否存在捏造、散布虚假事实诽谤他人的行为；（2）是否造成他人社会评价降低。

本案中双方争议的事实问题：母亲是否留有存款以及原告是否使用了母亲存款的问题。该问题属于遗产争议范畴。被告作为母亲的家庭成员及法定继承人，其在母亲去世后对遗产的存在及去向，根据生活经验提出相关质疑及进行内心推断，应属遗产纷争中的正常合理行为。被告的质疑推断虽带有主观臆断性，但并非无中生有，即使与事实真相不符，也仅是其个人的主观认识，并不存在恶意捏造事实的故意或过失。且被告仅向其兄弟姐妹提出质疑推断，并未向社会大众广为散播。因此，被告的质疑推断不构成捏造、散布虚假事实的诽谤行为。原告主张被告捏造、散布虚假的事实对其进行诽谤，缺乏事实根据。对于社会评价降低一事，被告并未向社会大众广为散播其质疑且原告就此事并未举证。故原告主张名誉严重受损，缺乏事实根据，法院驳回其诉讼请求。

二　相关法律条文解读

（一）适用法律

（1）《民事诉讼法》①

第二十八条：因侵权行为提起的诉讼，由侵权行为地或者被告住所地人民法院管辖。

第六十四条：当事人对自己提出的主张，有责任提供证据。

当事人及其诉讼代理人因客观原因不能自行收集的证据，或者人民法院认为审理案件需要的证据，人民法院应当调查收集。

人民法院应当按照法定程序，全面地、客观地审查核实证据。

第一百五十二条：判决书应当写明判决结果和作出该判决的理由。判决书内容包括：

（一）案由、诉讼请求、争议的事实和理由；

（二）判决认定的事实和理由、适用的法律和理由；

（三）判决结果和诉讼费用的负担；

（四）上诉期间和上诉的法院。

判决书由审判人员、书记员署名，加盖人民法院印章。

第二百五十九条：在中华人民共和国领域内进行涉外民事诉讼，适用本编规定。本编没有规定的，适用本法其他有关规定。

（2）《最高人民法院关于适用〈中华人民共和国涉外民事关系法律适用法〉若干问题的解释（一）》②

第一条：民事关系具有下列情形之一的，人民法院可以认定为涉外民事关系：

（一）当事人一方或双方是外国公民、外国法人或者其他组织、无国籍人；

（二）当事人一方或双方的经常居所地在中华人民共和国领域外；

（三）标的物在中华人民共和国领域外；

---

① 本案中适用的是 2012 年的《民事诉讼法》，现已修正。

② 现已修订为《最高人民法院关于适用〈中华人民共和国涉外民事关系法律适用法〉若干问题的解释（一）》（2020 年修正）。

（四）产生、变更或者消灭民事关系的法律事实发生在中华人民共和国领域外；

（五）可以认定为涉外民事关系的其他情形。

第十九条：涉及香港特别行政区、澳门特别行政区的民事关系的法律适用问题，参照适用本规定。①

（二）立法目的

《民事诉讼法》是以宪法为依据，结合我国民事审判经验和实际情况而制定。《民事诉讼法》有如下三点立法任务：（1）保护当事人行使诉讼权利。（2）保证人民法院查明事实，分清是非，正确适用法律，及时审理民事案件。（3）确认民事权利义务关系，制裁民事违法行为，保护当事人的合法权益，教育公民自觉遵守法律，维护社会秩序、经济秩序，保障社会主义建设事业顺利进行。

《最高人民法院关于适用〈中华人民共和国涉外民事关系法律适用法〉若干问题的解释（一）》颁布实施的根本目的在于合理解决涉外民事争议，维护当事人的合法权益。其主要内容包括：如何界定"涉外民事关系"；涉外民事关系法律适用法的溯及力；涉外民事关系法律适用法与其他法律冲突规范的关系的处理等。该解释有助于界定"涉外民事关系"有效应对司法实践中数量快速增长的涉外案件。

（三）法理分析

名誉是指社会或他人对特定公民或法人的品德、才干、信誉、商誉功绩、资历和身份等方面评价的总和。② 我国素来注重对民事主体名誉的保护。早在《民法通则》时代就明确规定了名誉权，《民法通则》第一百零一条："公民、法人享有名誉权，公民的人格尊严受法律保护，禁止用侮辱、诽谤等方式损害公民、法人的名誉。" 2009年颁布的《侵权责任法》第二条列举了权利，名誉权也在其中，《民法典》第一千零二十四条也明确规定民事主体享有名誉权。名誉权是民事主体对其名誉所享有的不受他人侵犯的权利。《民法通则》一定程度上将人格尊严作为名誉权的

---

① 原第十九条由《最高人民法院关于适用〈中华人民共和国涉外民事关系法律适用法〉若干问题的解释（一）》（2020年修正）第17条规定。

② 彭万林：《民法学》，中国政法大学出版社1999年版，第205页。

内容，名誉权的保护以是否侵犯人格尊严为标准。《民法典》第一千零二十四条规定任何组织或者个人不得以侮辱、诽谤等方式侵害他人的名誉权，而一般人格权的内容通常限定在人格尊严和人身自由等高度概括的人格权益范围内。这导致一般人格权和名誉权的界限存在一定的模糊性。实践中当事人大多选择以名誉权作为诉由对自身的人格权益主张法律保护，名誉权在我国司法实践中事实上发挥着一定程度的一般人格权的功能和作用。① 因此对于以名誉权为诉由的案子通常会考虑当事人的人格尊严是否遭到侵犯，以社会评价降低作为损害结果，再结合二者之间的因果关系以及当事人的主观恶性综合判断。

三　裁判启示

对于涉外纠纷通常根据我国的相关涉外法律法规以及《民事诉讼法》的规定由我国管辖，适用我国法律。名誉权纠纷中，侵权行为通常表现为捏造事实、散布虚假消息、诽谤他人造成他人社会评价降低。对于这类侵权行为的裁判不能简单认定人格尊严受到侵犯即判断名誉权受损。裁判此类纠纷应当注重举证责任的分配，主张名誉权受损的一方应当就侵害行为、损害结果等问题充分举证，若达不到相关标准则应认定为缺乏事实根据，判决驳回诉讼请求。将类似案件进行梳理归纳可以发现，这类涉港案件与普通的名誉权案件并无本质不同。

四　涉侨保护要点

侨主体在名誉权纠纷中仅仅具备身份的特殊性，适用法律方面无异于普通主体。

第四节　侵害集体经济组织成员权益纠纷

集体经济组织成员权益主要指以集体所有权为基础的集体成员依法享有的财产权益。集体所有是一种特殊的物权形式，集体成员依法对集

---

① 孟强：《论作为一般人格权的名誉权——从司法案例的视角》，《暨南学报》（哲学社会科学版）2012 年第 4 期。

体财产享有集体所有权，这是集体经济组织成员权益产生、存在和行使的依据。侵犯集体经济组织成员权益纠纷，是指因集体经济组织成员权益受到侵害而引发的民事纠纷。将此类案件归纳可发现，此类纠纷常涉及土地权益，可根据《最高人民法院关于审理涉及农村土地承包纠纷案件适用法律问题的解释》《物权法》《村民委员会组织法》等相关法律法规审理案件。

具体案件中，对于集体经济组织、村民委员会或者其负责人作出的决定侵害集体成员合法权益时，受侵害的集体成员向人民法院请求撤销的，由集体经济组织所在地人民法院管辖。对于其他经济组织成员之间的权益纠纷、组织之外的人侵害成员权益纠纷，按照产生纠纷的基础法律关系确定管辖。对于涉侨的此类纠纷，管辖法院地的确定可适用《涉外民事法律关系适用法》等相关法律。

一 典型案例

官某某、A公司侵害集体经济组织成员权益纠纷

（一）案件主要事实

上诉人（一审原告）官某某原为村集体组织成员，于2013年6月20日取得了澳门特别行政区居民身份。被上诉人为（一审被告）A公司，由×××村委员会投资设立。

2008年1月15日，A公司与B公司签订了《合作协议》约定：B公司给予A公司征地农民每人优惠20平方米，按成本价定为3800元/平方米购买该处的房产。2008年8月26日，A公司村民（股东）大会表决将A公司拥有的［珠海市（2007）准字第117号建设用地批准书］自留用地集体所有性质转变为国有土地性质用于商品房开发以及同意成立珠海市顺景房地产开发有限公司对上述土地进行开发。

2013年5月A公司换届选举，原告官某某被列为已迁港、澳人员，没有选举与被选举权。

2013年6月16日，A公司章程通过，该章程第十二条规定：村民已故及已迁港、澳、台、海外华侨双重户籍的，不享有选举权、被选举权、表决权及无权参与公司日常事务。

2016年12月13日A公司公布《关于确定官村征地农民在绿景后湾

项目购房指标的人数已抽房号及面积结果公示》《关于部分官村征地农民在绿景后湾项目购房指标剩余未抽房号及面积的情况告知》，已抽签 80 人 18 套房共 1600 平方米及剩余未抽签 38 人 9 套房共 760 平方米，已抽及未抽人数共 118 人。

2017 年 8 月 A 公司公布《关于确定官村征地农民名单》《关于官村征地农民名单的公告》，但是公告和名单中没有上诉人官某某的名字。

官某某主张 A 公司侵害了其作为集体经济组织成员的合法权益，诉至广东省珠海横琴区人民法院，一审法院驳回其诉讼请求。官某某不服广东省珠海横琴新区人民法院作出的一审判决，遂诉至广东省珠海市中级人民法院。

官某某上诉请求：（1）撤销一审判决；（2）依法改判，撤销 A 公司于 2017 年 8 月作出的《关于确定官村征地农民名单》的决定；（3）判令恢复官某某享有以成本价 3800 元/平方米购买位于珠海市××新区淇澳××桥××、大桥路东侧开发建设商品房的优惠政策的权利与资格；（4）A 公司承担本案一审、二审诉讼费用。

（二）案件争议焦点

原告官某某是 2013 年 6 月 20 日才取得澳门特别行政区居民身份，且一审法院认定官某某在前往澳门定居前具备集体经济组织成员资格，因此原告主张自己应当享有优惠政策。此外，原告认为被告 A 公司作出的《关于确定官村征地农民名单》《关于确定官村征地农民名单的公告》程序既不合法，内容亦非村民大会决议，侵害了原告作为村民时的合法权益。故原告主张其有权请求撤销。但是一审法院认为原告的诉讼请求是要求改变并重新作出分配方案而非撤销原来的方案。由于重新制订方案可能要考虑的实际情况和相关因素等，人民法院无法直接确定，涉及村民利益的事项仍应当由村集体经济组织通过民主程序作出决定，而不应当由人民法院直接作出方案，故驳回原告诉讼请求。原告认为一审法院的判决没有事实和法律依据。被告 A 公司则认为一审人民法院作出的民事判决书认定的事实清楚、适用法律法规正确，应予以维持。

综上所述，本案争议焦点在于原告是否仍享有集体经济组织成员享有的权利和资格以及是否有正当权利撤销被告作出的《关于确定官村征地农民名单》。

(三）裁判要旨

涉侨主体纠纷根据《涉外民事法律关系适用法》等相关法律规范适用我国法律裁判，涉外侵权纠纷根据《涉外民事法律关系适用法》的规定，适用侵权行为地法律。在侵害集体经济组织成员权益的案件中，集体经济组织、村民委员会或者其负责人作出的决定侵害相关成员合法权益的，根据《物权法》《村民委员会组织法》等相关法律法规，受侵害的集体成员可以请求人民法院予以撤销。原告是否具备集体经济组织成员资格可参考地方性立法以及集体经济组织自制规范。

本案中，根据《广东省农村集体经济组织管理规定》第十五条第四款：农村集体经济组织成员户口注销的，其成员资格随之取消；法律、法规、规章和组织章程另有规定的，从其规定。此外，根据A公司章程第十二条，村民已故及已迁港、澳、台、海外华侨双重户籍的，不享有选举权、被选举权、表决权及无权参与公司日常事务。因此原告官某某迁往澳门后已不具备集体经济组织成员资格。而案涉《关于确定官村征地农民名单》是在官某某丧失集体经济组织成员资格之后作出的，故原告请求撤销名单并据此恢复其享受优惠政策的权利与资格，缺乏事实和法律依据。故驳回上诉，维持原判。

二 相关法律条文解读

（一）适用法律

1.《村民委员会组织法》

第二十一条：村民会议由本村十八周岁以上的村民组成。

村民会议由村民委员会召集。有十分之一以上的村民或者三分之一以上的村民代表提议，应当召集村民会议。召集村民会议，应当提前十天通知村民。

第二十二条：召开村民会议，应当有本村十八周岁以上村民的过半数，或者本村三分之二以上的户的代表参加，村民会议所作决定应当经到会人员的过半数通过。法律对召开村民会议及作出决定另有规定的，依照其规定。

召开村民会议，根据需要可以邀请驻本村的企业、事业单位和群众组织派代表列席。

第三十六条：村民委员会或者村民委员会成员作出的决定侵害村民合法权益的，受侵害的村民可以申请人民法院予以撤销，责任人依法承担法律责任。

村民委员会不依照法律、法规的规定履行法定义务的，由乡、民族乡、镇的人民政府责令改正。

乡、民族乡、镇的人民政府干预依法属于村民自治范围事项的，由上一级人民政府责令改正。

2.《最高人民法院关于审理涉及农村土地承包纠纷案件适用法律问题的解释》

第二十四条：农村集体经济组织或者村民委员会、村民小组，可以依照法律规定的民主议定程序，决定在本集体经济组织内部分配已经收到的土地补偿费。征地补偿安置方案确定时已经具有本集体经济组织成员资格的人，请求支付相应份额的，应予支持。但已报全国人大常委会、国务院备案的地方性法规、自治条例和单行条例、地方政府规章对土地补偿费在农村集体经济组织内部的分配办法另有规定的除外。①

3.《涉外民事关系法律适用法》

第四十四条：侵权责任，适用侵权行为地法律，但当事人有共同经常居所地的，适用共同经常居所地法律。侵权行为发生后，当事人协议选择适用法律的，按照其协议。

4.《物权法》

第六十三条：集体所有的财产受法律保护，禁止任何单位和个人侵占、哄抢、私分、破坏。

集体经济组织、村民委员会或者其负责人作出的决定侵害集体成员合法权益的，受侵害的集体成员可以请求人民法院予以撤销。②

5.《广东省农村集体经济组织管理规定》

第十五条第四款：农村集体经济组织成员户口注销的，其成员资格

---

① 原司法解释已被修改，依据为《最高人民法院关于审理涉及农村土地承包纠纷案件适用法律问题的解释》（2020 年修正）。该条现为《最高人民法院关于审理涉及农村土地承包纠纷案件适用法律问题的解释》（2020 年修改）第二十二条。

② 现为《民法典》第二百六十五条。

随之取消；法律、法规、规章和组织章程另有规定的，从其规定。

（二）立法目的

《村民委员会组织法》是为了保障农村村民实行自治，由村民依法办理自己的事情，发展农村基层民主，维护村民的合法权益，促进社会主义新农村建设，根据宪法而制定。

《物权法》是为了维护国家基本经济制度，维护社会主义市场经济秩序，明确物的归属，发挥物的效用，保护权利人的物权，根据宪法而制定。

《涉外民事法律关系适用法》是为了明确涉外民事关系的法律适用，合理解决涉外民事争议，维护当事人的合法权益而制定。

《最高人民法院关于审理涉及农村土地承包纠纷案件适用法律问题的解释》为正确审理农村土地承包纠纷案件，依法保护当事人的合法权益，根据相关法律法规结合涉农案件经验而制定。我国是农业大国，农村人口数量巨大，农村土地问题事关社会稳定的大局，也是我国改革开放和社会发展的基础。依法保护农民的土地承包经营权，对促进农村经济的发展、维护农村社会稳定以及构建社会主义和谐社会具有十分重要的意义。

三 裁判启示

集体经济组织成员资格的判断可以根据地方立法以及集体组织的自治法规，如《广东省农村集体经济组织管理规定》。集体成员随着迁居海外而注销户口，户口注销后其成员资格亦随之丧失，相关权益也随之丧失。如机械执行相关规定很可能对侨主体产生"人走茶凉"的误导，实践中应尽可能从法律的人文关怀理念出发，采取调解等多种纠纷化解方式，平衡侨主体与集体经济组织权益，化解双方矛盾。

四 涉侨保护要点

侵害集体经济组织成员权益纠纷中，涉案主体往往因为迁居港澳台或海外而丧失成员资格进而丧失某些权益。对于此类型案件中侨主体权益的保护要关注集体组织自治法规以及地方的相关立法，通过有效沟通，从化解矛盾角度避免片面追求己方权益，实现双方共赢。

第五节　财产损害赔偿纠纷

财产损害赔偿纠纷，是指因为财产受到损害，权利人请求损害赔偿纠纷，在《民法典》以及《民法典》出台前的《侵权责任法》《合同法》中都有损害赔偿的规定。财产损害赔偿纠纷中多存在侵权行为，这类案件只需要按照侵权行为的一般规则判断即可。

一　典型案例

范某亭、柯某某、范某华、范某玮、范某绮
与颜某财产损害赔偿纠纷案

（一）案件主要事实

1988年2月，范某英（已故）、龚某昌（已故）将位于成都市的房屋公证赠与其四弟范某淳（已故）。1988年2月11日，范某淳在南京市鼓楼区公证处出具《委托书》，对接受范某英、范某昌赠与的房产，委托范某文办理房屋过户等手续。1988年7月25日，范某英、范某昌出具《委托书》授权颜某全权办理出售或调换房子的一切有关手续。范某亭、柯某某、范某华、范某玮、范某绮（五人皆是范某淳子女，现定居于台湾）于2017年返回成都欲办证照事宜，方得知房屋已被颜某擅自出售。五人认为颜某出售房产的行为属于无权处分，侵犯了自己的财产权益。因此，范某亭、柯某某、范某华、范某玮、范某绮请求法院依法判决：1.颜某赔偿范某亭、柯某某、范某华、范某玮、范某绮损失113850元；2.颜某向范某亭、柯某某、范某华、范某玮、范某绮支付利息292735元。

（二）案件争议焦点

原告五人认为案件事实是范某淳委托范某文（已故）将房屋过户至范某淳名下。范某文又将过户事宜转委托给被告。但是被告擅自无权处分房屋致使原告利益受损。被告则认为自己是直接接受范某英（已故）和范某昌（已故）的委托，委托自己全权办理出售或调换房子的一切有关手续。且处分行为发生在1988年，而原告五人2017年才发现处分事实，案件存在超过诉讼时效期限的可能。

综上所述，本案争议焦点有：（1）颜某是否存在无权处分行为而给范某亭、柯某某、范某华、范某玮、范某绮造成财产损失。（2）本案的诉讼时效期间是否已经届满。

（三）裁判要旨

涉及代理事项案件可适用《民法总则》第一百六十五条。第一百六十五条规定：委托代理授权采用书面形式的，授权委托书应当载明代理人的姓名或者名称、代理事项、权限和期间，并由被代理人签名或者盖章。代理权限的范围应根据书面授权委托书的内容判断。若代理人代理行为在代理权限范围内，根据《民法总则》第一百六十二条规定：代理人在代理权限内，以被代理人名义实施的民事法律行为，对被代理人发生效力。

诉讼时效的判断可适用《民法总则》第一百八十八条规定：诉讼时效期间自权利人知道或应当知道权利受到损害以及义务人之日起算。法律另有规定的，依照其规定。但是自权利受到损害之日起超过二十年的，人民法院不予保护；有特殊情况的，人民法院可以根据权利人的申请决定延长。对于涉台案件，可能存在延长诉讼时效的特殊情况。1988年颁布的《关于人民法院处理涉台民事案件的几个法律问题》第七条规定：为了保护去台人员和台胞的合法权益，我们在适用诉讼时效方面，对涉台民事案件作了特别规定。由于涉及去台人员和台湾同胞的案件，许多已经超过二十年了，因此，对去台人员和台湾同胞的诉讼时效期间问题，人民法院可以作为特殊情况予以适当延长。

具体到本案中，从范某英、范某昌出具的《委托书》来看，范某英授权颜某处置案涉房屋并明确颜某的代理权为"全权办理出售或调换房子的一切手续"，该《委托书》有被代理人范某英、范某昌的签字盖印，并经过公证和备案。故该《委托书》出自当事人的真实意思表示，而颜某出卖房屋的行为是基于产权人范某英的直接委托而非源于范某文的转委托，亦非无权处分，对范某英直接发生效力。因此，对原告的赔偿请求权不予支持。对于原告延长诉讼时效的主张，法院认为原告主张的侵权事由发生在《关于人民法院处理涉台民事案件的几个法律问题》颁布之后，已经经过近三十年。但是在此期间原告五人怠于行使权利。因此，对于原告请求延长诉讼时效，不予支持。

二　相关法律条文解读

（一）适用法律

1.《民法总则》

第一百六十一条：民事主体可以通过代理人实施民事法律行为。

依照法律规定、当事人约定或者民事法律行为的性质，应当由本人亲自实施的民事法律行为，不得代理。

第一百六十二条：代理人在代理权限内，以被代理人名义实施的民事法律行为，对被代理人发生效力。

第一百六十五条：委托代理授权采用书面形式的，授权委托书应当载明代理人的姓名或者名称、代理事项、权限和期间，并由被代理人签名或者盖章。

第一百八十八条：向人民法院请求保护民事权利的诉讼时效期间为三年。法律另有规定的，依照其规定。

诉讼时效期间自权利人知道或者应当知道权利受到损害以及义务人之日起计算。法律另有规定的，依照其规定。但是自权利受到损害之日起超过二十年的，人民法院不予保护；有特殊情况的，人民法院可以根据权利人的申请决定延长。

2.《关于人民法院处理涉台民事案件的几个法律问题》①

第七条："为了保护去台人员和台胞的合法权益，我们在适用诉讼时效方面，对涉台民事案件作了特别规定。根据《中华人民共和国民法通则》的规定，从权利被侵害之日起超过二十年，权利人才向人民法院提起诉讼的，人民法院不予保护。由于涉及去台人员和台湾同胞的案件，许多已经超过二十年了，因此，对去台人员和台湾同胞的诉讼时效期间问题，根据民法通则第一百三十七条的规定，人民法院可以作为特殊情况予以适当延长。"

（二）立法目的

《民法总则》是为了保护民事主体的合法权益，调整民事关系，维护社会和经济秩序，适应中国特色社会主义发展要求，弘扬社会主义核心

---

① 现已失效。

价值观，根据宪法而制定。

《关于人民法院处理涉台民事案件的几个法律问题》该规定是基于 1987 年台湾当局放宽去台人员回大陆探亲的限制，诉讼案件随之增加的背景下，为解决当时因两岸隔绝，许多涉台民事案件诉讼时效已超过二十年，去台人员行使诉讼权利困难的问题，对涉台民事案件最长诉讼时效所作的调整。该规定于 1988 年制定，其诞生有特定的时代背景，现如今早已失效，不再具有实际应用价值。

三　裁判启示

根据《关于人民法院处理涉台民事案件的几个法律问题》，涉台案件在诉讼时效上存在延长诉讼失效的可能，但是该规定发布年份较早已经失去了实际应用价值，因此如今的涉台案件诉讼时效上无异于普通案件。

四　涉侨保护要点

侨主体在财产损害赔偿纠纷中仅仅具备身份的特殊性，适用法律方面无异于非侨主体。

第六节　涉侨侵权纠纷维权法律要点提示

侨主体在侵权纠纷当中只具备身份的特殊性，在适用法律方面无异于非侨主体。虽然涉侨侵权纠纷无特殊的法律维权要点，但是涉侨侵权纠纷产生的原因仍值得深思。探寻案件产生的原因既可以为司法裁判提供一定的裁判思路，也可以起到指引作用从而有效避免纠纷的产生。

名誉权纠纷当中通常双方当事人一方为华侨，另一方为其内地亲属。二者之间产生纠纷多因华侨一方常年居住海外导致亲属关系淡薄，又因遗产问题或家庭琐事产生矛盾继而引发名誉侵权。相较于一般的名誉侵权案件，此类纠纷中司法裁判要考虑到维护海外华侨和国内亲属的感情纽带，将这一因素在司法裁判中加以考虑更有助于实现公平正义。法律的表面目的是定纷止争，更深层次的目的应当是实现公平正义维护社会和谐、有序发展。家庭是社会的基本单位，家庭关系稳定，社会才能有序运行。因此，对于涉侨的名誉侵权纠纷解决要考虑维护亲属感情这一因素。

侵害集体经济组织成员权益纠纷案件中争议焦点多为华侨等侨主体是否具备集体经济组织成员资格。涉案主体往往因为迁居港澳台或海外而丧失成员资格进而丧失某些权益。涉及集体成员身份的判断标准大多规定于集体组织自治法规以及地方立法之中。

第七节 本章典型案例裁判文书

一 傅某某与××××××观音古寺、释某某生命权、健康权、身体权纠纷案

广东省×××人民法院
民事判决书

（2017）粤 1322 民初 2496 号

原告傅某某，女，1943 年 4 月 13 日出生，汉族，加拿大华侨，户籍所在地：加拿大，联系地址：广州市（略）。

委托代理人邓泽泓、刘木源，广东经国律师事务所律师。

被告一××××××观音古寺，住所地：××××××村。

负责人，释某某。

被告二释某某，男，1911 年 1 月 6 日出生，汉族，住×××。

上列被告委托代理人张雪冬，广东广法律师事务所律师。

原告傅某某诉被告××××××观音古寺、释某某生命权、健康权、身体权纠纷一案，本院于 2017 年 7 月 3 日立案受理后，依法组成合议庭，于 2017 年 8 月 15 日公开开庭进行了审理。原告委托代理人邓泽泓、刘木源，被告委托代理人张雪冬到庭参加诉讼。本案现已审理终结。

原告傅某某诉称，2017 年 3 月 15 日上午，原告与被告二在参加由博罗民族宗教事务局主持的关于被告一的内部管理协调会，会议还没有开始，被告二起身无理殴打原告，致使原告头部受伤。原告受伤后，被紧急送往×××人民医院治疗，于次日转入×××第五医院住院治疗，直至同年 3 月 27 日出院。经医院诊断为脑震荡。原告在×××人民医院治疗门诊费 418.4 元，×××第五医院住院治疗费 3815.46 元。广州康盈护理服务有限公司康复科支出 110 元，共计治疗费 4343.86 元。原告是加拿

大华侨,丈夫、子女都是加拿大公民,原告一家信仰佛教,行善积德,出钱出力,为被告一的建设做出了巨大贡献,但被告一的管理十分不善,内外部矛盾重重,在此情况下,原告要求行使监督权,被告二不但不听,反而恶言相向,暴力殴打原告,其行为严重侵犯了原告的人身权利,使原告身心遭受到严重的伤害。伤害事件发生后,被告二毫无悔意,也没有给出任何赔偿和道歉。为维护原告的合法权益,请求法院依法判决:(1)两被告向原告支付医疗费4343.86元,住院期间的护理费1650元,住院伙食补助110元,精神损失费100000元,共计106103.86元。(2)判令两被告在广州日报、惠州日报刊登一周向原告道歉的广告,在广州、惠州电视黄金时段播放一周向原告道歉录像。(3)本案的诉讼费由被告承担。

被告释某某、××××××观音古寺辩称,一、被告均无须支付医疗费。(1)本案事实。2017年3月15日,被告应博罗民族宗教事务局通知参加会议,原告先是信口开河,无理取闹,被告二实在无法忍受其出言不逊的行为,故驳斥原告的言论,结果情势变为两方对立。期间,被告二出于涵养,想推开原告,制止情势继续恶化,原告便误以为被告二欲动手打架,结果原告干女儿随即拿起桌子上的茶杯砸向被告二,致被告二受伤在×××人民医院住院治疗。(2)原告并无转院治疗的必要,其转院后的费用也应由其个人承担。首先,原告并未提供当日在×××人民医院治疗的病历及出院小结,也无×××人民医院出具的转院情况说明,无法证明其是否具有转院治疗的必要。根据×××第五医院《出院记录》中"入院情况"可知,原告入院时:"言语清晰,对答切题、对光反射灵敏、口眼无歪斜、全身生理反射存在、病理反射未引出。"故显而易见,原告在×××人民医院治疗已康复,无须第二天第二次住院治疗。其次,原告未提供×××第五医院《入院记录》,无法证明原告第二次住院所谓的头痛与本案存在关联性。相反×××第五医院《出院记录》中"入院情况"中,"病理反射未引出"。这句话,也足以证明原告转院以及第二次住院根本没有必要,因为其不具有病理,也就是说没有病。再次,原告提供的×××第五医院出院记录、疾病证明书加盖的公章为"×××第五医院康复医学科一区"。顾名思义"康复医学科"并非急诊或常规病理病房,只是单纯的康复科室,说明原告其实本身并无大碍。

最后，原告未提供在×××第五医院第二次住院的医疗费用清单，无法证明其在第二次住院期间是否使用了专治脑震荡的专门药物。《出院记录》恰恰证明原告第二次住院仅仅是配合物理治疗而已，并无住院治疗疾病的必要。故扩大部分的医疗费用应由原告自己承担。（3）侵权责任需要区分因果关系，本案中原告先行侵权。言语不和并加以诽谤导致引发争端，其完全是因原告无中生有在先造成的，并结果还致使被告二受伤住院。损害结果是因原告故意造成的，被告无须承担责任。二、被告无须承担护理费、住院伙食补助费。原告提供的医院"治疗经过、出院情况及建议"中均未提及"住院期间有人陪护"或"需要陪护"，出于对证据的"三性"及事实考虑，应驳回原告护理费、住院伙食补助费请求。三、被告无须承担精神损失费100000元。（1）原告尚未达到伤残标准。原告伤害经公安机关鉴定不存在伤情，原告脑震荡并非公安机关鉴定结论，而是医院的诊断结论，医院开具的材料在来源合法性、权威性、可采纳性方面存在严重问题。（2）根据《最高人民法院关于确定民事侵权精神损害赔偿责任若干问题的解释》规定，因侵权致人精神损害，但未造成严重后果，受害人请求赔偿精神损害的，一般不予支持。本案中，原告自始至终不存在严重的身体伤害或名誉损失，或者说即便存在一般意义上的身体损害或名誉损失，也是由其先行造成，加之其也动手打人，也存在过错。（3）原告所谓的"中加"两国人民感情属无稽之谈。首先，原告未曾向法院提供中国公民身份证明，其身份不明。其次，原告仅凭护照就欲证明其华侨身份，明显证据不足。事实是只要符合规定，任何人都可以办理加拿大护照，难道有了加拿大护照就能证明属于华侨？再次，依照原告的诉讼主张，本案仅属于民事案件，也并非国与国或两国人民之间的民事或刑事纠纷。说到底，即便按照原告所称其为华侨，但华侨仍属中国公民，既然双方主体都为中国公民，那么与一般的民事纠纷案件就没有区别，更无所谓的"两国人民友谊，具有国际影响力"的无稽之谈，更不能作为其主张精神损害赔偿的理由。

另外，原告与被告一并无任何关系，其无权干涉被告一内部事务。原告身份仅为居士，由于她多年前较有影响力，与被告二保持良好关系，让其作为见证人身份在《土地租赁合同》中签名，但原告并未任何出资，亦未被委以任何职务。本案中，原告无理干涉被告内部事务，本身就不合理的。

综上所述，鉴于原告言语侵犯在先，并致被告二受伤在后的客观事实，被告无须承担任何责任，况且，原告并未在被告一处担任任何职务，属无理干涉被告内部事务，请求法院查明事实，驳回其全部诉讼请求。

经审理查明，被告二是被告一××××××观音古寺的负责人，原告与被告二因观音古寺的管理事务发生纠纷。2017年3月15日上午，博罗民族宗教事务局组织原告与被告二在该局会议室召开协调会（原告与被告二相邻而坐）。会议期间，因意见不统一，原告与被告二发生争执，在争吵过程中，被告二起身用左手打了一下原告的脸后，又打了一下原告的头。之后，双方被分开。被告二走到会议室门口时，原告方一姓谢妇女拿一茶杯扔向被告二。原告及时报警，当天，×××公安局城北派出所立案受理。事件发生后，原告感觉身体不适，当即送×××人民医院门诊治疗，原告未提供诊断结果，花去诊查费9元、检查费409.4元。第二天，原告到×××第五医院住院治疗11天，诊断为：脑震荡、高脂血症、高胆固醇血症，共花医疗费3815.46元。2017年3月15日（事发当天）城北派出所委托×××公安局司法鉴定中心对原告及被告二的损伤程度进行鉴定。经鉴定：原告及被告二体表检查未检见明显损伤。2017年5月12日×××公安局城北派出所作出博公（城）行罚决（2017）0127号《行政处罚决定书》，对被告二处以行政罚款200元处罚决定，被告二对行政处罚没有意见，并履行完毕。因被告对原告没有作出赔偿和道歉，因而引起纠纷。

本院认为，原告与被告二因对被告一的内部事务管理问题产生纠纷，博罗民族宗教事务局组织双方在该局会议室协调，在协调期间，双方发生争吵，被告二动手分别打了一下原告的脸和头，致使原告感觉身体不适到医院治疗，经×××第五医院诊断为：脑震荡、高脂血症、高胆固醇血症。以上事实，有博罗民族宗教事务局干部的询问笔录和×××第五医院诊断证明为证。因双方肢体接触，致使原告感觉身体（脑震荡）是被告二行为所致。因此，被告二的行为已构成侵害原告身体权，应承担侵权责任。原告在×××第五医院住院治疗11天，共花医疗费4233.86元（×××人民医院门诊治疗费418.4元），有医院出具的票据为证。虽×××第五医院的诊断除了脑震荡外还有其他疾病，但住院治疗主要是因被告二的侵权行为引起的，且无法分清治伤和治病的具体费用，因此，原告治疗费用共计4233.86元，被告二应予以承担。原告住院治疗期间，医院虽未出具护理证明（说明），但作为一个70多岁的老人，住院治疗要有人护理也是正常的，故原告请求护理费，符合有关法律规定，应予以支持。关于精神抚慰金的问题，原告虽身体受到伤害，造成一定精神损害，但根据公安机关的验伤结论及医院的治疗经过，对原告的精神损害，未造成严重后果，同时，本次纠纷是双方言语冲突引发的，存在混合过错。根据《最高人民法院关于确定民事侵权精神损害赔偿责任若干问题的解释》第八条"因侵权致人精神损害，但未造成严重后果，受害人请求赔偿精神损害的，一般不予支持，人民法院可以根据情形判令侵权人停止侵害、恢复名誉、消除影响、赔礼道歉"的规定，被告二的侵权行为经公安机关作出行政处罚，已对被告二起到了警示作用，原告请求精神损害赔偿和赔礼道歉，缺乏事实和法律依据，本院不予支持。参照《广东省2017年度人身损害赔偿计算标准》，原告在本次事件中造成直接经济损失为：医疗费4233.86元、住院伙食补助费1100元、护理费2497元。而原告请求的护理费1650元、住院伙食补助费110元，应按原告请求。被告以原告言语侵犯在先，无理干涉被告一内部事务管理为由，拒不承担赔偿责任，缺乏事实依据，

综上所述，本院不予采纳。在本案中，被告一不是侵权人，无须承担赔偿责任。依照《中华人民共和国民法通则》第一百一十九条，《中华人民共和国侵权责任法》第十六条，《最高人民法院关于审理人身损害赔偿案件适用法律若干问题的解释》第十七条、第二十三条，《中华人民共和国民事诉讼法》第六十四条的规定，判决如下：

一、被告释某某应在本判决生效之日起10日内赔偿原告傅某某医疗费、护理费、住院伙食补助费共计5993.86元。

二、驳回原告其他诉讼请求。

如果未按本判决指定的期间履行给付金钱义务，应当依照《中华人民共和国民事诉讼法》第二百五十三条之规定，加倍支付迟延履行期间的债务利息。

案件受理费2422元，由原告负担2372元，被告负担50元。

如不服本判决，可在判决书送达之日起十五日内，向本院递交上诉

状,并按对方当事人的人数提出副本,上诉于广东省惠州市中级人民法院。

审判长 黄伟强
审判员 毛振良
人民陪审员 陈育平
二〇一七年十一月二十二日
书记员 张美珍

二 张勤某与张美某名誉权纠纷案

海南省第一中级人民法院
民事判决书

(2013)海南一中民初字第136号

原告张勤某,男,1941年6月9日出生,香港特别行政区居民。

委托代理人赖星,海南大弘律师事务所律师。

被告张美某,女,1949年6月15出生,汉族,住海南省万宁市。

委托代理人江海松,男,1976年8月28日出生,汉族,住海南省万宁市。系被告张美某之子。

委托代理人张朝云,女,1978年12月14日出生,汉族,住海南省万宁市。系被告张美某之侄女。

原告张勤某与被告张美某名誉权纠纷一案,原告张勤某于2013年8月30日向本院起诉,本院于同日立案受理后,依法组成合议庭,于2013年10月11日公开开庭进行了审理。原告张勤某及其委托代理人赖星、被告张美某及其委托代理人江海松、张朝云到庭参加诉讼。本案现已审理终结。

原告张勤某起诉称:原告是被告的胞兄。原告居住在香港,被告居住在海南省万宁市兴隆华侨农场。双方少有往来更无过节。但自从母亲逝世后,被告怀疑母亲留下一笔财产,于是不顾手足情深,对原告制造事端,到处无中生有说原告种种不是。尤其自2012年起,被告捏造事实,在亲朋好友和邻居中对原告妄加诽谤,说原告在母亲逝世不久便瞒着几个姐妹到银行偷取母亲账户中的钱。亲友听信被告所言,无不对原告加以谴责,导致原告名声一度受损和遭人鄙视。被告还伪造律师函恐吓原告，欲将原告起诉至法院，致使原告名誉受到严重损害。原告曾向有关部门主张权利，要求被告澄清其故意诽谤原告的事实并赔礼道歉，但被告不予理睬，还一口咬定原告偷母亲的钱。无奈之下，原告多次返回印尼和兴隆华侨农场找被告对质，被告仍坚持己见，继续捏造事实对原告加以诽谤。因亲朋好友对原告存在极大的误解，造成原告在精神上受打击。被告的行为，导致原告生活圈的群众对原告的社会评价极度降低，原告的生活受到了严重的干扰，对原告的名誉造成了极大的损害。原告遂诉至本院请求：（1）判令被告立即停止对原告的诽谤，通过《海南日报》刊登声明向原告赔礼道歉，恢复原告名誉；（2）判令被告赔偿原告精神抚慰金人民币1元；（3）本案诉讼费由被告承担。

原告张勤某向本院提交以下证据予以证明：（1）黄某和及杨某某的作证视频；（2）黄某和及杨某某签名的书证；（3）黄某和的护照及店铺照片；（4）杨某某的护照及店铺照片；（5）视频拍摄人金胜的护照及照片；（6）张某1的作证视频；（7）张某1证言；（8）张某1的身份证及回乡证；（9）钟某证言；（10）张丽某证言；（11）张慧某的作证视频；（12）张慧某证言；（13）张慧某的身份证及回乡证；（14）张勤某的护照入境印尼记录；（15）张新某录音；（16）张新某护照；（17）黄某证言。

被告张美某答辩称：被告出生于印度尼西亚（以下简称印尼），于1960年跟着包括原告在内的五位兄姐回国，由于当时国家处于困难时期，被告兄妹六人都吃不饱。被告带回的东西都被原告拿去，母亲给的衣服及带回来的印尼布都被原告拿去卖了。母亲在1975年来海南，她所存的钱都带在身上，她在被告家里住了半个月，有一晚母亲对被告说，这些钱是拿到香港银行存的，准备买房子。母亲回印尼后就陆陆续续寄钱到香港，在印尼的小妹也知道这件事。原告人在香港，母亲去世后他说没有这笔钱，那这些钱都到哪里去了？原告不是拿了母亲的钱在香港买房，八几年怎么有钱买房。被告到香港探亲，被原告赶出来。被告没有诽谤原告，对于钱的事情，被告和其他兄弟姐妹也没有说什么，反而是原告到兴隆骂被告。被告没有去传播，更没有诽谤的事实。

被告张美某向本院提交以下证据予以证明：（1）钟某证言；（2）张某2证言；（3）张某耕证言。

经本院庭审质证，被告对原告提交的 17 份证据的真实性均有异议，认为证言都是不真实的。经审查，因原告提供的证据 1－16 均为证人证言及相关材料，证人未出庭接受质询，本院对其真实性、与本案的关联性、来源的合法性不予认定。原告提供的证据 17 为黄某证言，其内容为："我听杜某某说张勤某与他妹妹张美某因为母亲遗产的问题闹得不可开交，张美某说他哥哥张勤某独吞了母亲的遗产拿去买楼房，不分给弟妹。今年 9 月 27 日，我向张美某核实，她承认曾对杜某某讲过此事。"证人黄某虽出庭作证，但被告否认向杜某某说过该言论。因该证据系证人黄某转述杜某某所说，属于传来证据，杜某某并未出庭作证，无法证实杜某某是否听被告张美某说过该言论，本院对其真实性、与本案的关联性、来源的合法性不予认定。

原告对被告提交的证据 1 和证据 3 的真实性有异议，认为证人未出庭作证，内容也不真实。对证据 2 的真实性、关联性有异议，认为不能证实原告偷了母亲的钱，反而能证明被告捏造了虚假事实。经审查，因被告提供的证据 1 和证据 3 为证人证言，证人未出庭接受质询，本院对其真实性、与本案的关联性、来源的合法性不予认定。被告提供的证据 2 为张某 2 证言，其内容为："母亲当时有钱，准备在香港买房，后来母亲的钱给了我们一点点，大部分都给了我弟弟原告张勤某。"因证人张某 2 为原、被告的胞姐，其已出庭接受质询，本院对该证据的真实性、与本案的关联性，来源的合法性予以认定，该证言可以证明原告的姐姐张某 2 认为母亲的钱大部分用于原告以及原告与被告等其他姐妹之间存在财产纠葛的事实。

本院根据上述认证查明，原告张勤某与被告张美某系同胞兄妹，家中共有兄弟姐妹 10 人。20 世纪 60 年代，原、被告及其他兄妹等 6 人作为印尼归国华侨，回到海南省万宁市兴隆华侨农场定居。之后，原告移居香港，被告常居海南。2010 年，被告与定居印尼的妹妹张玉某一同到香港探亲旅游，居住在原告家中，后双方因琐事不欢而散。原告认为被告因此事怀恨在心，于是在亲朋好友和邻居中捏造事实，诽谤其偷取母亲银行存款，造成其名誉严重受损。遂诉至本院，请求判令被告立即停止诽谤，并赔礼道歉，恢复名誉。

另查明，原、被告的母亲系印尼华侨，20 世纪 60 年代，原、被告及其他兄妹 6 人从印尼归国时，其母亲未一同返回。一直以来，母亲对居住海南的子女都有过经济上的援助，直至其1982年去世。母亲去世后，被告认为其母亲生前曾告知过在香港开户存钱准备用于买房，但母亲的遗产中并没有该存款，故怀疑该存款已被原告用于买房。2010年被告因香港之行与原告发生矛盾，被告遂向其他兄弟姐妹提出该质疑，获得胞姐张某2、胞妹张玉某的认同，原告听闻，认为被告无中生有。原告与被告及其他姐妹间由此产生遗产纠葛。庭审中被告坚持认为母亲的存款已被原告用于购买房屋，原、被告的胞姐张某2也出庭作证母亲的遗产被原告所用。被告因此主张其并未诽谤原告，亦从未对社会公众散播过该质疑。

上述事实，有被告提交的上述证据及当事人陈述意见在案佐证。

本院认为：关于本案的管辖和法律适用问题，根据《最高人民法院关于适用〈中华人民共和国涉外民事关系法律适用法〉若干问题的解释（一）》第一条"民事关系具有下列情形之一的，人民法院可以认定为涉外民事关系：（一）当事人一方或双方是外国公民、外国法人或者其他组织、无国籍人"和第十九条"涉及香港特别行政区、澳门特别行政区的民事关系的法律适用问题，参照适用本规定"的规定，原告张勤某系香港居民，本案涉及的民事法律关系属于涉外民事法律关系，审理本案应参照涉外民事诉讼的规定。根据《中华人民共和国民事诉讼法》第二百五十九条"在中华人民共和国领域内进行涉外民事诉讼，适用本编规定。本编没有规定的适用本法其他有关规"和第二十八条"因侵权行为提起的诉讼，由侵权行为地或者被告住所地人民法院管辖"的规定，本院对本案有管辖权。

根据原告的诉讼主张和被告的答辩意见，本案的争议焦点为：被告是否对原告构成名誉侵权。名誉是社会对特定的民事主体的才干、品德、情操、信誉、资历、声望、形象等的客观综合评价。名誉权是民事主体依法享有的维护自己名誉并排除他人侵害的权利。以书面、口头等形式宣扬他人隐私或者捏造事实公然丑化他人人格，以及用侮辱、诽谤等方式损害他人名誉，造成一定影响的，应当认定为侵犯了公民的名誉权。根据侵权行为的构成要件，是否构成名誉侵权，应当根据受害人确有名誉被损害的事实、行为人行为违法、违法行为与损害后果之间有因果关系、行为人主观上有过错来认定。具体到本案，被告是否对原告构成名誉侵权，应当结合被告是否存在捏造、散布虚假的事实对原告进行诽谤，以及社会公众对原告的社会评价是否降低等方面进行认定。首先，关于被告是否存在捏造、散布虚假的事实对原告进行诽谤的问题。原告主张被告在没有证据的情况下诽谤其偷取母亲的存款，被告则主张其并未诽谤，由于其在母亲生前曾听母亲说在香港开户存款准备用于购买房屋，胞姐妹张某2、张玉某对此亦知情，故其有理由怀疑母亲的存款被原告所用。据此，双方争议的是母亲是否留有存款以及原告是否使用了母亲存款的问题，该问题属于遗产争议范畴。被告作为母亲的家庭成员及法定继承人，其在母亲去世后对遗产的存在及去向，根据生活经验提出相关质疑及进行内心推断，应属遗产纷争中的正常合理行为。该纷争目前未止息，结合双方胞姐张某2的证言，被告的质疑推断虽带有主观臆断性，但并非无中生有，即使与事实真相不符，也仅是其个人的主观认识，并不存在恶意捏造事实的故意或过失。且被告仅向其兄弟姐妹提出质疑推断，并未向社会大众广为散播。因此，被告的质疑推断不构成捏造、散布虚假事实的诽谤行为。原告主张被告捏造、散布虚假的事实对其进行诽谤，缺乏事实根据，本院不予采信。其次，关于社会公众对原告的社会评价是否降低的问题。原告定居生活在香港，被告定居生活在海南，被告对原告的质疑推断，其仅向其他兄弟姐妹提出，并未向社会大众广为散播。原告主张由于被告的诽谤行为导致其生活圈群众对其社会评价降低，但未举证证明。原告兄妹的遗产纷争虽不排除已为外人所知晓，但不当然导致原告的名誉受损。原告主张其名誉严重受损，缺乏事实根据，本院不予采信。综上，被告对原告并未构成名誉侵权，原告的起诉缺乏事实根据与法律依据，本院不予支持。案经本院审判委员会讨论，依照《中华人民共和国民事诉讼法》第二十八条、第六十四条、第一百五十二条、第二百五十九条，《最高人民法院关于民事诉讼证据的若干规定》第二条，《最高人民法院关于适用〈中华人民共和国涉外民事关系法律适用法〉若干问题的解释（一）》第一条、第十九条之规定，判决如下：

驳回原告张勤某的诉讼请求。

案件受理费400元，由原告张勤某负担。

如不服本判决，原告张勤某可在判决书送达之日起三十日内，被告张美某可在判决书送达之日起十五日内，向本院递交上诉状，并按对方当事人的人数提出副本,上诉于海南省高级人民法院。

审判长 梁振文
审判员 黄声泽
代理审判员 谢婷婷
二〇一三年十二月四日
书记员 张龙剑

第 七 章

涉侨民事纠纷
大数据报告

1. 样本筛选情况说明

1.1 数据来源

本报告样本数据主要源于中国裁判文书网及其他权威来源已公布的裁判文书。其他权威来源包括但不仅限于各地方法院官方网站、各年度"两高"发布的指导性案例等。

1.2 筛选策略

[A：全文包含华侨]。

符合筛选条件的案件总数为43650件。

以下图表中的计数，如无特殊说明，单位均为：件。

2. 案件基本情况分析

2.1 民事案由（TOP10）

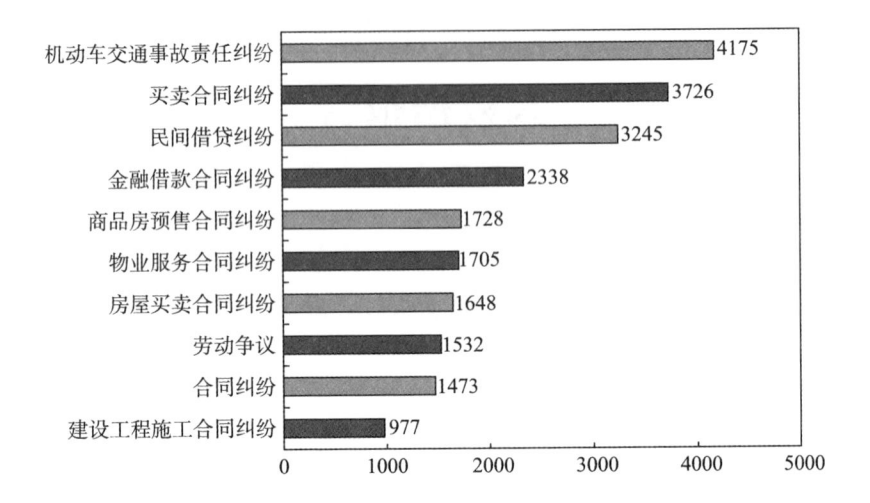

案由	数量
机动车交通事故责任纠纷	4175
买卖合同纠纷	3726
民间借贷纠纷	3245
金融借款合同纠纷	2338
商品房预售合同纠纷	1728
物业服务合同纠纷	1705
房屋买卖合同纠纷	1648
劳动争议	1532
合同纠纷	1473
建设工程施工合同纠纷	977

2.2 案件来源

2.2.1 案件来源分布（TOP10）

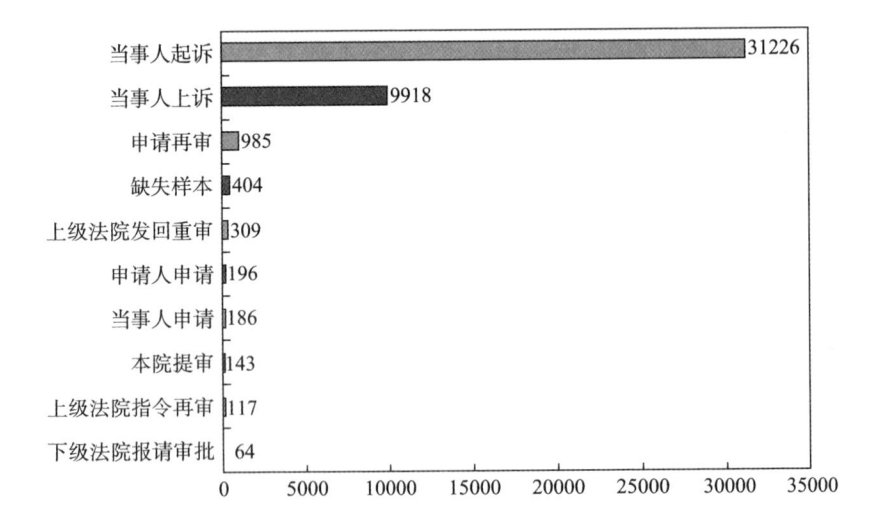

来源	数量
当事人起诉	31226
当事人上诉	9918
申请再审	985
缺失样本	404
上级法院发回重审	309
申请人申请	196
当事人申请	186
本院提审	143
上级法院指令再审	117
下级法院报请审批	64

2.2.2 被告提出管辖异议情况分布

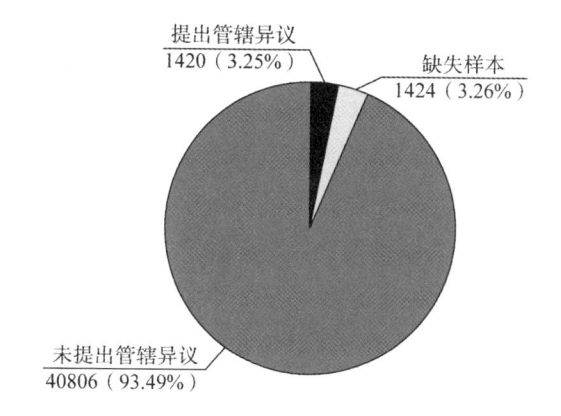

- 提出管辖异议 1420 (3.25%)
- 缺失样本 1424 (3.26%)
- 未提出管辖异议 40806 (93.49%)

2.3 审理法院与审判组织

2.3.1 法院层级分布

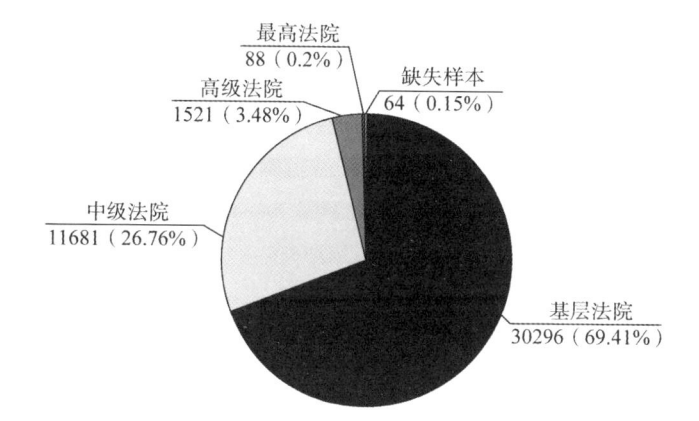

- 最高法院 88 (0.2%)
- 缺失样本 64 (0.15%)
- 高级法院 1521 (3.48%)
- 中级法院 11681 (26.76%)
- 基层法院 30296 (69.41%)

2.3.2 法院所在省份分布

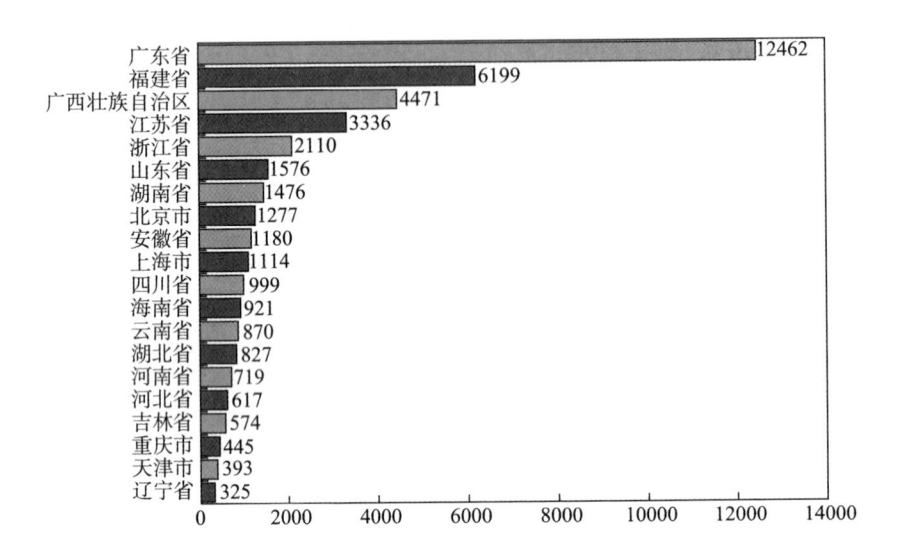

省份	数量
广东省	12462
福建省	6199
广西壮族自治区	4471
江苏省	3336
浙江省	2110
山东省	1576
湖南省	1476
北京市	1277
安徽省	1180
上海市	1114
四川省	999
海南省	921
云南省	870
湖北省	827
河南省	719
河北省	617
吉林省	574
重庆市	445
天津市	393
辽宁省	325

2.3.3 法院所在地市分布（TOP10）

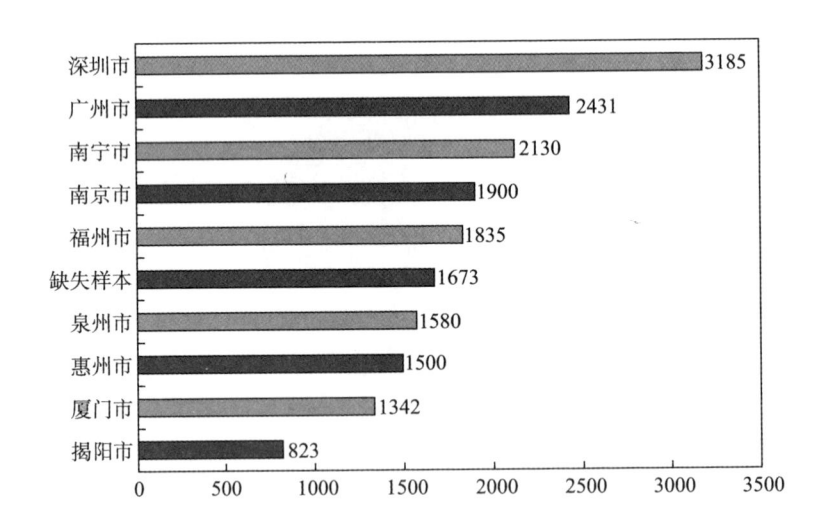

地市	数量
深圳市	3185
广州市	2431
南宁市	2130
南京市	1900
福州市	1835
缺失样本	1673
泉州市	1580
惠州市	1500
厦门市	1342
揭阳市	823

2.4 诉讼程序

2.4.1 审判程序分布

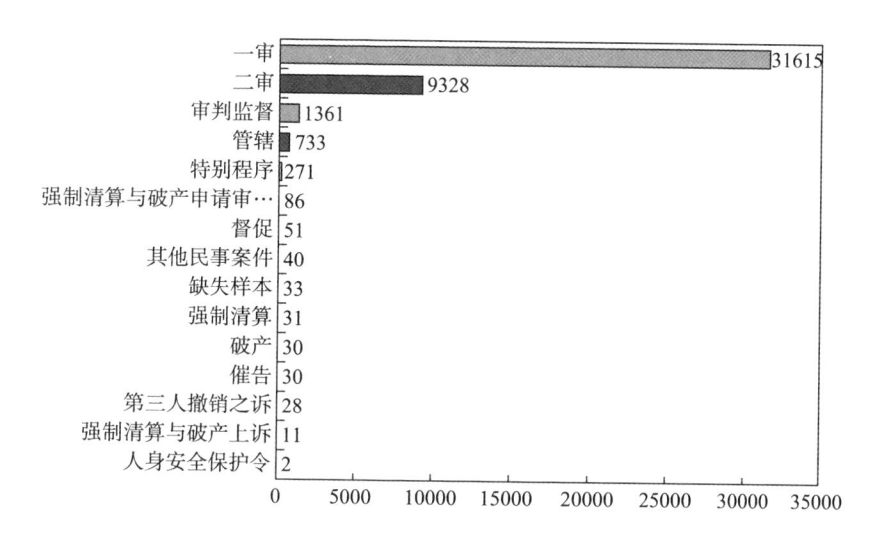

程序	数量
一审	31615
二审	9328
审判监督	1361
管辖	733
特别程序	271
强制清算与破产申请审…	86
督促	51
其他民事案件	40
缺失样本	33
强制清算	31
破产	30
催告	30
第三人撤销之诉	28
强制清算与破产上诉	11
人身安全保护令	2

2.4.2 审判程序细分

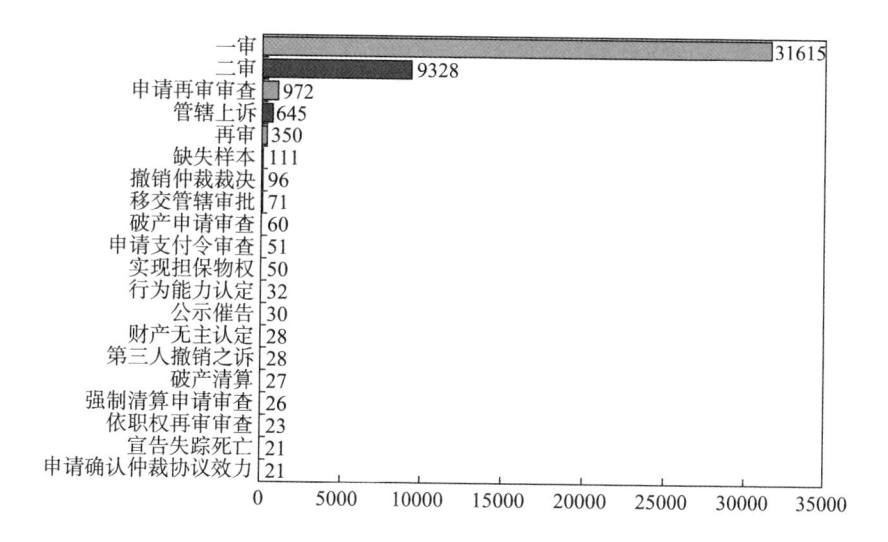

程序	数量
一审	31615
二审	9328
申请再审审查	972
管辖上诉	645
再审	350
缺失样本	111
撤销仲裁裁决	96
移交管辖审批	71
破产申请审查	60
申请支付令审查	51
实现担保物权	50
行为能力认定	32
公示催告	30
财产无主认定	28
第三人撤销之诉	28
破产清算	27
强制清算申请审查	26
依职权再审审查	23
宣告失踪死亡	21
申请确认仲裁协议效力	21

2.4.3 适用程序细分

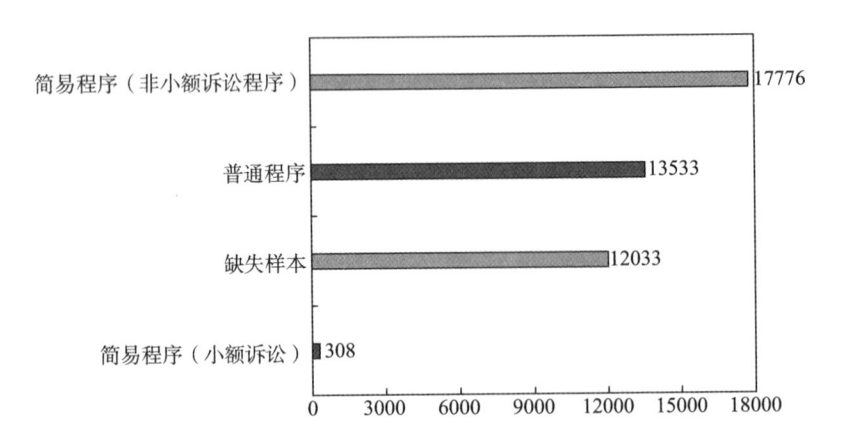

程序类型	数量
简易程序（非小额诉讼程序）	17776
普通程序	13533
缺失样本	12033
简易程序（小额诉讼）	308

3. 诉讼参与人基本属性分析

3.1 当事人国籍地区分布

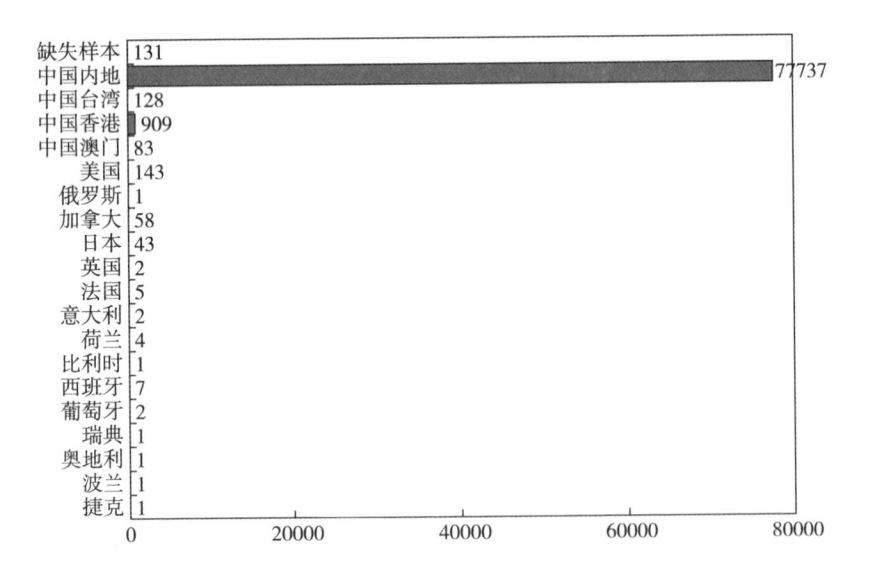

国籍/地区	数量
缺失样本	131
中国内地	77737
中国台湾	128
中国香港	909
中国澳门	83
美国	143
俄罗斯	1
加拿大	58
日本	43
英国	2
法国	5
意大利	2
荷兰	4
比利时	1
西班牙	7
葡萄牙	2
瑞典	1
奥地利	1
波兰	1
捷克	1

3.2 代理对象诉讼地位分布

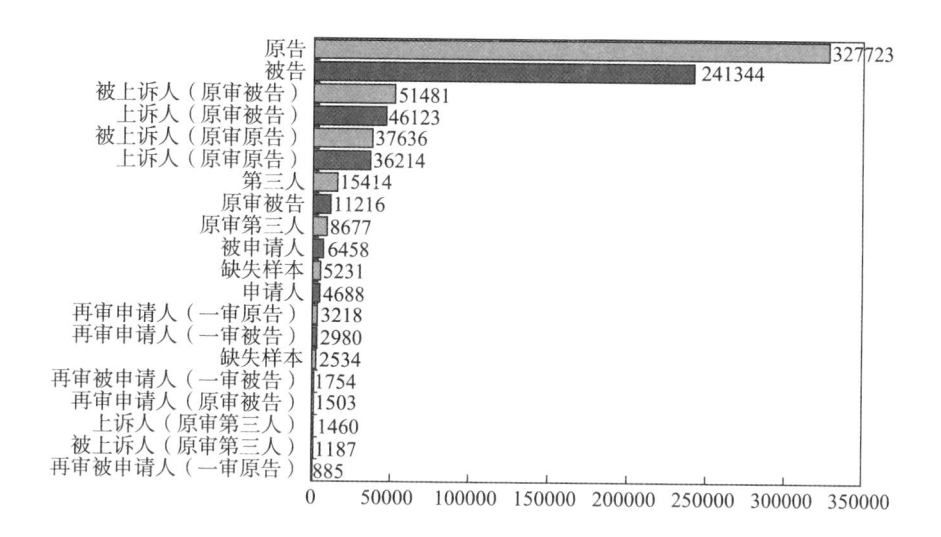

类别	数量
原告	327723
被告	241344
被上诉人（原审被告）	51481
上诉人（原审被告）	46123
被上诉人（原审原告）	37636
上诉人（原审原告）	36214
第三人	15414
原审被告	11216
原审第三人	8677
被申请人	6458
缺失样本	5231
申请人	4688
再审申请人（一审原告）	3218
再审申请人（一审被告）	2980
缺失样本	2534
再审被申请人（一审被告）	1754
再审申请人（原审被告）	1503
上诉人（原审第三人）	1460
被上诉人（原审第三人）	1187
再审被申请人（一审原告）	885

4. 诉请答辩及判决信息分析

4.1 诉请判决类型（TOP10）

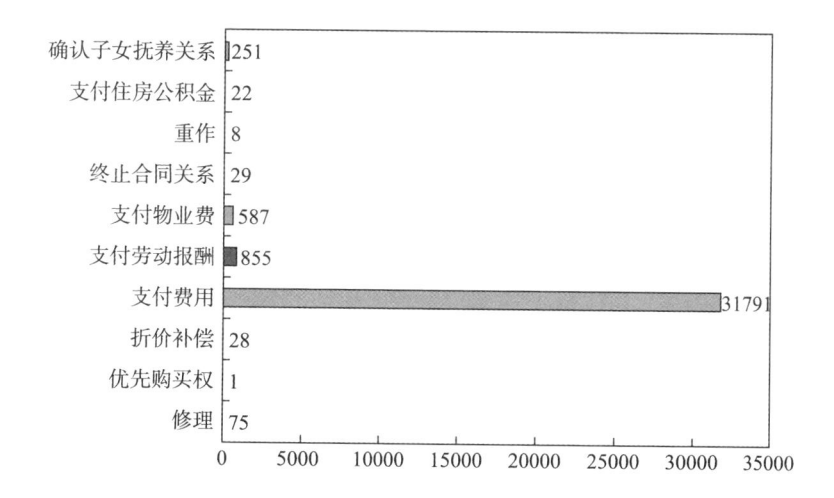

类别	数量
确认子女抚养关系	251
支付住房公积金	22
重作	8
终止合同关系	29
支付物业费	587
支付劳动报酬	855
支付费用	31791
折价补偿	28
优先购买权	1
修理	75

4.2 诉请判决金额类型（TOP10）

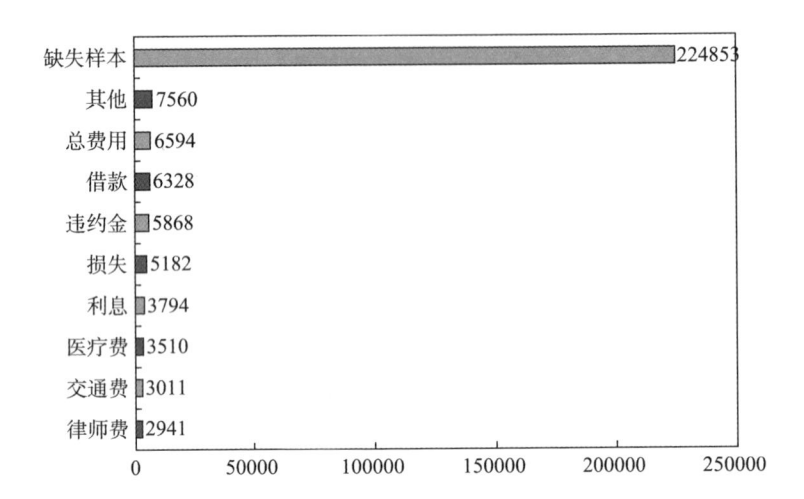

- 缺失样本　224853
- 其他　7560
- 总费用　6594
- 借款　6328
- 违约金　5868
- 损失　5182
- 利息　3794
- 医疗费　3510
- 交通费　3011
- 律师费　2941

4.3 是否支持原告诉讼请求

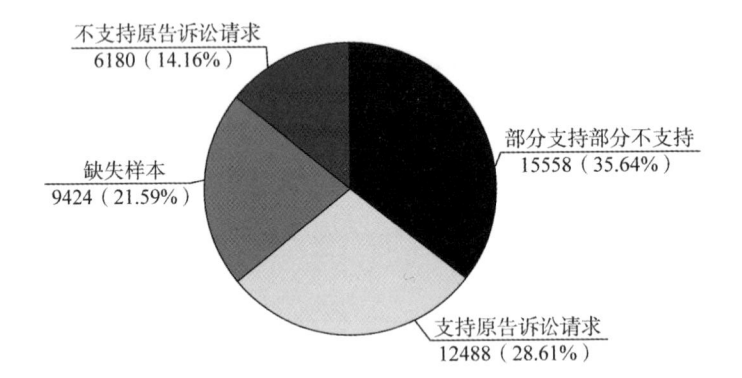

- 不支持原告诉讼请求　6180（14.16%）
- 缺失样本　9424（21.59%）
- 部分支持部分不支持　15558（35.64%）
- 支持原告诉讼请求　12488（28.61%）

5. 常见案由案件事实分析

5.1 离婚纠纷信息

5.1.1 夫妻感情破裂情况分布

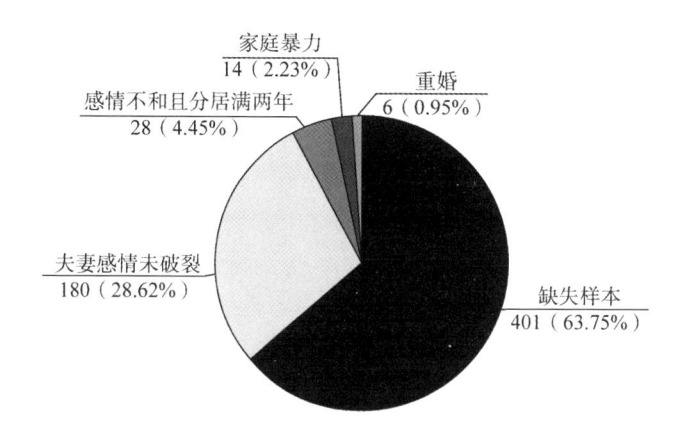

家庭暴力
14（2.23%）

重婚
6（0.95%）

感情不和且分居满两年
28（4.45%）

夫妻感情未破裂
180（28.62%）

缺失样本
401（63.75%）

5.1.2 婚前感情基础分布

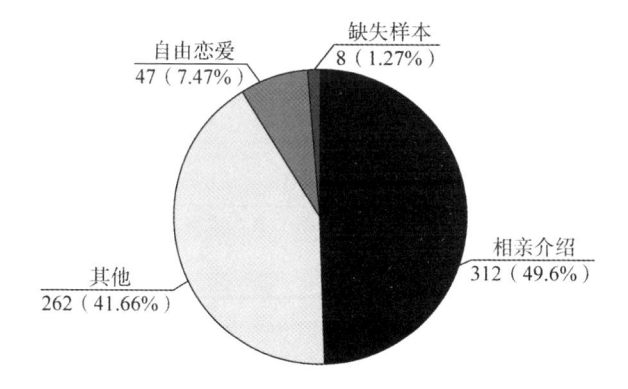

自由恋爱
47（7.47%）

缺失样本
8（1.27%）

其他
262（41.66%）

相亲介绍
312（49.6%）

5.1.3 婚姻关系处理分布

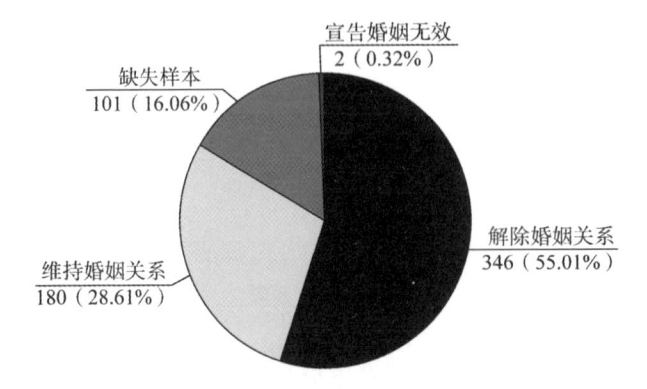

宣告婚姻无效 2（0.32%）
缺失样本 101（16.06%）
解除婚姻关系 346（55.01%）
维持婚姻关系 180（28.61%）

5.1.4 提出离婚方分布

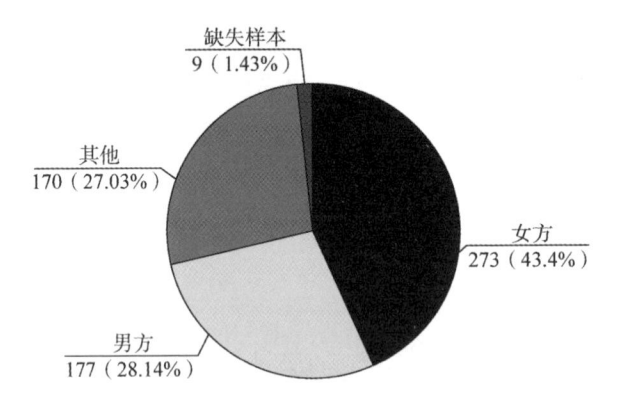

缺失样本 9（1.43%）
其他 170（27.03%）
女方 273（43.4%）
男方 177（28.14%）

5.1.5 离婚原因分布

离婚原因	案件数量（件）	百分比
婚外情	80	13.29%
长期分居	132	21.93%
双方感情不和分居	28	4.65%
患有严重的疾病	39	6.48%
家庭暴力	69	11.46%
一方被判处刑罚	2	0.33%
家庭经济困难	12	1.99%
婆媳关系不和	1	0.17%
一方因网恋	0	0.00%
重婚	10	1.66%
有赌博、吸毒等恶习屡教不改	229	38.04%
离婚案件总量	602	100%

5.1.6 因宣告失踪而离婚分布

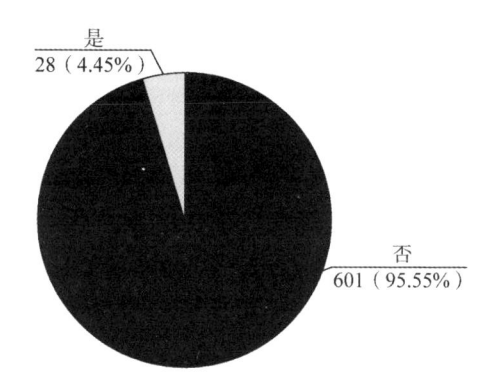

- 是 28（4.45%）
- 否 601（95.55%）

5.2 买卖合同纠纷信息

5.2.1 合同履行情况分布

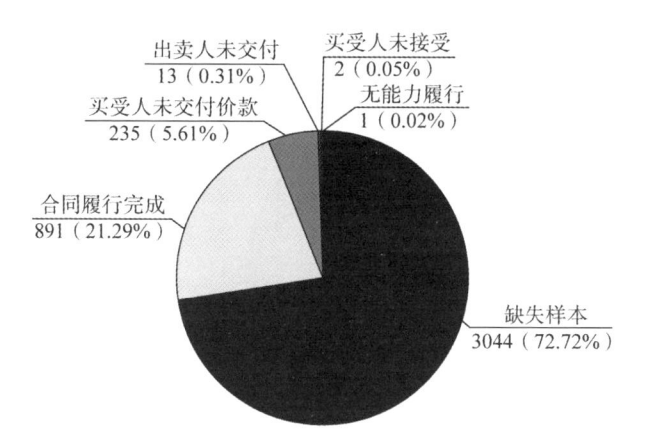

- 出卖人未交付 13（0.31%）
- 买受人未接受 2（0.05%）
- 买受人未交付价款 235（5.61%）
- 无能力履行 1（0.02%）
- 合同履行完成 891（21.29%）
- 缺失样本 3044（72.72%）

5.2.2 合同解除情况分布

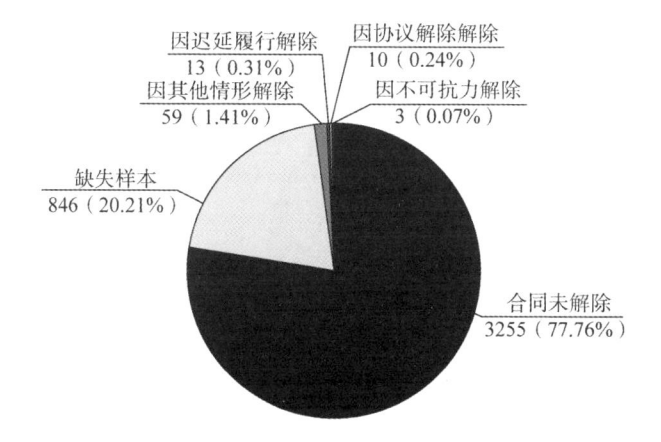

- 因迟延履行解除 13（0.31%）
- 因协议解除解除 10（0.24%）
- 因其他情形解除 59（1.41%）
- 因不可抗力解除 3（0.07%）
- 缺失样本 846（20.21%）
- 合同未解除 3255（77.76%）

5.2.3 违约行为情况分布

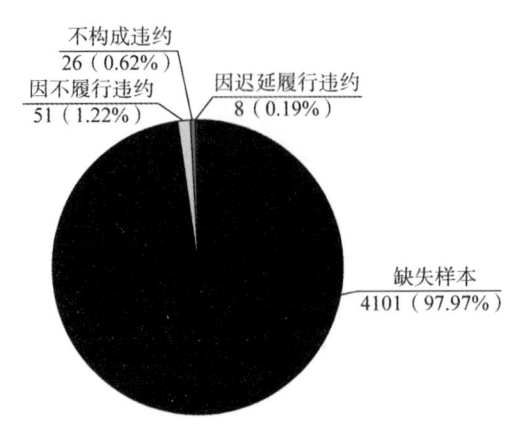

不构成违约 26（0.62%）
因迟延履行违约 8（0.19%）
因不履行违约 51（1.22%）
缺失样本 4101（97.97%）

5.2.4 涉及担保类型分布

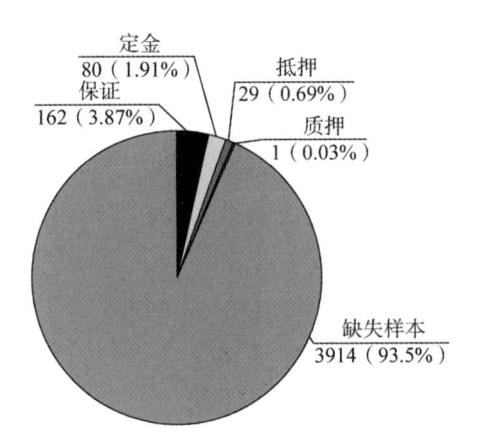

定金 80（1.91%）
抵押 29（0.69%）
保证 162（3.87%）
质押 1（0.03%）
缺失样本 3914（93.5%）

5.2.5 担保人类型分布

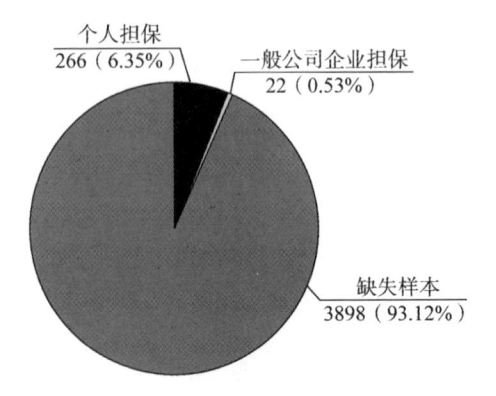

个人担保 266（6.35%）
一般公司企业担保 22（0.53%）
缺失样本 3898（93.12%）

5.3 借款合同纠纷信息

5.3.1 合同履行情况分布

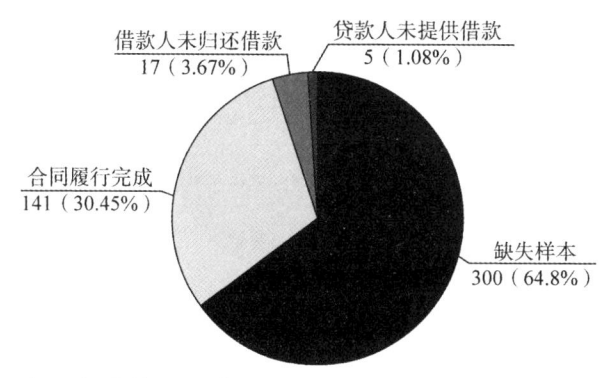

- 借款人未归还借款 17（3.67%）
- 贷款人未提供借款 5（1.08%）
- 合同履行完成 141（30.45%）
- 缺失样本 300（64.8%）

5.3.2 合同解除情况分布

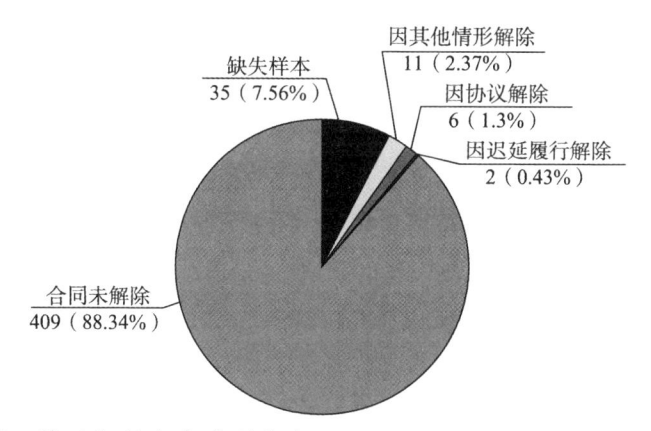

- 缺失样本 35（7.56%）
- 因其他情形解除 11（2.37%）
- 因协议解除 6（1.3%）
- 因迟延履行解除 2（0.43%）
- 合同未解除 409（88.34%）

5.3.3 涉及担保分布类型分布

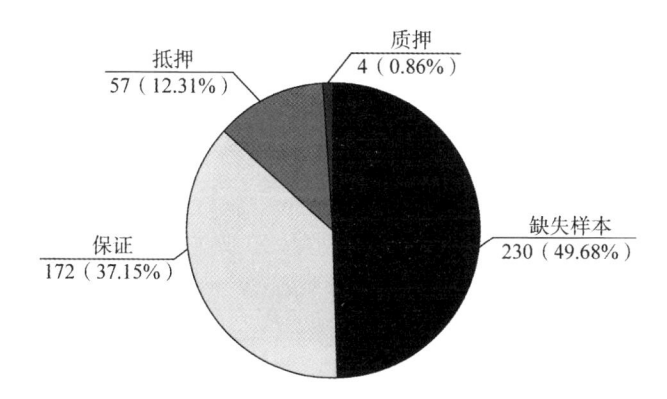

- 抵押 57（12.31%）
- 质押 4（0.86%）
- 保证 172（37.15%）
- 缺失样本 230（49.68%）

5.3.4 担保人类型分布

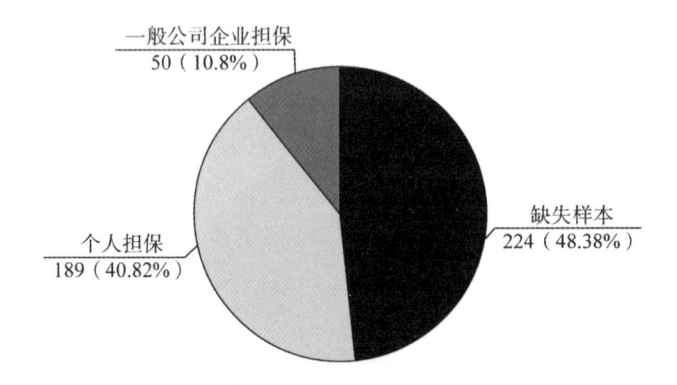

- 一般公司企业担保 50（10.8%）
- 个人担保 189（40.82%）
- 缺失样本 224（48.38%）

5.4 机动车交通事故责任纠纷信息

5.4.1 事故原因分布

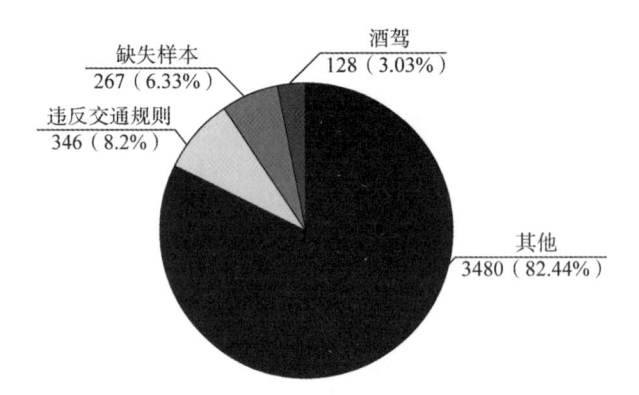

- 酒驾 128（3.03%）
- 缺失样本 267（6.33%）
- 违反交通规则 346（8.2%）
- 其他 3480（82.44%）

5.4.2 出具事故认定责任书分布

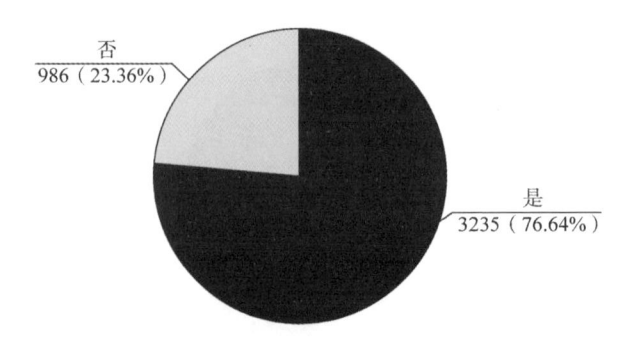

- 否 986（23.36%）
- 是 3235（76.64%）

5.4.3 免责事由分布

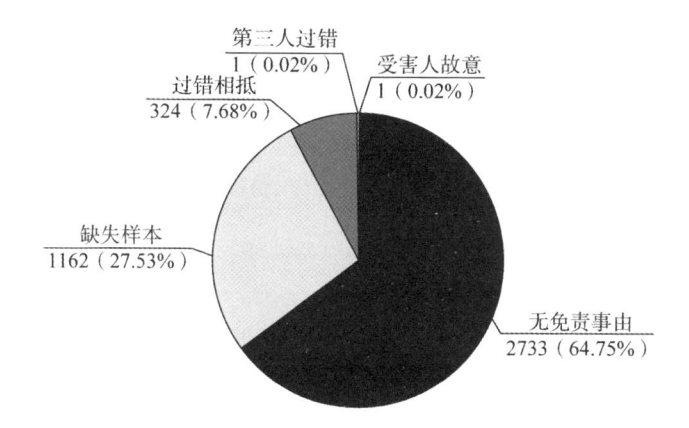

饼图数据：
- 第三人过错 1（0.02%）
- 受害人故意 1（0.02%）
- 过错相抵 324（7.68%）
- 缺失样本 1162（27.53%）
- 无免责事由 2733（64.75%）

6. 诉讼费用

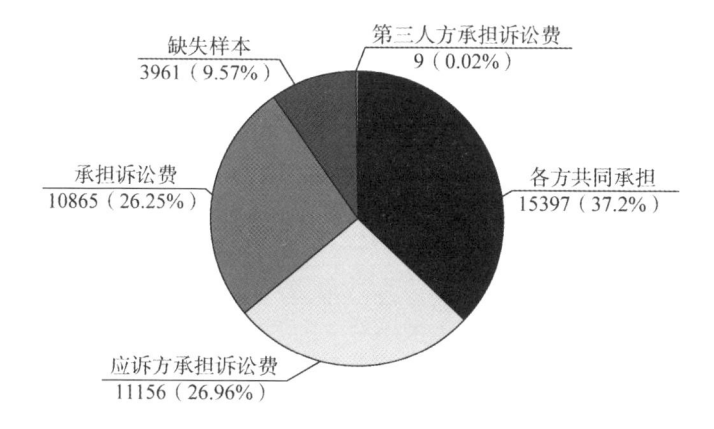

饼图数据：
- 缺失样本 3961（9.57%）
- 第三人方承担诉讼费 9（0.02%）
- 承担诉讼费 10865（26.25%）
- 各方共同承担 15397（37.2%）
- 应诉方承担诉讼费 11156（26.96%）

附：抽样数据

序号	审理法院	案号	案由	裁判日期	结案方式
1	天津市红桥区人民法院	（2014）红民初字第101号	劳动争议	20140404	判决
2	四川省成都市温江区人民法院	（2019）川0115民初5076号	劳动争议	20201116	判决

续表

序号	审理法院	案号	案由	裁判日期	结案方式
3	浙江省丽水市莲都区人民法院	（2020）浙1102民初1954号	金融借款合同纠纷	20200602	判决
4	北京市海淀区人民法院	（2019）京0108民初1073号	侵害作品信息网络传播权纠纷	20200608	判决
5	吉林省长春市南关区人民法院	（2015）南民初字第3461号	合同纠纷	20151201	准予撤诉
6	广东省潮州市潮安区人民法院	（2014）潮安法民一初字第550号	离婚纠纷	20141208	判决
7	广东省深圳市罗湖区人民法院	（2019）粤0303民初31490号	侵害作品信息网络传播权纠纷	20200220	判决
8	福建省福州市平潭县人民法院	（2017）闽0128民初5227号	商品房预售合同纠纷	20171130	判决
9	广东省江门市鹤山市人民法院	（2017）粤0784民初928号	农村土地承包合同纠纷	20170706	判决
10	广东省深圳市龙华区人民法院	（2020）粤0309民初5975号	著作权权属纠纷	20200919	判决
11	福建省厦门市思明区人民法院	（2018）闽0203民初13255号	合同纠纷	20181218	判决
12	广东省东莞市第二人民法院	（2017）粤1972民初9510号之一	买卖合同纠纷	20170926	其他
13	广东省惠东县人民法院	（2018）粤1323民初5480号	机动车交通事故责任纠纷	20190203	判决
14	山东省威海市乳山市人民法院	（2019）鲁1083民初88号	劳务合同纠纷	20190117	判决
15	辽宁省朝阳市北票市人民法院	（2015）北民一初字第03397号	房屋买卖合同纠纷	20160321	判决
16	福建省厦门市海沧区人民法院	（2014）海民初字第2230号	养老保险待遇纠纷	20140918	驳回起诉
17	福建省漳州市龙海市人民法院	（2015）龙民初字第1031号	劳务合同纠纷	20150225	准予撤诉

续表

序号	审理法院	案号	案由	裁判日期	结案方式
18	广东省湛江市中级人民法院	（2019）粤08民终1658号	财产损害赔偿纠纷	20190621	维持
19	福建省莆田市中级人民法院	（2017）闽03民终2655号	机动车交通事故责任纠纷	20171106	维持
20	广东省惠东县人民法院	（2017）粤l323民初2053号	机动车交通事故责任纠纷	20170718	判决
21	江西省吉安市中级人民法院	（2019）赣08民特7号	申请撤销仲裁裁决	20190724	驳回申请
22	广西壮族自治区柳州市鱼峰区人民法院	（2019）桂0203民初542号	买卖合同纠纷	20190419	判决
23	重庆市第一中级人民法院	（2019）渝01民特454号	申请撤销仲裁裁决	20191210	驳回申请
24	安徽省亳州市蒙城县人民法院	（2018）皖1622民初6955-1号	房屋买卖合同纠纷	20180830	其他
25	四川省成都市金牛区人民法院	（2012）金牛民初字第5094号	建设工程施工合同纠纷	20111113	判决
26	福建省高级人民法院	（2018）闽民再351号	房屋租赁合同纠纷	20181219	改判
27	广东省深圳市罗湖区人民法院	（2019）粤0303民初11978号	侵害作品信息网络传播权纠纷	20190715	判决
28	广东省广州市中级人民法院	（2018）粤01民辖终1613号	金融借款合同纠纷	20180815	维持原裁定
29	福建省宁德市蕉城区人民法院	（2016）闽0902民初1018号	房屋租赁合同纠纷	20160415	判决
30	浙江省丽水市青田县人民法院	（2015）丽青商初字第175-1号	金融借款合同纠纷	20150323	准予撤诉
31	江苏省扬州市江都区人民法院	（2019）苏1012民初631号	机动车交通事故责任纠纷	20190314	判决
32	河南省许昌市长葛市人民法院	（2020）豫1082民初447号	返还原物纠纷	20200602	判决

续表

序号	审理法院	案号	案由	裁判日期	结案方式
33	江西省赣州市章贡区人民法院	（2019）赣0702民初3449号	合同纠纷	20191028	判决
34	广东省深圳市中级人民法院	（2016）粤03民终13671号	租赁合同纠纷	20161104	维持
35	浙江省杭州市萧山区人民法院	（2016）浙0109民初14528号	民间借贷纠纷	20161008	按撤诉处理
36	福建省泉州市惠安县人民法院	（2019）闽0521民初3283号	借用合同纠纷	20190911	判决
37	海南省海口市龙华区人民法院	（2014）龙民一初字第126号	房屋买卖合同纠纷	20140612	准予撤诉
38	广东省深圳市罗湖区人民法院	（2020）粤0303民初32322号	金融借款合同纠纷	20201023	判决
39	浙江省宁波市慈溪市人民法院	（2015）甬慈民初字第2223号	返还原物纠纷	20170515	判决
40	广西壮族自治区桂林市灵川县人民法院	（2016）桂0323民初1106号	合同纠纷	20161228	判决
41	贵州省黔西南布依族苗族自治州中级人民法院	（2016）黔23民终1272号	民间借贷纠纷	20161213	发回重审
42	广西壮族自治区南宁市西乡塘区人民法院	（2014）西民一初字第18号	机动车交通事故责任纠纷	20140210	判决
43	广东省揭阳普宁市人民法院	（2016）粤5281民初1590号	企业借贷纠纷	20161017	判决
44	广西壮族自治区南宁市隆安县人民法院	（2018）桂0123民初951号	商品房销售合同纠纷	20180921	判决
45	广东省东莞市第三人民法院	（2017）粤1973民初13259号	生命权、健康权、身体权纠纷	20171207	判决

续表

序号	审理法院	案号	案由	裁判日期	结案方式
46	江苏省南京市六合区人民法院	（2019）苏0116民初6637号	委托合同纠纷	20191025	判决
47	北京市第一中级人民法院	（2017）京01民初754号	证券虚假陈述责任纠纷	20171116	裁定移送其他法院管辖
48	贵州省黔南布依族苗族自治州中级人民法院	（2018）黔27民终1943号	民间借贷纠纷	20181122	维持
49	福建省福州市平潭县人民法院	（2017）闽0128民初5139号	商品房预售合同纠纷	20171124	判决
50	安徽省亳州市蒙城县人民法院	（2018）皖1622民初5324号	商品房销售合同纠纷	20180817	判决
51	湖南省高级人民法院	（2018）湘民终575号	证券虚假陈述责任纠纷	20180820	撤销原裁定并指令审理
52	广东省惠州市中级人民法院	（2018）粤13民初331号	买卖合同纠纷	20181203	判决
53	广西壮族自治区北海市银海区人民法院	（2018）桂0503民初1433号	劳动争议	20181221	判决
54	广东省惠东县人民法院	（2016）粤1323民初3325号	建设工程施工合同纠纷	20170914	判决
55	广东省惠州市惠阳区人民法院	（2012）惠阳法民一初字第76号	房屋买卖合同纠纷	20120702	判决
56	广东省茂名市信宜市人民法院	（2016）粤0983民初1697号	民间借贷纠纷	20161019	判决
57	福建省泉州市德化县人民法院	（2019）闽0526民初647号	合同纠纷	20191106	判决
58	湖南省岳阳市岳阳楼区人民法院	（2020）湘0602民初5669号	租赁合同纠纷	20200929	准予撤诉
59	北京知识产权法院	（2016）京73行初5210号	商标行政管理（商标）	20180328	判决

续表

序号	审理法院	案号	案由	裁判日期	结案方式
60	上海市高级人民法院	（2019）沪民终401号	海事海商纠纷	20200212	维持
61	广东省广州市中级人民法院	（2016）粤01民终7667号	房屋拆迁安置补偿合同纠纷	20160822	维持
62	广东省肇庆市高要区人民法院	（2020）粤1204民初97号	金融借款合同纠纷	20200930	判决
63	广东省潮州市饶平县人民法院	（2018）粤5122民初5号	机动车交通事故责任纠纷	20180315	判决
64	天津市第二中级人民法院	（2019）津02民终4101号	商品房销售合同纠纷	20190426	撤销原裁定并指令审理
65	安徽省马鞍山市花山区人民法院	（2015）花民一初字第00562号	物业服务合同纠纷	20150330	判决
66	广东省惠东县人民法院	（2014）惠东法埠民初字第210号	机动车交通事故责任纠纷	20150811	判决
67	广东省珠海市香洲区人民法院	（2014）珠香法民三初字第97号	物业服务合同纠纷	20140408	判决
68	广东省广州市南沙区人民法院	（2014）穗南法万民初字第124号	买卖合同纠纷	20140725	判决
69	广东省惠东县人民法院	（2017）粤1323民初2839号	民间借贷纠纷	20180212	判决
70	湖南省高级人民法院	（2018）湘民终513号	证券虚假陈述责任纠纷	20180820	撤销原裁定并指令审理
71	广东省梅州市梅县区人民法院	（2019）粤1403民初1680号	金融借款合同纠纷	20191220	判决
72	江苏省南京市溧水区人民法院	（2017）苏0117民初6488号	承包地征收补偿费用分配纠纷	20180718	判决
73	江苏省泰州医药高新技术产业开发区人民法院	（2020）苏1291民初1413号	服务合同纠纷	20201016	判决
74	四川省成都市中级人民法院	（2019）川01民终8889号	财产损害赔偿纠纷	20190612	按撤回上诉处理

续表

序号	审理法院	案号	案由	裁判日期	结案方式
75	江西省宜春市高安市人民法院	（2019）赣0983民初6546号	融资租赁合同纠纷	20191209	判决
76	吉林省长春市南关区人民法院	（2016）吉0102民初1449号	合同纠纷	20161102	判决
77	广西壮族自治区柳州市鹿寨县人民法院	（2018）桂0223民初111号	产品销售者责任纠纷	20180402	判决
78	广东省深圳市南山区人民法院	（2015）深南法沙民初字第1573号	服务合同纠纷	20160111	按撤诉处理
79	广东省梅州市中级人民法院	（2017）粤14民终1011号	机动车交通事故责任纠纷	20171108	维持
80	福建省厦门市翔安区人民法院	（2016）闽0213民初1825号	姓名权纠纷	20160914	判决
81	福建省三明市中级人民法院	（2016）闽04民终1228号	民间借贷纠纷	20161216	发回重审
82	福建省厦门市思明区人民法院	（2017）闽0203民初12986号	合同纠纷	20180619	判决
83	广东省梅州市中级人民法院	（2015）梅中法民一终字第422号	机动车交通事故责任纠纷	20150930	维持
84	广西壮族自治区来宾市武宣县人民法院	（2014）武民初字第558号	机动车交通事故责任纠纷	20141010	判决
85	福建省泉州市洛江区人民法院	（2019）闽0504民初1936号	买卖合同纠纷	20191112	判决
86	河南省郑州市中级人民法院	（2019）豫01民再113号	案外人执行异议之诉	20191008	维持
87	广东省揭阳普宁市人民法院	（2015）揭普法民一初字第660号	机动车交通事故责任纠纷	20151218	判决
88	湖南省长沙市中级人民法院	（2017）湘01民初2946号	证券虚假陈述责任纠纷	20171220	驳回起诉

续表

序号	审理法院	案号	案由	裁判日期	结案方式
89	广东省广州市中级人民法院	(2020) 粤 01 民终 4020 号	股东损害公司债权人利益责任纠纷	20200327	维持
90	湖北省荆州市洪湖市人民法院	(2020) 鄂 1083 民初 788 号	竞业限制纠纷	20201029	判决
91	上海市闵行区人民法院	(2018) 沪 0112 民初 29216 号	物业服务合同纠纷	20181030	准予撤诉
92	广西壮族自治区南宁市隆安县人民法院	(2018) 桂 0123 民初 934 号	商品房销售合同纠纷	20180921	判决
93	广东省广州市天河区人民法院	(2019) 粤 0106 民初 19796 号	劳动争议	20200628	判决
94	山东省淄博高新技术产业开发区人民法院	(2020) 鲁 0391 民初 1887 号	劳务合同纠纷	20201016	驳回起诉
95	福建省莆田市涵江区人民法院	(2016) 闽 0303 民初 3103 号	机动车交通事故责任纠纷	20161208	判决
96	湖北省武汉市青山区人民法院	(2017) 鄂 0107 民初 294 号	买卖合同纠纷	20170314	准予撤诉
97	广西壮族自治区桂林市荔浦县人民法院	(2019) 桂 0331 民初 1111 号之一	买卖合同纠纷	20190724	准予撤诉
98	北京市第二中级人民法院	(2020) 京 02 民初 277 号之一	合同纠纷	20200819	其他
99	广东省东莞市第一人民法院	(2020) 粤 1971 民初 3178 号	民间借贷纠纷	20200422	判决
100	河南省驻马店市正阳县人民法院	(2020) 豫 1724 民初 1872 号	劳务合同纠纷	20200615	驳回起诉

参考文献

《华侨华人百科全书·法律条例政策卷》编辑委员会：《华侨华人百科全书·法律条例政策卷》，中国华侨出版社2000年版。

《华侨华人百科全书·总论卷》编辑委员会：《华侨华人百科全书·总论卷》，中国华侨出版社2002年版。

陈国军：《正本清源：我国法定继承准据法确定的完善之道》，载《政治与法律》2019年第6期。

陈苇、刘宇娇：《中国民法典继承编之遗产清单制度系统化构建研究》，载《现代法学》2019年第5期。

陈苇、罗晓玲：《设立我国分居制度的社会基础及其制度构想（上）》，载《政法论丛》2011年第1期。

陈永强：《特殊动产多重买卖解释要素体系之再构成——以法释〔2012〕8号第10条为中心》，载《法学》2016年第1期。

崔永东：《涉侨纠纷多元化解机制的理论考察、文化基础与制度构建》，载《政法论丛》2020年第3期。

邓伟平、林博：《从香港法上的分居制度引发的思考》，载《中山大学学报》（社会科学版）2003年第6期。

董保华：《雇佣、劳动立法的历史考量与现实分析》，载《法学》2016年第5期。

韩保江、赵科源：《大国抉择》，载《中国经济周刊》2011年第1期。

何铁军：《涉外离婚管辖权的冲突与解决初探》，载《东北农业大学学报》（社会科学版）2008年第4期。

洪永红、黄星永：《"一带一路"倡议下中企对非投资劳动法律风险及应对》，载《湘潭大学学报》（哲学社会科学版）2019 年第 3 期。

侯怀霞、张慧平：《纠纷解决及其多元化法律问题研究》，法律出版社 2015 年版。

李平：《论法定继承顺位的立法策略与实践中的家文化坚守》，载《法制与社会发展》2020 年第 1 期。

李沁、王雨馨：《华人华侨身份认同程度与中华文化传播行为研究》，载《当代传播》2019 年第 2 期。

林守霖、张艺：《两岸协作保障未成年子女抚养权的司法困境与出路》，载《海峡法学》2019 年第 3 期。

刘国福：《侨务法律制度研究》，法律出版社 2012 年版。

刘宏：《我国涉外遗嘱继承法律适用的立法、理论与实践》，载《中国政法大学学报》2019 年第 5 期。

刘利平：《民法典视域中的房屋次承租人优先承租权悖论》，载《哈尔滨工业大学学报》（社会科学版）2019 年第 2 期。

刘芮：《论中国住房租赁制度之改革》，载《法学论坛》2019 年第 1 期。

汤唯、张洪波：《华侨权益的法律保障机制》，山东人民出版社 2006 年版。

汪金兰：《关于涉外婚姻家庭关系的法律适用立法探讨——兼评〈涉外民事关系法律适用法〉（草案）的相关规定》，载《现代法学》2010 年第 4 期。

王歌雅：《〈民法典·继承编〉：编纂争议与制度抉择》，载《法学论坛》2020 年第 1 期。

王姝：《意思自治原则在涉外婚姻司法实践中的困境与出路——兼评〈中华人民共和国涉外民事关系法律适用法〉第 24、26 条》，载《法律适用》2017 年第 23 期。

王竹、刘忠炫：《"帮工关系"的内涵改造与体系位移——兼论无偿个人帮工关系人身保护公平责任的构建》，载《烟台大学学报》（哲学社会科学版）2019 年第 2 期。

夏吟兰、陈汉、刘征峰：《涉台婚姻中离婚后子女抚养权、探视权保障研究》，载《海峡法学》2015 年第 2 期。

肖琼露：《我国侨务立法的演进与发展》，载《现代法治研究》2018 年第

1 期。

谢增毅：《民法典引入雇佣合同的必要性及其规则建构》，载《当代法学》2019 年第 6 期。

许德风：《不动产一物二卖问题研究》，载《法学研究》2012 年第 3 期。

颜春龙：《侨务法学新论：以移民跨国传播为视角的族群权利研究》，四川大学出版社 2008 年版。

杨会：《再论侵害承租人优先购买权的救济》，载《政法论丛》2020 年第 1 期。

叶氢：《从华侨华人结构变迁看中国对外侨务政策变化》，载《政法学刊》2012 年第 4 期。

叶阳永：《公立中小学教师聘用合同的法律性质及其司法救济》，载《复旦教育论坛》2017 年第 1 期。

张冬梅：《事业单位人事争议处理制度的检讨及法律完善》，载《湖南社会科学》2015 年第 5 期。

张梅：《中国共产党百年来侨务实践的历史进程》，载《思想教育研究》2022 年第 3 期。

张梅：《中华一脉：华侨华人专题七讲》，国际文化出版公司 2017 年版。

张赛群：《中国侨务政策研究》，知识产权出版社 2010 年版。

张秀明：《华侨华人相关概念的界定与辨析》，载《华侨华人历史研究》2016 年第 2 期。

张应龙：《中外侨务研究》，暨南大学出版社 2019 年版。

赵健：《改革开放 40 年中国侨务政策的回顾》，载《华侨华人历史研究》2018 年第 4 期。

郑雄飞：《我国侨民社会保障便携性的理论与对策研究》，载《中国行政管理》2017 年第 10 期。

朱羿锟：《国家利益视阈下海外侨胞法律地位重构》，载《现代法学》2019 年第 4 期。

朱羿锟主编：《侨务法论丛》（第一卷），法律出版社 2015 年版。

庄国土：《华侨华人与中国的关系》，广东高等教育出版社 2001 年版。